U0952063

从城乡二元分治到城乡一体融合发展

——基于典型地级市的实证研究与策略探讨

From Urban-rural Dural-structure to Integration：

A Study on Typical Prefecture-level City-Regions and Discussions of Urban-rural Interaction Policy

徐 素 著

華東理工大學出版社
EAST CHINA UNIVERSITY OF SCIENCE AND TECHNOLOGY PRESS
·上海·

图书在版编目(CIP)数据

从城乡二元分治到城乡一体融合发展：基于典型地级市的实证研究与策略探讨 / 徐素著. —上海：华东理工大学出版社，2024.7

ISBN 978-7-5628-7322-8

Ⅰ.①从… Ⅱ.①徐… Ⅲ.①城乡一体化—研究—中国 Ⅳ.①F299.27

中国国家版本馆 CIP 数据核字(2024)第 101849 号

项目统筹 / 左金萍
责任编辑 / 左金萍
责任校对 / 王雪飞
装帧设计 / 徐　蓉
出版发行 / 华东理工大学出版社有限公司
地址：上海市梅陇路 130 号，200237
电话：021-64250306
网址：www.ecustpress.cn
邮箱：zongbianban@ecustpress.cn
印　　刷 / 上海新华印刷有限公司
开　　本 / 787 mm×1092 mm　1/16
印　　张 / 13.25
字　　数 / 269 千字
版　　次 / 2024 年 7 月第 1 版
印　　次 / 2024 年 7 月第 1 次
定　　价 / 98.00 元

版权所有　侵权必究

序言

FOREWORD

中华人民共和国成立后，我国曾实行高度集中的计划经济体制，城乡关系呈现二元结构。改革开放以来，在建立社会主义市场经济体制的背景下，城乡关系发生了深刻的变化，从打破城乡藩篱开始，逐步实现城乡统筹和走向城乡融合发展。但旧体制的消弭还有很长的路要走。党的十八大以来，中央提出了一系列新发展理念，先后出台了城乡发展一体化、乡村振兴和农村脱贫攻坚等一系列重大战略；党的十九大进一步提出了要“建立健全城乡融合发展体制机制和政策体系”，这预示着新时代的城乡关系将发生质的蜕变和进入新的境界；党的二十大则继续强调要“坚持农业农村优先发展，坚持城乡融合发展，畅通城乡要素流动”。

城乡融合发展思想具有重要的时代价值，在理论层面，其对于打破二元结构后的新建构具有学理的创新性，对于新时代的理论研究具有重要指导意义；在实践层面，则为消除二元结构的残余和建立新的城乡关系指明了方向，并提出了实践路径。

鉴于我国城镇化发展面临的区域差异巨大，不同地区具有不同的资源禀赋，城乡发展的基础和目标各不相同，故不能一刀切地制定发展目标和政策措施。因而，厘清不同地区的发展条件和模式特征，辨析其城乡一体和融合发展的各自阶段性目标和策略，不但具有学术价值，而且具有重要的现实意义。本书作者以马克思主义城乡关系阶段论为理论基础展开研究。在时间维度上，辨析从城乡二元分治到城乡一体和融合发展过程中的我国城乡关系整体演进特征；在空间维度上，探究了不同地区的城乡关系特征和影响因素。研究中具体选取了位于我国东部地区、中部地区和西部地区的四个地级市，均为城市-区域，即既有中心城市，也有广袤的乡村地区。作者在理论指导下，以历时性和比较研究的方法切入，分析其城乡互动模式，总结其特征和评价在城乡一体化发展方面的绩效；从经济发展阶段、资源禀赋、政策区位以及地级市的控制能力等方面阐释了其各自的发展演进、发展模式、发展绩效及影响因素等问题。最后，结合对东亚国家经验的借鉴，探讨了新时代我国城乡一体和融合发展的思路和策略。

在攻读博士学位期间，作者所在的学科团队专注于城市与区域发展和规划理论，对城镇化中的结构性问题探讨主要始于2010年以后；团队成员曾就城镇化进程中的城乡关系演变和要素流动等议题作了深入研究，开展过诸多实证研究和理论性阐释工作，并发表过若干具有重要影响力的成果。本书可谓是其中的一项重要研究成果。

对城乡关系的研究既呼应了新时代的国家政策导向，也契合了规划学科的转型发展趋势。对于城乡关系的动态研究和深刻理解，将会影响未来中国城镇化演化模式和城乡空间结构。区域尺度、经济社会和空间发展等多维度的城乡关系研究，亦即将城市和乡村的发展放在城乡大系统中去考虑，在方法上具有探索性和创新性，其成果具有一定的现实指导意义。

还需要指出的是，城乡关系研究涉及纵向和横向体制和要素的方方面面，是一项复杂课题，需要进行研究实证的范畴极为宽广和多元。限于研究时间与精力，本书作者着重以典型案例去探究地级市层面的城乡关系。而我国的地级市本身就是一个多层次治理架构，相比于县级单元，具有更高的政策制定和财政权限，似可在中观层面上主动地推进市域范围内的城镇体系建设与城乡一体和融合发展。

从城乡二元结构到城乡融合发展，是当代中国面临的重大挑战，其成功实践具有里程碑意义；同时这也是一个引人深思和可以持续研究的主题。希冀作者及更多的年轻学者能展开跨学科的合作研究，继续深耕城乡关系领域，从而为我国的现代化发展不断做出贡献。

赵　民

2024 年 2 月于同济西苑

目录
CONTENTS

第1章 导论

1.1 研究背景

1.1.1 城乡关系的转变：进入协调发展的新阶段

中华人民共和国成立后，我国的城乡关系经历了城乡二元结构下的分治、城乡分隔逐步被打破、城乡统筹和走向城乡一体化的深刻变化。尤其是党的十六大以来，中央先后出台了统筹城乡发展、城乡发展一体化、乡村振兴等一系列重大战略。2012 年党的十八大报告强调要“加快完善城乡发展一体化体制机制，着力在城乡规划、基础设施、公共服务等方面推进一体化，促进城乡要素平等交换和公共资源均衡配置，形成以工促农、以城带乡、工农互惠、城乡一体的新型工农、城乡关系”。2013 年党的十八届三中全会通过了《中共中央关于全面深化改革若干重大问题的决定》，指出要“推进城乡要素平等交换和公共资源均衡配置。维护农民生产要素权益，保障农民工同工同酬，保障农民公平分享土地增值收益，保障金融机构农村存款主要用于农业农村”。2015 年习近平总书记阐述了城乡发展一体化五大目标，即“逐步实现城乡居民基本权益平等化、城乡公共服务均等化、城乡居民收入均衡化、城乡要素配置合理化，以及城乡产业发展融合化”。2017 年党的十九大报告提出“实施乡村振兴战略”，并提出要“建立健全城乡融合发展体制机制和政策体系”。至此，我国城乡治理方略进一步明确，预示着新时代的城乡关系将发生质的蜕变——城乡关系从“二元结构”和“分治”走向“一体化”和“融合发展”。

2018 年 9 月，中共中央、国务院印发了《乡村振兴战略规划（2018—2022 年）》，按产业兴旺、生态宜居、乡风文明、治理有效、生活富裕的总要求，对实施乡村振兴战略进行了阶段性谋划，明确了至 2020 年、2022 年的目标。该规划指出，“乡村是具有自然、社会、经济特征的地域综合体，兼具生产、生活、生态、文化等多重功能，与城镇互促互进、共生共存，共同构成人类活动的主要空间。乡村兴则国家兴，乡村衰则国家衰”。该规划提出的工作重点和政策措施十分明确，从工程、计划、行动三个方面细述了乡村振兴战略的落实要求，是指导各地区、各部门分类有序推进乡村振兴工作的重要依据。

城市和乡村是一个整体系统，就城市论城市、就乡村论乡村的思路无论从理论上还是在实践中都是行不通的。在以往的发展中，有些地区以城镇的思维和土地财政的目标去对待农村，而不是将农村和农民置于发展主体的平等地位，形成了对城镇扩展模式和土地财政的路径依赖。鉴于原先的一些做法已不能适应新时代的发展，乡村振兴战略提出了要“坚持城乡融合发展。坚决破除体制机制弊端，使市场在资源配置中起决定性作用，更好发挥政府作用，推动城乡要素自由流动、平等交换，推动新型工业化、信息化、城镇化、农业现代化同步发展，加快形成工农互促、城乡互补、全面融合、共同繁荣的新型工农城乡关系”。总之，无论是城市还是乡村的发展，都需要放在城乡大系统中去谋划，在城乡发展的统一框架下实现协调发展。

1.1.2　对中国城乡关系的研究：内外部的迫切需求

至2017年年底，我国的城镇化率约为58.5%。有学者认为，以50%为拐点，经济社会发展的隐性关键词已经从前期的“牺牲”逐渐转向后期的“反哺”(李璐颖，2013)。我国正处于二元经济转型期，破除城乡二元结构，以解决社会经济发展的现实困境；促进城乡二元结构向城乡一体化发展的转化，以释放体制改革红利和经济增长潜力，这既是全面深化改革的主要任务，也是应对经济增速换挡、发展新常态的重要途径。城乡二元结构在中国经济发展的早期对积累资本、发展城市工业有一定的积极作用，但带来的社会代价亦很沉重，表现为农村的积贫积弱、城乡和地区差距的不断扩大。“中国需要通过渐进式的政治和社会结构的调整来应对自己所面临的种种挑战，如果这些调整能够维持经济持续增长和社会和谐发展，那么中国将可能形成一种独特的‘大国发展模式’。”(王永钦、张晏、章元等，2006)

由于经济、社会、政治发展背景的特殊性，我们不可能仅从国外经验与理论中就获得一套适用的、完整的城乡发展与治理的理论和方法。研究我国的城乡发展关系，既是中国自身的发展需要，也是中国能为世界，特别是广大发展中国家的可持续发展做出的重要贡献之一。

1.1.3　对城乡统筹和城乡发展一体化政策要有正确理解

我国城镇化发展面临的区域差异巨大，至2016年年底，我国东部地区城镇化率达65.9%，东北地区城镇化率为61.7%，中部和西部地区城镇化率则分别为52.8%和50.2%。以地级市为统计单元，城镇化率为87.9%(上海市)～15%(昌都市)。不同地区具有不同的资源禀赋，城乡发展的基础条件和目标各不相同，因而不能一刀切地制定城乡发展一体化的目标和政策。

国内的城乡发展一体化工作主要始于党的十六大之后。2003年以来，成都、重庆等地首先开始了城乡统筹、城乡一体化的探索；2008年之后，全国有更多地区开启了城乡一体化的进程。在学界和政策制定者看来，我国的城乡发展一体化不仅体现在基础设施建设上，更是体现在城乡公共服务、城乡居民权益等各个方面，需要从产业发展、金融体系、户籍制度、土地制度等多方面进行体制机制的探索与创新。

在实践中，一些地区对城乡发展一体化政策的初衷存在着误解。对于城镇化水平发展较低的城市而言，如果操之过急推出不合理的城乡发展制度，不但无益于缓解现有的矛盾，甚至还会带来不可承受的财政负担，阻碍经济社会的正常发展。有些地方政府把城乡统筹和城乡一体化看成了加快实现“城镇化”的工具；有些研究狭隘地把城乡一体化界定为“城市化”范畴；特别是针对城市郊区的城乡一体化研究，具有强烈的把城乡一体化等同于城市化的倾向。这些都是对城乡统筹和城乡发展一体化政策初衷的误解；执行的乱象更加深了这种误解，甚至劳民伤财，扭曲了相关政策的题中应有之义。

综上所述，无论从我国自身城乡关系转变的角度，还是世界对中国的角色需求，或是我国经济社会转型的实践需要，对我国城乡关系的基础性研究和分地区差异化城乡发展模式的研究都十分必要和迫切。分析城乡关系和政策，特别是城乡统筹和城乡发展一体化政策的含义和政策目标，厘清不同地区的发展条件和模式特征，辨析其城乡发展一体化的各自阶段性目标和策略，不但具有学术价值，而且具有重要的现实意义。

1.2 研究目标

1.2.1 研究定位和问题

本书研究的是我国的城乡关系及相应要素流动和资源配置特征，以解释性研究为主，并在其基础上提出若干应用策略。在时间维度上，研究从城乡二元分治到城乡一体化融合发展的过程中，我国城乡关系的总体演进特征；在空间维度上，研究不同地区的城市-区域的城乡关系特征。具体可分为以下两个研究问题。

(1) 从历史的角度来看，我国城乡关系的演进特征是什么？在不同的城乡关系阶段，城乡要素（土地、资本、劳动力）的配置和流动特征是怎样的，公共资源配置的制度安排又如何？

(2) 对于不同地区的城市区域，是否形成了不同的城乡互动模式？不同的城乡互动模式对应的要素流动和资源配置特征是什么？哪些原因造成了不同的城乡互动模式？

1.2.2 研究目的和意义

(1) 研究目的

本书将城乡关系、城乡要素流动和城乡公共资源配置特征放在一个框架内，选择不同区域城乡互动发展的案例对象，基于较为充分的实证分析，系统解读城乡互动发展的内在机理，包括时空演变机制和规律，进而探讨推进城乡发展一体化的思路和策略。

（2）研究意义

在学科发展方面：新时期城乡规划学科从“城市规划”转向“城乡规划”之后，学科研究的视野、范畴、理念都发生了变化，研究范围从城市转向城市和乡村，学科内容涵盖城市与乡村发展、相关政策、规划设计以及建设管理。因此，对城乡关系的研究呼应了学科的转型和发展趋势，并以期充实学科研究的认知。

在研究方法方面：对于城乡关系的研究将影响未来中国城镇化的普遍模式和较长时间内的城乡空间结构形态，需要区域尺度的、可持续导向的研究，将城市和乡村的发展放在城乡大系统中去考虑，在方法上具有探索性和创新性。

在应用价值方面：规划与公共政策和政治决策相关联，是确定未来发展目标和实施方案的理性过程。本书系统解读城乡互动发展的内在机理，进而探讨推进城乡发展一体化的思路和策略，有助于合理确定未来的城乡发展目标和政策。

1.2.3 案例选择

本书以地级市为研究案例。首先，考虑到我国行政建制的特殊性，即地级市本级与其下辖县（市/区）在管理、财政、经济上具有紧密联系，既有中心城区，又包含了广阔的农村地域，实质是一个“城市-区域”（City-Region），因而可作为城乡一体化研究的一个合适单元。其次，地级市相比县（县级市），具有更高的政策制定和财政权限，更容易推进市域范围内的城镇体系及城镇与农村的平衡发展。地级市在制定城乡规划等公共政策时，可在市域范围内综合研判城镇体系和各县乡村的发展特征，进而综合运用资源配置和公共财政等手段来实现市域范围的城乡健康可持续发展。

截至 2016 年年底，我国共有 293 个地级市。本书选取的四个案例城市分别位于我国的东部地区、中部地区和西部地区。其中，苏州位于东部沿海地区，是发达城市-区域的代表；遵义位于西部地区；平顶山位于中部地区；玉林地理上处于南部，政策区位上处于中部地区与西部地区之间。按照城乡发展的一般规律，即城镇化进程来看，苏州的城镇化发展水平较高，代表了地级市中 15.75％的城市，这类城市的城镇化率超过了 70％，已经步入城乡发展一体化时期；遵义和平顶山代表了处在城乡统筹时期的地级市，这类城市数量占比为 44.52％；玉林则代表了处于不平衡发展阶段、城乡差距持续拉大的地级市，其城镇化率尚低于 50％，这类地级市数量占比为 38.36％。我国地级市城镇化率和人均 GDP 散点图如图 1－1 所示，我国分地域的地级市城镇化率分组数量如表 1－1 所示。

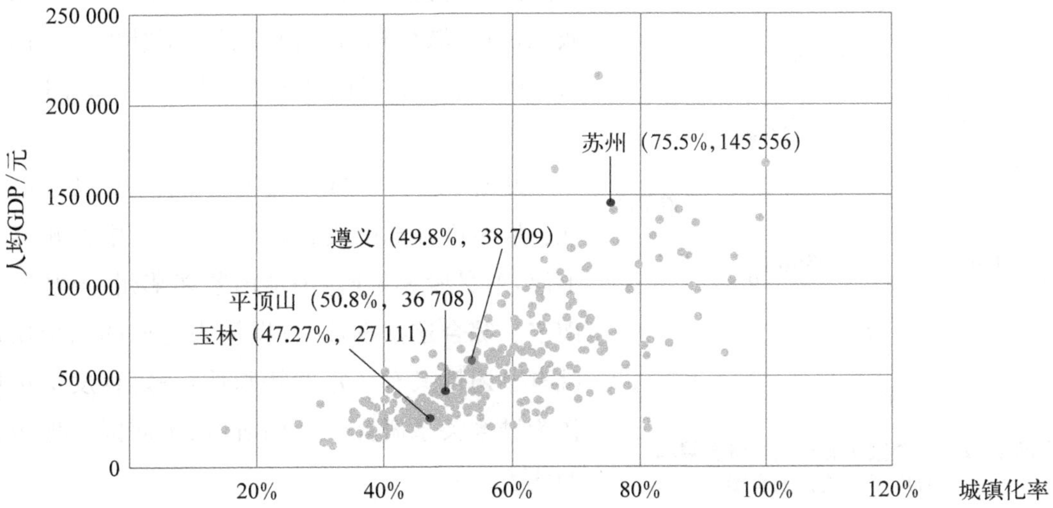

图 1-1 我国地级市城镇化率和人均 GDP 散点图

注：2016 年年底数据，不包括三沙市。
资料来源：根据各省统计年鉴、城市国民经济和社会发展统计公报、政府工作报告整理。

表 1-1 我国分地域的地级市城镇化率分组数量

城镇化率分组/个数	15%～30% 工业化阶段，城乡剪刀差	30%～50% 不平衡发展阶段，工农、城乡差距拉大	50%～70% 城乡统筹发展阶段，城乡社保和公共服务差距缩小	70%～100% 城乡一体化发展阶段，城乡社保、公共服务、要素市场基本一体化	合计
东部	0	14	54	17	85
中部	0	33	41	6	80
西部	3	59	16	15	93
东北	1	6	19	8	34
合计	4	112	130	46	292
比重	1.37%	38.36%	44.52%	15.75%	100%

注：2016 年年底数据，不包括三沙市。
资料来源：根据各省统计年鉴、城市国民经济和社会发展统计公报、政府工作报告整理。

综合考虑政府对农村发展的干涉程度，这些案例城市则又代表了四个象限的发展特征（图 1-2）。它们包括：处于较高经济发展阶段，可以通过自身以城带乡模式实现城乡可持续发展的苏州模式；处于中等经济发展阶段，可以通过自身资源禀赋和外源输入实现乡城互补的遵义模式；处于较低经济发展阶段，城乡二元分治状况仍在继续、呈现出较为

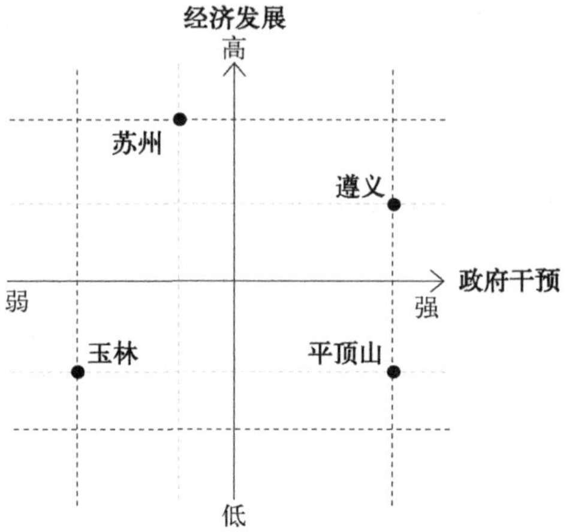

图 1－2　四个案例城市的经济发展和政府干预关系示意图

低效的政府强干预的平顶山模式；政府弱干预＋政策试点，城乡相对自由发展的玉林模式。四个城市的经济社会发展基本情况如表 1－2、图 1－3 所示。

此外，这四个城市具有相同的中观区位特征：紧邻超大城市或者省会城市，其中苏州紧邻上海，遵义紧邻贵阳，平顶山紧邻郑州，玉林紧邻南宁。综合这些特征，可以认为选取的四个城市既有普遍性又有一定的特殊性，一定程度上可以作为城乡关系研究中不同阶段、不同区位地级市的代表。

表 1－2　四个案例城市的经济和城镇化发展基本情况

	GDP/亿元	人均 GDP/(万元/人)	总人口/万人	城镇人口/万人	城镇化率	中心城区建成区面积/平方公里
苏　州	17 319.51	16.21	1 068.4	814.12	76.20%	461
遵　义	2 748.59	4.40	624.8	331.14	53%	120
平顶山	1 425.88	3.52	404.8	212.52	52.50%	73
玉　林	1 553.91	2.71	575.6	272.07	47.27%	70

资料来源：各省城市国民经济和社会发展统计公报、政府工作报告；《中国城市统计年鉴—2017》；其中玉林为 2016 年数据，中心城区建成区面积为 2016 年数据，其他为 2017 年数据。

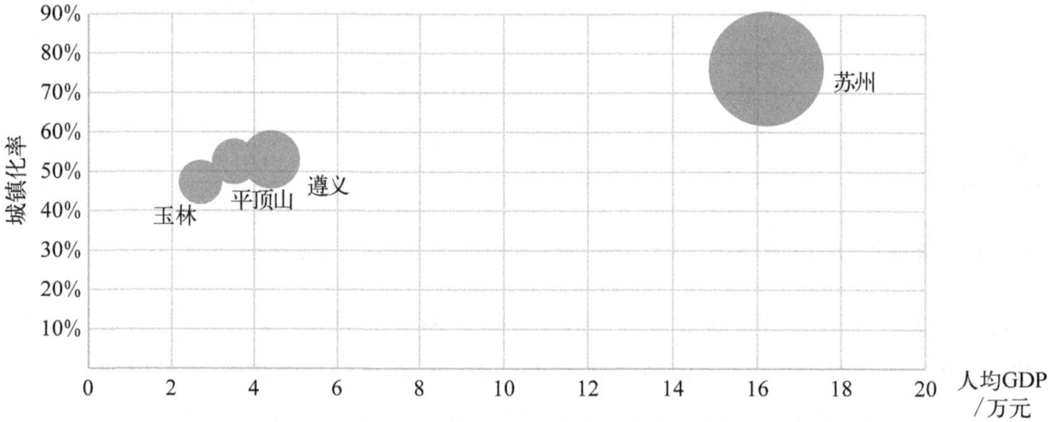

图 1－3　四个案例城市的人均 GDP、城镇化率和城区规模(点的大小)

1.3 概念界定

1.3.1 城市、乡村概念

“城市”这一概念，存在行政区、统计和功能上的不同定义。在不同的运用场景下，“城市”的具体范围是不同的。

在行政区划和行政建制上，城市与市建制相联系。不同的国家对市的设立标准不同，尤其是人口规模下限悬殊，从丹麦的200人到中国的100 000人不等。但国内外“设市”的概念是不同的。国外大部分是“切块设市”，人口达到一定规模的镇（Town）可以申请成立“市”（City）。例如，美国各个州设市人口下限从300人到12 000人不等；澳大利亚则为10 000人到30 000人。

我国省级行政区内的“市”分为“地级市”和“县级市”两种。在1983年“地改市”之前，“市”的概念和国外类似，一定人口规模以上的城镇可以“设市”，市归省、自治区、自治州领导；1983年大规模“地改市”之后，形成了我国现有“地级市”这样一个特有的行政区划级别。“地级市”是中国第二级地方行政区，属“地级行政区（地区，1949—1970年称为‘专区’）”，行政建制级别与“地区”相同，介于省级行政区和县级行政区之间。截至2017年年底，我国总计有334个地级行政区，其中有294个地级市，地级市数量约占地级行政区总数的88.0%，地级市已逐渐取代地区成为地级行政区的主体。另外一种“市”为县级市，由“镇”“县”撤设。截至2017年年底，我国总计共有2 851个县级行政区，其中有363个县级市，占县级行政区总数的12.7%。

中华人民共和国成立后，市的法律地位首先在1954年《中华人民共和国宪法》（以下简称《宪法》）中得到确认。1955年颁布的《国务院关于设置市、镇建制的决定》中，将市、镇的人口下限设置为10万人、2 000人，并进一步明确了市的地位“是属于省、自治区、自治州领导的行政单位”。1959年，第二届全国人民代表大会常务委员会第九次会议通过《关于直辖市和较大的市可以领导县、自治县的决定》，首次对市管县作了法律上的规定。1982年，中共中央第51号文件提出“改革地区体制，实行市管县体制”的要求，并在同年的《宪法》修改中，确定了“较大的市分为区、县”，为“市管县”提供了宪法上的依据。1983年年初，国务院设置了镇、县改市的标准和条件，总人口、非农业人口比重、生产总值等达到一定要求的镇、县，可设置“市的建制”。1986年，国务院第46号文件批转了民政部《关于调整设市标准和市领导县条件的报告》，明确规定：“非农业人口六万以上，年国民生产总值二亿元以上，已成为该地经济中心的镇，可以设置市的建制”“总人口五十万以下的县，县人民政府驻地所在镇的非农业人口十万以上、常住人口中农业人口不超过40%、年国民生产总值三亿元以上，可以设市撤县”“总人口五十万以上的县，县人民政府驻地所在镇的非农业人口一般在十二万以上、年国民生产总值四亿元以上，可以设市撤县”。经过多年的实践和多次调整，2016年，我国出台《设立县级市标准》，县级市的建制设置标准从单一的人口规模限制向城市经济功能及可量化多样化的城市功能转变。

在统计上，对“城市”“乡村”的概念有其区分。一般以人口总量、人口密度、城市市政设施和公共服务设施覆盖到的地域划分。各国设置的统计上划分城乡的标准也各不相同。例如，美国2010年人口普查将2 500～50 000人的统计区划分为城市集聚区（Urban Clusters, UCs），50 000人以上的统计区为城市化地区（Urbanized Areas, UAs），城市集聚区和城市化地区以外的地区，则被统计为乡村地区（Rural Areas）。中国于2008年发布《统计上划分城乡的规定》，规定以我国的行政区划为基础，以民政部门确认的居民委员会和村民委员会辖区为划分对象，以实际建设为划分依据，将我国的地域划分为城镇和乡村。其中，“实际建设”是指已建成或在建的公共设施、居住设施和其他设施。城镇包括城区和镇区。城区是指在市辖区和不设区的市，区、市政府驻地的实际建设连接到的居民委员会和其他区域。镇区是指在城区以外的县人民政府驻地和其他镇，政府驻地的实际建设连接到的居民委员会和其他区域。与政府驻地的实际建设不连接，且常住人口在3 000人以上的独立的工矿区、开发区、科研单位、大专院校等特殊区域及农场、林场的场部驻地视为镇区。乡村是指该规定划定的城镇以外的区域。

“城市”和“乡村”还有其功能上的定义。各学科从人口密度、功能、景观等方面对城市进行了定义。综合而言，城市是指一定规模的人口聚集的地域，以各种市场为依托，集约经济、文化、科学技术、财富，是所在地区的经济、政治、文化、科技中心①。城市也是高密度人口聚居、主要从事非农业产业活动、社会功能复杂的人们生活共同体②。

城市、城镇以外的地域称为乡村。“乡村”在概念上较“农村”要综合，国家提出“乡村振兴战略”，是强调乡村整个社会的发展。人口与物资、设施的高度聚集是城市区别于乡村的最显著的特征之一，城市与乡村相比，其人口在职业、文化背景、生活经验、价值观念、风俗习惯，以及语言与交往方式的构成、宗教信仰、道德观念等诸多方面存在着不同程度的差异。城市是一定区域的经济、政治、社会和文化中心，它对于周边的乡村区域具有极强的辐射和带动作用，正是以此为基础，才构建了城市政府或经济组织对乡村经济的控制力，也使得社会政治权力总是集中于城市而作用于乡村③。

本书以“地级市”为研究案例，研究城乡关系，主要是因为我国实行“市管县”体制，地级市和其下辖县（市/区）在管理、财政、经济上具有紧密联系，并且包含了广阔的农村地域，实质是一个“城市-区域”，因而可作为城乡一体化研究的一个合适单元来讨论。文本所称“城

---

① 刘树成.现代经济词典[M].南京：凤凰出版社，江苏人民出版社，2005：97.

② 廖盖隆，孙连成，陈有进，等.马克思主义百科要览·下卷[M].北京：人民日报出版社，1993：1618.

③ 刘海藩.现代领导百科全书·经济卷与管理卷[M].北京：中共中央党校出版社，2005：513－514.

乡关系”中的城市和乡村，若不作具体说明，是指城市（镇）和乡村在统计和功能上的定义，大致对应城区、县城、镇区和上述地区以外的乡村地域。城区、县城和镇区是指城镇基础设施和公共服务设施覆盖、非农业人口集聚的地域，承担非农产业功能、社会功能复杂的一定区域的经济、政治、社会和文化中心地区。乡村地域是指城区、县城和镇区以外的一切区域，主要承担农业生产功能，人口比城镇分散，具有特定的自然景观和社会经济条件，是生态经济、产业、景观的综合体①。本书第5章、第6章中涉及城乡设施POI统计的内容，对城乡的划分有具体说明，也是遵从城市和乡村在统计和功能上的定义原则划分。

1.3.2　城乡关系涉及的相关概念

梳理国外关于城乡关系的文献可以发现，尽管概念表述不一、选用词汇不同，但相关表述倾向带有价值判断，强调城乡之间的联系和相互作用，如“Urban-rural Linkage、Urbanrural Interaction、Urban-rural Integration、Urban-rural Partnership”等，较少见到有学者选用客观描述性的“Urban-rural Relationship”一词（朱冬静，2013）。

中华人民共和国成立以来，随着经济社会的发展，我国政府层面多次提出不同的关于城乡关系的定位和描述（表1－3）。21世纪以来，对城乡关系的研究围绕城乡统筹和城乡（发展）一体化这两个关键词展开（图1－4）。

表1－3　中国城乡关系的相关概念演进

时　间	城乡关系描述	标志性事件
1949年	城市领导乡村，同时城乡兼顾	党的七届二中全会
	城乡互助	通过《中国人民政治协商会议共同纲领》（以下简称《共同纲领》）
2002年	统筹城乡经济社会发展	党的十六大
2003年	统筹城乡发展	科学发展观的提出、党的十六届三中全会
2007年	以工促农、以城带乡	党的十七大
	城乡经济社会发展一体化	
2012年	城乡发展一体化	党的十八大
2015年	以工促农、以城带乡、工农互惠、城乡一体的新型工农城乡关系	习近平总书记提出城乡发展一体化五大目标
2017年	城乡融合发展	党的十九大

① 刘福仁，蒋楠生，陆梦龙，等.现代农村经济辞典[M].沈阳：辽宁人民出版社，1991：1.

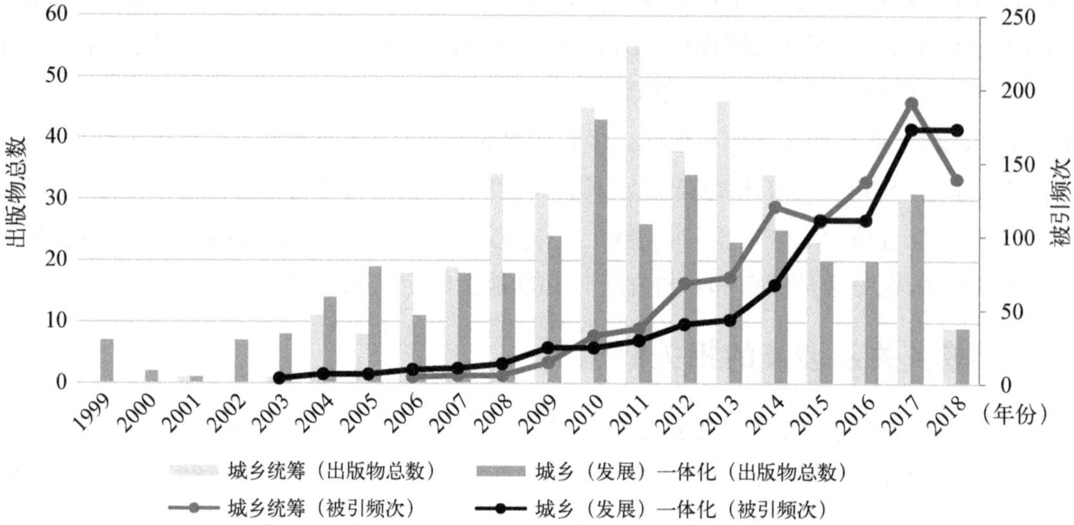

图 1－4　20 世纪 80 年代以来以城乡统筹、城乡（发展）一体化为主题的文献统计

资料来源：根据 Web of Science 搜索结果绘制。

1. 城乡统筹的概念辨析

学界对城乡统筹的理解，目前大都认同统筹城乡发展就是要将城乡发展问题作为一个整体，通盘考虑、统一规划。孙成军指出城乡统筹的内涵为，在发展战略和政策选择中，既不能只注重城市而忽视乡村，也不能偏重乡村而忽视城市，而是要城乡统筹兼顾，发挥各自优势，实现良性互动发展（孙成军，2005）。叶裕民提出，统筹城乡发展是同步推进“三化”系统方法的集合（叶裕民，2013）。黎苑楚等总结了城乡统筹发展的内涵主要包括：① 承认城乡差距不断扩大是统筹城乡发展的前提；② 促进城乡“各具特色，共同发展”是统筹城乡发展的根本出发点；③ 缩小城乡差距，突破“二元结构”制约，实现城乡居民平等发展是统筹城乡发展的主要目标（黎苑楚、徐东、赵一鸣，2010）。

概括来说，城乡统筹是针对城乡发展不平衡问题，将城市与农村看作一个整体，以“以工促农、以城带乡”为理念，通过一系列经济、社会、文化举措，实现城乡在经济、社会、环境方面的协调发展。

2. 城乡一体化的概念辨析

20 世纪 90 年代末期，国内学者对城乡一体化的概念、内涵等方面有了一定的共识。首先，城乡功能的互补，要素的合理流动，实现城乡政治、经济、人口、文化上的和谐是对城乡一体化的共识。甄峰认为狭义的城乡一体化，是指从系统的观点来看，城市和乡村是一个整体，其间人流、物流、信息流自由合理地流动。城乡经济、社会、文化相互渗透、相互融合、高度依赖，城乡差别很小，各种时空资源得到高效利用（甄峰，1998）。邹军等认为城乡一体化是指城市和乡村成为一个相互依存、相互促进的统一体，充分发挥城市和乡村各自的优势和作用，城乡的劳动力、技术、资金资源等生产要素在一定范围内进行合理交流与组合，在空间上互为环境，生态协调、环境幽雅，人们享有充分的自由（邹军、刘晓磊，1997）。白永秀等认为城乡一体化的状态是指城乡分割对立状态被打破，促进城镇与农村在空间布局上的优化、要素流通上的顺畅、资源配置上的均衡、居民权利上的平等、功能特色上的互补、生态环境上的协调，城乡差距逐步缩小，实现城乡互动融合发展（白永秀、王颂吉，2014）。

学者们还强调，城乡一体化与社会发展阶段有关，亦即它是生产力发展到一定水平、城乡关系演进到一定阶段的必然产物，它的实现需要一个长期的发展过程，不可能一蹴而就（白永秀、王颂吉，2014）。从城市和乡村作为一个整体系统来看，系统中城乡的地位是相同的，但城市和乡村在系统中所承担的功能将有所不同（甄峰，1998）。城乡一体化是城乡发展的最终目标状态，即经济高度发达、从事农业人口极少，城乡社会保障和公共服务水平基本一致，城乡要素流动市场化（赵民、陈晨、周晔等，2016）。

3. 城乡统筹和城乡一体化的关系

城乡统筹是要改变城乡不对等的局面，形成“城乡一体化发展”新格局（马晓河，2010）。城乡统筹发展的最终目标是要使农村居民和城市居民一样，享有各方面平等的权利、均等化的公共服务和同质化的生活条件（陈书卿、刁承泰、常丹青，2009），强调城乡统筹发展的终极目标就是城乡一体化（刘成玉、任大廷、万龙，2010）。

本书趋向于认为，城乡统筹是实现城乡一体化的手段，城乡一体化是城乡统筹的最终目标。中央提出要统筹城乡发展，是将统筹城乡发展作为一种手段，以破除城乡二元结构。其内涵是公平对待农民，使农民获得平等的教育、就业、公共服务和社会保障等权益，并提高农民的社会地位，让农民平等参与现代化进程，共享改革发展成果，从而最终实现城乡政治、经济、人口、文化上的和谐，也就是城乡一体化的发展目标。城乡统筹发展的阶段性目标是不断缩小城乡差距，从而最终实现“有差异、无差距”的城乡一体化状态（赵民、陈晨、周晔等，2016）。

在中央文件和有关文献中，经常会出现“城乡发展一体化”和“城乡一体化发展”两种表述。笔者认为这两种表述的内涵略有不同，前者表示一种发展“目标”或“状态”，后者更为强调发展“过程”。本书据此认识来具体使用这两种表述。

4. “城乡二元分治”与“城乡一体融合”

由我国城乡关系的相关概念演进梳理（表1-3）可发现，我国城乡关系导向经历了由二元分治向一体融合的转变。本书提及的“从城乡二元分治到城乡一体融合发展”，其中“一体”对应于“二元”，属于国家制度结构范畴；“融合”对应于“分治”，属于国家治理机制范畴。“从城乡二元分治到城乡一体融合发展”意指城乡关系无论是在制度的结构层面，还是在治理的体制机制层面，都要有深刻的蜕变。

1.4 研究方法与内容安排

1.4.1 研究方法

本书的主体是理论建构、经验研究及政策讨论，具体采用逻辑推演法、案例研究法、比较研究法和系统分析法等研究方法。

1. 逻辑推演法

本书通过政策梳理、数据分析等解析我国城乡关系在不同阶段的特征，以及相对应的要素流动特征，提出我国城乡关系演化的一般规律，并对下一步城乡关系演变作出预判，旨在为案例研究提供实证方向。

2. 案例研究法

本书选择具有代表性的大城市为特定研究对象，代表不同发展阶段下的城乡关系类型，通过田野调查、部门访谈、大数据空间分析等，采用定性和定量相结合的方法，认识和揭示案例城市的城乡关系发展演变和现状，揭示资源禀赋、经济发展和政策对城乡关系的影响，并借以验证城乡关系演化的一般规律。

3. 比较研究法

比较研究是将两个或两个以上的事物加以对照，以说明它们某些方面的相似或者差异以及形成原因。比较研究可以从时间、空间、进程、内容、形式、内部结构、外部联系等不同的角度进行。本书在个案研究的基础上对具有代表性的四个案例城市进行了比较研究，分析四个案例城市在城乡关系、要素流动特征和城乡资源配置等方面的异同，以及形成原因。

4. 系统分析法

城乡关系的演化、要素的流动和配置是在空间和时间的维度上同时进行的，同时也是内外部因素共同作用的结果，彼此之间是密切影响、相互牵涉的互动关系。厘清上述空间和时间系统之间复杂而密切的关系，才能对城乡关系的演进和实现城乡一体化发展的目标有更好的理解。

1.4.2 主要理论

1. 马克思主义理论中的城乡关系发展阶段论

本书对城乡关系的研究以马克思主义理论中的城乡关系发展阶段论为理论基础。城乡发展理论始于西方工业化国家，马克思、恩格斯面对资本主义工业化时期城市的扩张所引起的城乡对立和矛盾的现实，提出了丰富、系统且具有科学预见性的城乡关系发展思想（石玉顶，2005）。马克思主义城乡关系理论认为城乡关系分为“城乡依存”、“城乡分离”（“工业化与城市化”)、“城乡融合”三个阶段(白永秀、王颂吉,2014)。恩格斯在《共产主义原理》中曾提及“城乡融合”的概念,城乡融合要以废除私有制为前提,当物质条件、社会条件、农村经济组织条件达到一定程度后,城乡关系就会从对立走向融合(赵洋,2011)。

2. 吉登斯的结构化理论

英国著名学者吉登斯(Giddens)的“结构化理论”自 20 世纪 80 年代后一直处于社会学理论与实践发展的前沿,解决了一直困扰社会学研究中的社会结构和个体行动之间的关系问题,即“社会结构制约性”和“个人行为自主性”之间的二元对立问题,其理论的核心是社会实践是一种能动和结构之间的关系(陆春萍、邓伟志,2006)。

吉登斯把“结构”定义为规则和资源,将规则和资源的生产与再生产定义为“结构化”。结构的二元性是指个体行为受到现有社会结构的约束,但同时,这种行为通过对现状的重新认识或挑战构成社会结构(Anthony Giddens, 1986)(图 1-5)。

结构	系统	结构化
规则和资源，或是一组转换关系，表现为社会系统的特征	行动者或集体之间的关系的重建，表现为常规的社会实践	管理结构连续性或变革的情境，因此社会系统得到重建

图 1-5　吉登斯：结构的二元性

本书尝试运用吉登斯的结构化理论来诠释城乡发展政策和要素流动的关系。不同时期的城乡发展政策和城乡资源配置原则组成了既有“结构”中的“规则”和“资源”,形成了社会结构的制约;同时,在既有框架下,人们的行动组成了要素和资源配置的实际社会结构;不同时期的人们的社会实践和实际需求反作用于既有结构,促使城乡发展政策和城乡资源配置原则调整,体现了“实践”对二元结构的“架通”,从而实现了规则和资源的“再生产”,即“结构化”的过程。

1.4.3　内容安排

本书研究我国的城乡关系及相应要素流动和资源配置特征。在时间维度上,研究我国城乡关系的历时性演进特征;在空间维度上,研究不同地区的城市-区域的城乡关系特征。在研究内容上,本书将城乡关系、城乡要素流动和城乡公共资源配置特征等放在一个框架内,解释城乡关系的作用机制,包括系统解读城乡互动发展的内在机理、时空演变机制和规律,以及不同类型区域城乡互动发展模式。

本书内容包括 9 章。

第 1 章介绍研究背景、研究问题和意义、概念界定以及研究方法和内容安排等。

第 2 章的文献综述包括城乡关系研究的脉络和经典理论,城乡联系中重要的要素流动(土地、资本、劳动力)的相关研究,以及城乡公共服务设施的配置。最后本章在已有研究作简要评述的基础上，提出本书研究的假设，建构相应的研究框架。

第 3 章梳理和审视中华人民共和国成立以来城乡关系的历史演进，分析相应阶段的要素配置和流动特征。本章试图回答不同的发展阶段下，我国的城乡关系是什么以及对应的要素流动和公共资源配置特征是什么这两个问题。

第 4 章对新时期我国土地、资本、劳动力和公共资源的配置趋势进行了研究，提出土地红利要素趋紧、资本流动的卢卡斯悖论减弱、异地城镇化的劳动红利减少、公共服务设施的城乡差距和区域差距等都将对城乡关系产生进一步影响。

第 5 章以中国四个地区的城市区域为例，阐述四个案例地区的城乡互动关系和模式。其拆分为以下几个具体问题：① 城市区域的城乡互动模式特征是什么？② 在城乡发展历程中政府采取哪些手段实现乡村的发展和城乡的互动？③ 当地的资源禀赋是否影响了城乡互动的模式？④ 要素如何在城市和乡村之间流动？⑤ 公共资源在城乡之间的配置状况如何？

第 6 章建立了城乡发展一体化绩效评价指标体系，评价四个案例城市的城乡互动模式绩效。在此基础上，本章从经济发展阶段、资源禀赋、政策区位以及地级市的控制能力等方面讨论不同城乡互动模式的成因。

第 7 章以日本和韩国为例，梳理其城乡关系发展历程、相关的治理制度以及具体农村发展案例，以期为我国的城乡发展提供借鉴。

第 8 章在尊重城乡发展的客观规律、顺应新时期内外部环境变化的基础上，从全国和地级市两个层面，提出制定因地制宜的、扬长避短的城乡一体融合发展的目标和策略。

第 9 章对研究主要发现进行归纳，并陈述本书的创新点与不足。

第2章 文献综述及本书研究框架

本章梳理了国内外有关城乡关系的研究和理论，希望厘清城乡关系研究的相关概念和理论基础，了解国内外城乡关系研究的现状和主要关注点。首先，对城乡关系的研究进行整理，综述城乡关系研究的脉络和经典理论，包括城乡关系演变的阶段论、城乡二元理论（经济和空间两个方面）、城乡联系三个方面，并结合我国城乡关系的具体研究进行总结；其次，对城乡联系中重要的要素流动（土地、资本、劳动力）的相关研究进行梳理总结；再次，从城乡公共资源配置的视角，梳理相关研究（图2-1）；最后，在对已有研究作简要评述的基础上，提出本书研究的假设，建构相应的研究框架。

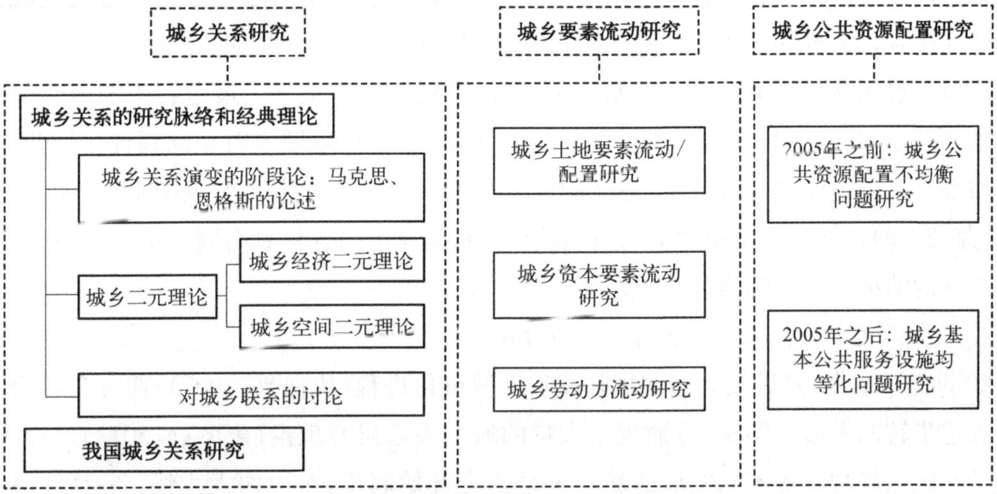

图2-1 文献综述框架

2.1 城乡关系研究

2.1.1 城乡关系的研究脉络和经典理论

1. 城乡关系演变的阶段论：马克思、恩格斯的论述

马克思主义城乡关系理论认为，城乡关系分为“城乡依存”、“城乡分离”（“工业化与城市

化”)、“城乡融合”三个阶段(白永秀、王颂吉,2014)。城乡关系产生于城市出现并与农村分离之后,最早的城邦起源于希腊,农业和手工业的发展促进了交易和集市的产生,从而产生了城市以及城乡之间的分离;工业革命之后,工业化促进了西方城市的发展,城乡分离的范围突破欧洲,向美洲(包括拉丁美洲)、东亚、南亚次大陆等蔓延,城市和农村之间的经济社会发展差异变大,并一直持续到20世纪50年代;第二次世界大战后,依托工业化和城市化的基础,西方国家走上了马克思主义所预言的城乡关系发展的第三个阶段——“城乡融合”(朱冬静,2013;白永秀,2012)。纵观东西方国家的城乡关系,城市化伴随着城乡关系的变化,大致都经历了城市从对农村的依附转化为城乡关系的主导者,最终走向城乡融合的过程。

城乡发展理论始于西方发达国家,马克思、恩格斯面对资本主义工业化时期城市的扩张所引起的城乡对立和矛盾的现实,提出了丰富、系统且具有科学预见性的城乡关系发展思想(石玉顶,2005)。这些思想包括四个方面:① 城乡对立是一个历史的范畴,资本主义私有制是城乡对立的根源;② 城乡关系是人类生产力发展和社会分工的产物,生产力是推动城乡关系转变的关键因素(王金金、刘昭,2016),消灭城乡对立是随着生产力的高度发展而完全实现的;③ 恩格斯在《共产主义原理》中首次提到“城乡融合”的概念,城乡融合要以废除私有制作为前提,当物质条件、社会条件、农村经济组织条件达到一定程度后,城乡关系就会从对立走向融合;④ 城乡融合能够促进社会全体成员自由而全面地发展(赵洋,2011)。列宁早期在马克思主义城乡关系理论的基础上,探讨了俄国资本主义发展过程中的城乡关系特别是城乡对立问题。列宁认为,俄国资本主义的发展必然产生城乡对立问题,同时它能够为消除城乡对立创造条件,但是资本主义制度的本质又决定资本主义的俄国不能消除城乡对立(徐芹,2009)。社会主义条件下的新型城乡关系是城市与乡村具有同等的生活条件,而非城乡差别的消灭(王华、陈烈,2006)。

2. 城乡二元理论:经济和空间二元的讨论

20世纪中后期,随着发展中国家陆续步入城市化进程(仇保兴,2007),西方学界研究的关注点逐步转向发展中国家,并涌现出大量的城乡关系研究理论(朱冬静,2013)。经济学、地理学和区域规划学等不同领域的城乡关系研究开始起步,对应两大主线:一是经济二元理论,二是空间二元理论。前者立足于工农部门关系研究,后者立足于城市和乡村空间形成机理及景观特征研究。

经济结构的二元论最早可追溯到16世纪。16世纪初,英国空想社会主义创始人托马斯·莫尔(Thomas More)在《乌托邦》一书中提出一个理想的城乡产业协作方案,在该方案中,乡村只是生产农产品的地方,全体公民的基本住宅区和各项工作的组织中心在城市,城市有可以用来进行农业工作的固定地区;居民从城市来到农场从事一段时期的农业生产,期满后又从这里回到城市,继续从事自己的基本工作——当然这一方案也涉及城乡空间的布局和分工。1954年,刘易斯(W. A. Lewis)在《劳动力无限供给条件下的经济发展》一文中首次提出了完整的发展中国家的二元经济模型。刘易斯继承了古典经济学中不变工资的思想，假定农村存在着大量的边际生产率为零的劳动力，二元经济结构的转化意味着劳动力从传统部门向非传统部门转移，导致传统农业部门比重的相对缩减和现代工业部门比重的相对增加，二元经济结构转化的过程是个工业化的过程。1961 年，费景汉(John C. H. Fei)和古斯塔夫·拉尼斯(Gustav Ranis)对刘易斯模型进行了改进，他们认为因农业生产率提高而出现农业剩余是农业劳动力流入工业部门的先决条件，从而将二元经济结构演变为三个阶段，从而形成了经典的"刘易斯-拉尼斯-费景汉"模型。1967 年，美国经济学家戴尔·乔根森(Dale W. Jorgenson)在《过剩农业劳动力和两重经济发展》一文中，依据新古典主义的分析方法创立了乔根森模型。出于对古典主义的反思，该模型在一个纯粹的新古典主义框架内探讨工业部门的增长是如何依赖农业部门的发展的，认为农业产量的盈余对经济增长具有决定性作用，并否定了前两个模型中工资不变的观点，强调工农业的紧密关系。沿此思路，迈克尔·P. 托达罗(Michael P. Todaro, 1970)、梅因图斯(McIntosh J., 1975)、迪克斯特(Dixit A. K., 1978)等在劳动边际生产率为正的条件下，从城乡就业的角度分析了二元经济结构转化问题(高帆，2005)。此外，库兹涅茨(Kuznets, 1955)提出的基于经济增长与收入分配的关系的"倒 U 型假说"、霍利斯·钱纳里(Hollis B. Chenery, 1968)提出的产业阶段论也都与二元经济结构的转换尤其是经济要素的流动相关。

关于城乡二元空间的描述起源于德国地理学家约翰·海因里希·冯·杜能(Johann Heinrich von Thünen, 1826)提出的"农业区位论"。根据假设的理想条件，杜能讨论了农业和城市(市场)的区位关系，给出了各种农业的分布范围或适宜区位。现代城市规划的奠基者霍华德(E. Howard, 1898,1902)提出了"田园城市"构想，这是一种将人类社区包围于田地或花园的区域之中，平衡住宅、工业和农业区域比例的一种城市规划概念(李德华，2001)。此外，赖特(F. L. Wright)的"广亩城市理论"(1932)、沙里宁(Saarinen)的"有机疏散理论"(1943)等则构成了城乡空间二元结构理论的基础(张婧、李诚固，2012)。

1950—1980 年，增长倾向-城市倾向的不均衡空间增长理论占据研究的主导地位。弗朗索瓦·佩鲁(Fransois Perroux, 1950)和布代维尔(J-R. Boudeville, 1966)的增长极理论认为均衡增长只是一种不可能实现的理想，增长首先出现在一些增长或增长点上，通过极化和扩散效应带动其他点的发展，人为政策干预可有效创造出增长极并推进区域发展。纲纳·缪尔达尔(Karl Gunnar Myrdal, 1957)在其《经济理论和不发达地区》一书中，提出了地理上的二元经济理论(Geographical Dual Economy)，从经济发达地区与不发达地区之间的结构差异以及相互关联的角度，揭示经济发达地区和不发达地区并存的二元结构，因为累计循环效应的存在，市场的作用总是倾向于扩大地区差异。阿尔伯特·赫希曼(Albert O. Hirschman, 1958)提出的极化-涓滴效应也证明了这一观点，认为在市场的作用下，极化效应总是大于涓滴效应，这将导致区域不平衡加剧。约翰·弗里德曼(John Friedmann, 1966)

根据拉丁美洲国家的区域发展演变特征，提出核心-边缘理论，阐释了区域空间发展模式，对于城乡、区域甚至国家之间的经济空间关系具有一定的解释力。

3. 对城乡联系的讨论：城乡统筹理念下的城乡互动和要素流动

在对城乡关系的讨论中，“城乡联系”(Rural-urban Interaction)经常被作为一个关键词来讨论(Tacolic，1998)。20世纪70年代起，以城市为中心的增长极理论/城市偏向(Urbanbias；Lipton，1977)在区域发展政策中的应用被反思，引发了一系列的讨论(Tacolic，1998)，各种统筹城乡发展的理念纷纷涌现。1978年，弗里德曼和麦克·道格拉斯(Mike Douglass)首次提出了乡村—城市发展战略。他们评估了印度、印度尼西亚、马来西亚、菲律宾、韩国和泰国的加速工业化战略的结果，认为世界资本主义经济从高度持续增长的时代转变为结构性失衡和停滞的时代；在这种“二元依赖”的矛盾愈演愈烈的情形下，加速农村发展的战略被视为对新兴条件的最恰当的回应(Friedmann J.，Douglass M.，1978)。朗迪勒里观察到20世纪70年代开始的发展中国家对“次级城市发展”(Secondary Cities)的关注，并提出次级城市的发展对于带动农村发展的重要性：次级城市的发展不仅可以有效减缓人口向大城市区域的集中，同时也有利于带动周边农村地区的发展(Dennis A. Rondinelli，1983)。

此外，日本学者岸根卓郎在《迈向21世纪的国土规划——城乡融合系统设计》(1985)中提出“自然—空间—人类系统”模型，认为“农工一体复合系统”或者“城乡融合社会系统”是日本今后发展的唯一途径，强调城市和农村社会功能上的分工，即城市的软功能代表多样性、文化性(城市的华丽和洗练)、娱乐性，乡村则代表了自然性(美丽的景观、恬静的环境)、情绪性、传统性等功能(顾孟潮，1991)。

20世纪80年代起，西方学界开始从要素层面来考察城乡之间的互动，如人口流动、产品流动和生态联系。实证研究表明城市中心区与农村的联系，在农村和城市的发展过程中发挥着重要作用。产品流动是城乡联系中最核心的因素，反映了市场导向的发展；然而，政府投资能够弥补这一因素，政府通过投资与生产有关的基础设施(电力、供水和交通设施)可以弥补市场的缺陷，这也是区域差异的根源所在(Gaile，1992)。此外，城乡之间还存在着生态联系。城市生态足迹(Cities' Ecological Footprints；Rees，1992)的概念也包含了农村——大城市和中等城市对环境的影响常常超过其城市建成区，影响到广泛的农村地区，城乡生态系统是一体的(Tacolic，1998)。

同时，地理学家们还特别关注城乡接合部或者城乡交接地区的城乡联系。例如，麦吉(T. G. McGee)的“Desakota”研究就是城乡联系在空间上的表现典型。他把“Kotadesasi”称为在“Desakota”这种特定区域完成的城市化过程，是于20世纪80年代基于对亚洲国家，尤其是东南亚国家的长期研究提出的。“Desakota”是指一种特殊的区域，这些区域的主要特征是其位于大都市区中心周边和大都市之间的人口高密度地带，城乡之间的相互作用十分频繁，农业和非农业活动高度混合(T. G. McGee，1990，1991，2000，2002，2009)。麦吉认为，在亚洲有三种类型的“Desakota”区域，第一种是国家拥有强有力的政府，可以颁布和施行有效的土地和农业保护政策，如日本和韩国；第二种是人口稠密的大都市周围地区，表现为从农业向非农业活动的转变，诸如中国台湾地区的台北—高雄走廊、泰国的曼谷—中心平原地区、印度的加尔各答地区、爪哇岛的雅加达地区和中国的沿海主要地区；第三种是经济增长缓慢而人口密度很高的区域，如中国的四川盆地、爪哇岛的日惹地区、南印度的喀拉拉邦和孟加拉国。

塞西莉亚·塔科利（Cecilia Tacoli）和大卫·萨特思韦特（David Satterthwaite）提出了城乡连续体理论（2003），如图 2－2 所示，他们强调了与贫困相关的农村和城市地区之间的主要差异。也许最重要的区别在于生计的基础——在农村地区，生计更多地取决于获得土地和/或水（用于作物种植、牲畜养殖、林业或渔业）；而在城市地区，则取决于找到适当的生计（有偿工作或自营职业）来源。图 2－2 的两边表示城乡连续体的“两端”。但通常的情况是，许多农村居民点的家庭依赖非农业工作，非农业就业机会对于减少农村贫困可能非常重要。在许多国家和地区，无地劳动者也是最贫困的农村贫困人口，这些人就像城市贫民一样，需要有更多、更好的赚取收入的机会。同时，大多数城市地区也有一些农村特征，而城市农业对许多低收入城市家庭也具有重要性。此外，在“乡村特色”和“城市特征”这个连续体的中间是一个“乡村-城市”区域，在这个地域，农村和城市的特征混合在了一起（Satterthwaite、Tacolic，2003）。

农村		城市
从作物种植、牲畜养殖、林业或渔业中获取生计（关键是获得自然资本）		从非农业生产或制造/销售商品或服务的劳动力市场中获取生计
获得住房的土地和建筑材料通常不是问题		获得住房土地非常困难；住房和土地市场高度商业化
与政府的联系较远，政府作为监管者和服务者的作用较小		更容易受到“坏”治理的影响
获得基础设施和服务的机会有限（主要是因为距离远、密度低、支付能力有限）	城乡接口	低收入群体难以获得基础设施和服务，原因是价格高昂、房屋非法性质（对许多人而言）和治理不善
赚取现金的机会减少；更多依靠自给自足；更加依赖有利的天气条件		更多依赖现金获取食物、水、卫生、就业、垃圾处理……
获得自然资本是主要的生活资产和基础		更多依赖房屋作为经济资源（生产空间，获得收入的机会；所有者的资产和收入来源——包括事实上的所有者）
农村地区具有的城市特征（如繁荣的旅游区、矿区、具有高价值作物的地区，这些地区具有显著的地方经济“乘数”联系，以及拥有多样化非农生产并与城市有紧密联系的乡村地区……）		城市地区具有的农村特征（城市农业、“村庄”飞地、通过非货币传统形式获得住房用地……）

图 2－2　城乡连续体理论

资料来源：Satterthwaite D，Tacoli C. The urban part of rural development：the role of small and intermediate urban centres in rural and regional development and poverty reduction[EB/OL].[2024－06－03].https：//www.iied.org/sites/default/files/pdfs/migrate/9226IIED.pdf.

21世纪前后，城乡关联的重要性在政策层面有了进一步响应。1996年，联合国人类住区规划署发布的《伊斯坦布尔人类住区宣言》强调，城市和农村地区在经济、社会和环境方面相互依存，因此需要采取综合办法，以促进均衡和相互支持的城乡发展。2004年世界人居日的会议主题为“城乡联合发展方针(Urban-rural Linkages Approach to Development)”，提出“只有将整体视为同一综合系统的一部分，才能在城市和农村地区实现可持续发展”。城乡联系被定义为农村和城市地区之间的劳动力、资本、商品、就业、信息和技术的功能互补和流动。“城乡关联(Urban-rural Linkage)”“城乡伙伴关系(Urban-rural Partnership)”等概念也逐渐被经济合作与发展组织和欧盟的空间发展委员会等国际机构在各项发展规划中所采用(OECD, 2013)。

城乡联动发展方法的新视角正日益成为国际公认的方法，各国中央政府，地方大城市、中小城镇和农村地区的政府应认识到城乡发展联系的潜力，以及其发展行动对其的影响(Scarlet Tepstein T.、Jezeph D., 2001; OKPALADC, 2003)。卡菲(Caffyn)和道思契蒙(Dahlströmm)指出，在欧洲，国家和区域各级的政策文件越来越强调相互依存关系，而区域化的趋势又增加了对功能区域而非城镇和乡村各自独立的重视。但在英国，“城市”和“乡村”通常以“对立”的方式被认识，相关机构制定的发展和再生政策也几乎都没有考虑乡村和城市的相互关系。卡菲和道思契蒙提出通过采用城乡一体化方法促进区域发展，重点关注相互依存关系和共性，而不是差异(Caffyn、Dahlströmm, 2005)。中国的城乡统筹、城乡一体化和乡村振兴等战略可谓正是对这一趋势的响应。

2.1.2 我国城乡关系研究

按照马克思主义的理论，城乡关系演进的一般路径为“城乡依存”—“城乡分离”—“城乡融合”，但深入比较仍可发现，不同国家城乡关系发展的历程和模式不尽相同(刘淑虎、任云英、马冬梅等，2015)。整体上，西方发达国家是在没有外部环境约束的情况下，通过对社会弱势群体的整体剥夺、殖民主义政策转嫁成本和国际规制的庇护，历经了200余年的时间才使城乡关系从对立走向了融合(刘淑虎、任云英、马东梅等，2015)。与西方单线式的经由城乡对立达到城乡一体化的路径不同，中国城乡关系发展历史显示，城市和乡村在价值取向上经历了一个离散—凝聚—离散的过程，但中国城乡关系变革的最终价值取向应该也是实现城乡社会的平等与融合(叶超、陈明星，2012)。

目前，学界对我国城乡关系发展阶段的研究已经达成一定的共识。吴丰华对城乡关系的研究追溯到了近代，认为1840—1949年为城乡加速分离时代，中国的城乡关系在西方市场经济体系的冲击下，逐渐瓦解和加速分离(吴丰华，2013)。学者们都认同，自中华人民共和国成立以来，改革开放和中共十六届三中全会是我国城乡关系的重要转折点，经历了1949—1978年计划经济城乡分割阶段、1979—2003年城乡对立阶段和2003年之后城乡统筹阶段(许斌,2002;韩俊,2009;赵洋,2011;白永秀,2012;刘淑虎、任云英、马东梅等,2015;纪淑德,2016)。此外,1956 年社会主义改造基本完成、1984 年提出经济中心向城市转移,也是影响我国城乡关系的两大重要转折点(纪淑德,2016)。

学者们从地理、文化、经济、政策的角度探索了影响我国城乡关系的因素。叶超、陈明星认为影响中国城乡关系长期历史演变的因素主要是水域特征和政策-文化:以内河流域为主的地理特征奠定了中国内向型的农耕文明,农业文明对城市文明的牵制使得文化对政策的选择依附特征突出(叶超、陈明星,2012)。胡俊生认为城乡隔离制度的形成起初主要是经济原因(胡俊生,1997)。白永秀认为经济发展过程中现代工业部门与传统农业部门的差距拉大,由此产生了城乡二元结构,但近代以来中国城乡二元结构的形成除这个普适性原因起作用外,还有着自己异质性的原因:中国社会的特殊发展道路产生于国外的工业文明与市场经济的冲击、中国计划经济体制的固化、前改革时代"级差式"和"分离化"改革措施的加速、后改革时代国有企业战略重组的助推等四大外部推力(白永秀,2012)。朱志萍认为我国城乡二元结构内生于农业全面支持工业的赶超型发展战略和以户籍制度为核心的城乡分割体制,体现了强制性制度变迁的特征;而城乡二元结构的演变,则是强制性制度变迁和诱致性制度变迁共同作用的结果(朱志萍,2008)。

学者们对城乡一体化实践的研究主要始于党的十六大之后,对城乡一体化工作的系统探索最早开始于成都、重庆等地。我国的城乡一体化发展实践探索不仅体现在基础设施建设上,更是体现在对城乡公共服务、城乡居民权益等各个方面,从产业发展、金融体系、户籍制度、土地制度等方面进行了体制机制的创新。学者们对各地的实践工作进行了总结梳理,提出了成都模式、苏州模式、上海模式等城乡一体化经验模式(刘家强、唐代盛、蒋华,2003;刘晨阳、周彤及、傅鸿源,2005;许传新,2007;崔西伟,2007;安中轩,2007;Ye Y、Legates R、Qin B,2013;赵民、陈晨、方辰昊,2016;季学明,2016;唐颖,2017)。但国内有些研究也存在把城乡一体化界定为"城市化"的倾向,特别是针对城市郊区的城乡一体化研究,如西咸大都市地区一体化研究(黄国胜,2010)等。

2.2　城乡要素流动研究

持续性的城市偏向或农村歧视是绝大多数发展中国家的主要制度特征,消除此特征的基本方式是实现城乡之间要素更充分的流动和更高效的配置。减少城乡二元制度的影响,要素的充分流动和高效配置是重要的核心议题。非洲、亚洲、拉丁美洲的城乡关系具有一定的相似性,农村与城市在经济、社会和文化上的联系较为紧密:经济上,城市的企业依赖农村消费者需求,对于农业生产者来说,城市提供的市场和服务也至关重要;无论是在农村还是城市,很多家庭依靠农业和非农业收入维持生活。劳动力、物品、资金的流动和其他的社会联系，在城乡变革中承担着重要角色（Tacolic，1998）。进入21世纪，国内外学者更关注城乡“网络”和“流”的相互作用，新的理论更注重城乡之间的联系（曹伟、周生路、吴绍华等，2013）。研究大部分集中在对促进城乡之间相互作用的具体某个联结要素的研究；也有学者选择以城乡边缘区为讨论对象，来强调城乡之间互动的必要性；还有部分学者采用计量经济学的分析视角，对城市和农村的关联发展程度进行统计分析（朱冬静，2013）。

对中国城乡要素流动的研究，学者们达成了一个共识——城乡二元结构的转换、城乡统筹和城乡一体化发展的实现，根本上是要实现要素的自由流动和合理配置（袁志刚、解栋栋，2010；曲福田、田光明，2011；曹伟、周生路、吴绍华等，2013）。我国城乡二元制度体现在城乡分治的户籍管理制度、二元土地制度和公共资源配置的不公平与不对等（曲福田、田光明，2011）这三个方面。改革开放带给中国的增长效应之一，就是通过要素市场发育、资本和劳动力在部门间和地区间流动，即资源重新配置带来的增长（蔡昉、王德文，2001），但城乡二元制度下的要素流动“剪刀差”使城乡差距不断拉大（田光明，2011）。“三农”问题的症结也在于要素性资源的单向流动（龚晓莺、王朝科，2007），城乡居民拥有的生产要素多寡是城乡收入差距产生的主要原因（刘凤良、易信，2013）。统筹城乡发展就要消除阻碍要素流动的各种制度障碍，改变当前扭曲的要素配置状态，从制度上建立新型的城乡关系，制定统一协调的就业和社会保障制度及城乡土地制度（袁志刚、解栋栋，2010）。城乡之间的要素流动，会带动农村要素利用效率不断提升，当城乡之间的要素边际生产率达到相等时，城乡二元结构消失（田光明，2011）。下面将从土地、资本和劳动力三个方面进行相关研究的综述。

2.2.1 城乡土地要素流动/配置研究

尽管新古典经济学中有的学者不再把土地作为重要的生产要素纳入增长模型（如索罗模型），但这是西方已完成大规模城市化进程后的情形。对于中国而言，土地仍然作为一种重要的生产要素，对城乡发展起到了十分重要的影响。土地是实现城乡统筹发展的切入点和突破口，将城乡地域系统作为载体，处理好城乡人地关系问题，将会带动城乡之间各种要素的有效配置，进而促进城乡经济社会的协调发展（曹伟、周生路、吴绍华等，2013）。

大部分学者认为，二元土地制度是严重影响我国城乡统筹、城乡一体化的制度障碍之一。我国在城市化进程中出现的许多重大经济社会问题都跟二元土地制度密切相关，我国正处在土地资本化的过程中，还远远没有完成土地资本化，因此土地仍然是城乡要素配置中十分重要的要素（邵挺，2010）。改革开放初期形成的城乡土地二元结构体制使得我国城乡之间呈现出极为不公平的情况，并已成为阻碍中国发展的一大历史遗留问题（米谷，2014）。在城乡二元土地制度下，城乡土地要素流动是非市场化的，土地征用或者征收是城乡土地要素流动的唯一途径。农村产权不清和主体模糊，以及城乡土地产权歧视和不对等，造成了农地流失和农民的权益损失，并严重影响城乡统筹进程（曲福田、田光明，2011）。

城乡土地二元制度对城乡统筹的具体影响，体现在社会、经济和空间三个方面，具体表现为阻碍农民市民化，造成城乡、区域间要素割裂以及影响城乡空间形态。① 二元土地制度造成农民不能完全脱离和土地的关系，加之户籍制度等约束，农民只能在城乡之间"候鸟式"流动，不能完全城市化成为真正的"市民"(邵挺，2010；曲福田、田光明，2011；田光明，2011)。② 农村闲置的建设用地无法进行盘活，与一体化市场配置相矛盾(曲福田、田光明，2011)；建设用地指标不能在省际交易，一方面导致了全国范围内土地利用效率的极大损失，另一方面也加剧了东部沿海地区的土地紧张程度，造成了大城市房价的不断上涨，大城市的产业集聚和人口吸纳能力受到土地指标不足的严重制约(邵挺，2010)。③ 对我国形成大都市圈式的城市结构造成极大障碍。大量人口不能顺利流入大城市，大城市的产业集聚能力又受到土地不够的限制，全国统一的要素市场无法形成，进而导致我国城市结构的"扁平化"分布，即"大城市不足、中小城市过多"的失衡状况(邵挺，2010)。

现有研究认为，构建城乡统一的土地市场，实现中国农地(农村建设用地)的市场化配置，是城乡统筹的关键和必然选择(付光辉、刘友兆、吴冠岑，2008；叶剑平，2009；王克强、赵露、刘红梅，2010；曲福田、田光明，2011；肖毅敏，2015；李进，2016；陈梅，2017)。曲福田等认为城乡统筹的关键是让资源在城乡之间自由流动，这就要求改变传统的二元制度，从制度上建立新型的城乡关系，让城乡要素以价格信号进行流动，同时农民权益能够得到保护并分享工业化、城市化要素价值增值收益，即其实质在于实现城乡居民在产权和治权上的平等和统一，农民和城市居民能够享受同等的待遇(曲福田、田光明，2011)。建立城乡统一的土地市场有助于城乡资本、技术、信息、土地要素的合理配置，为城市发展提供空间，为农村发展提供资金，真正达到城乡统筹发展，实现帕累托改进(叶剑平，2009)。

对城乡土地要素流动/配置的具体研究可以分为，对中国城乡土地市场发展方向的研究、对城乡土地要素流动/转化的研究，以及对构建城乡土地市场的建议三个方向。

1. 对中国城乡土地市场发展方向的研究

对中国城乡土地市场的研究存在跨学科特征，涉及地理学、经济学、制度研究、社会学研究等多个方面。黄贤金等系统分析了改革开放以来我国农村土地市场发育情况，包括土地市场的构成、主要类型、运行及存在的主要问题，认为农村土地市场的发展变得越发重要(黄贤金、尼克·哈瑞柯、鲁尔特·卢本等，2011)。一些学者用经济学的基本原理建立了一定制度环境下城乡土地市场发展的分析框架，但得出了城乡土地市场发展的"非均衡"与"均衡"两种不同的结论。有的学者在构建土地征用均衡分析框架、探讨土地征用均衡与非均衡条件的基础上，分析了中国土地征用非均衡产生的诱因，认为政府的土地征用有其经济上的合理性，但土地征用也存在政策失灵的可能，并带来社会福利的损失(钱忠好，2004)。有的学者则从土地价格及分配关系入手，以土地市场发育程度较高的经济发达地区为例，分析农地非农化的经济诱导机制，认为农地征用价格、出让价格和市场价格及其之间的差异形成了农地非农化中的大量经济利益，从而成为各利益主体(各级政府、农村集体和农民)参与分配的利益源泉，促进了农地非农化进程(曲福田、冯淑怡、俞红，2001)。持均衡观点的学者基于土地利用的基本竞争模型的分析，认为追求效用最大化的动力将促使人们调整土地利用结构，最终产生新的土地均衡结构(李平、李秀彬，2001)。无论是基于一定制度框架内的经济学分析，还是对制度本身的分析，学者们都有一个共同的认识，那就是现行城乡土地市场的发展付出了一定社会成本的代价，农地对于农民的“非生产性收益”、对于整个社会的“外部性收益”被低估。

2. 对城乡土地要素流动/转化的研究

我国农村土地按照用途可分为农用地和建设用地(包括宅基地和集体经营性建设用地)。相应地，城乡一体化过程中涉及的土地要素的“流动”包括以下三种类型。一是农地非农化(土地承包经营权的转让、农地征用)。二是农村建设用地(宅基地和集体经营性建设用地)流转(伴随着宅基地的重新分配和城镇化过程，土地指标在城乡之间的分配)。三是农用地的流转：土地承包经营权可以流转到集体经济组织以外的单位或者个人手中(不涉及土地利用类型和所有权的变化，只有使用权发生了变化)。下面分别就这三种土地流动类型进行文献综述。

(1) 农地非农化：关于城乡接合部土地利用的研究

农地非农化过程大多发生在城乡接合部地区。由于城乡接合部土地涉及城乡二元土地产权的转换，集体土地流转变动性强、情况复杂，学者们针对城乡接合部的土地利用问题进行了大量的研究，包括具体的案例研究及普适意义上的讨论。

早在20世纪90年代中后期，学者们就对城乡接合部土地利用问题展开了研究。陈佑启对北京城乡交错地带土地利用问题及对策进行了一系列的跟踪研究和讨论，总结了北京市城乡交错地带土地利用的布局模式、主要影响因素、形成机制和作用过程(陈佑启，1996，1997，2000)。也有学者对开封(赵自胜、陈金，1996)、广州(张建明、许学强，1999)、重庆(陶陶、刁承泰、黄京鸿等，1999)等地的城乡接合部的土地利用和管理问题进行了分析。

21世纪初，对城乡接合部土地利用问题的探讨仍然较为热烈，分析方法趋向多样化，关注的问题也更为广泛和细化。研究对象多集中在一些特大城市，并且北京的城乡接合部是研究的热点区域。研究指出，城乡接合部存在耕地资源浪费、土地利用低效、土地管理薄弱等突出问题(王国强、王令超、李春发等，2000；张增峰、黄克龙，2001；于亚滨、潘玮，2006)。

遥感分析、空间分析、统计模型等多种手段被广泛运用于城乡接合部的土地利用变化研究中，例如，王静爱等运用遥感分析技术对北京西部城乡过渡区的土地利用/覆盖变化驱动力的研究(王静爱、何春阳、董艳春等，2002)，吕萍等利用价格模型对北京市城乡接合部土地价格变动规律的研究(吕萍、姜东升，2003)，宋戈等运用线性规划模型对哈尔滨城乡接合地带的土地利用结构形成的机理和结构优化的研究(宋戈、吴次芳、魏东辉，2006)，林坚等运用空间叠加法和地理信息系统的手段，对北京中心城郊土地利用特点的研究（林坚、汤晓旭、黄斐玫等，2007），谢天等运用模型法、主成分分析法，并引入PSR模型等对南京市栖霞区土地集约利用状况的分析（谢天、濮励杰、张晶等，2013），等等。

学者们还针对城乡接合部存在的普遍问题的相应对策进行了探讨。有学者专门从法理角度分析了城乡接合部涉及的征地问题，汪晖通过讨论现行法律的矛盾与征地权滥用之间的关系，分析现行土地征用制度下城乡接合部征地补偿标准和征地补偿机理，探寻改革的途径（汪晖，2002）；张千帆认为，将城市化和征地画等号是对《宪法》第十条规定的城乡土地二元结构的误解，虽然农村土地的集体所有可以是一种实质性的所有权，但农民对土地的使用权不应受到政策或法律的过分束缚，尤其要破除对城乡二元土地制度的错误理解，实现征地和城市化脱钩（张千帆，2012）。也有学者提出应从土地利用规划技术手段（王树良、李爽、刘建华等，2000）、土地利用规范化管理（吕萍，2003）、战略选择上的可持续利用（李世峰、白人朴，2003）等方面优化城乡接合部的土地流转。

(2) 农村建设用地指标流转研究

成都的农村土地产权制度改革、重庆的地票改革试验，既是城乡土地市场一元化的实验探索，也是农村建设用地指标流转的真正实践。张鹏等研究了重庆的土地地票交易制度，认为重庆的土地地票交易制度借鉴了西方国家土地发展权的相关理论，利用土地发展权还原机制，以地票形式搭建起城乡建设用地之间的供需平台，但是对于其可能产生的“马太效应”、耕地保护问题，以及双轨制供地体制下地方政府与农村集体经济组织之间的利益冲突问题也必须引起思考（张鹏、刘春鑫，2010）。也有研究认为，地票交易制度带有浓厚的行政力量主导的色彩，并未完全实现市场化改革的目标（曹亚鹏，2014）。万文杰分析了成都以“还权赋能”“农民自主”为核心的土地产权制度改革中政府的角色定位（万文杰，2010）。黄春等通过对成都城乡土地协同调控进行SWOT分析，指出调控过程中存在的优势、劣势、机会和挑战（黄春、邓良基，2012）。

农村建设用地流转的另一种方式是农村土地整理和宅基地置换。学者们针对各地实践，总结出了嘉兴模式、苏南模式、成都模式、顺德模式等多种类型（周建、施国庆，2011；田莉，2013）。其中，产权研究是学者们关注的重点。田莉结合集体土地产权变迁的两种模式——以诱致性土地制度变迁为特色的顺德模式和以强制性土地制度变迁为特色的成都模式，研究了土地产权对城乡统筹发展的影响（田莉，2013）。周飞舟等研究了成都市以政府主导、资本介入的方式推动农民集中居住（“农民上楼”）与农业的规模经营（“资本下乡”）的城乡统筹方式，探讨了政府、资本、农民在此过程中的得失损益和以“土地经营”为中心的城镇化模式的问题所在（周飞舟、王绍琛，2015）。蔡玉胜等认为宅基地置换需要从完善农村土地产权交易与利益保障体制、培育和发展农村专业经济组织、改革农村社会治理结构等方面进行综合配套改革（蔡玉胜、王安庆，2010）。倪建伟等研究了浙江省以“三改一拆”（旧住宅区、旧厂区、城中村改造和拆除违法建筑)为重点的城乡土地系统性整理方案的实施效果,深度剖析可能存在的倾向性问题及原因,进而提出规避风险、优化政策的针对性建议(倪建伟、张伟,2014)。司艳丽认为农村集体建设用地的市场化流转长期受到限制,这直接导致集体建设用地大量隐形入市,虽然引发土地市场秩序混乱和土地管理困难等问题,但是客观上有利于农村吸引投资,盘活土地资源和发展经济,这一现象反映了农村和农民利用土地进入市场以发展经济和改善生活的合理诉求(司艳丽,2006)。

(3) 农用地流转/土地承包经营权流转研究

对农用地流转/土地承包经营权流转的研究主要集中在法理讨论上,并存在赞成和反对两种声音。汪险生等将土地承包经营权抵押分为"资产主导型"与"关系主导型",认为在"资产主导型"模式的初期,政府可通过做市制度或财政补贴政策,加快农地租赁市场发育、增强资产的变现能力;同时,发挥新型农村经济组织的信息优势、技术优势,有利于推动"关系主导型"土地承包经营权抵押贷款(汪险生、郭忠兴,2014)。也有学者对土地承包经营权的抵押持审慎甚至反对态度。高圣平从"三权分置学说"的角度,将承包土地的权利构造表述为"集体的土地所有权+农户的土地承包经营权+农业经营主体的土地经营权",认为以土地承包经营权或土地经营权设定抵押均属"承包土地的经营权抵押",且均超出《中华人民共和国物权法》允许抵押的财产范围,在相关试点地区应暂停实施《中华人民共和国物权法》的相关禁止性规定(高圣平,2016)。韩松提出农地流转要尊重农民的权利和意愿,在农地流转中要节制资本,将资本下乡和合作社限定在为农民和农业生产服务的领域内,防止资本对农民土地的兼并导致农民失业破产(韩松,2012)。韩启民等对成都市资本下乡模式进行了研究,认为企业资本到农村地区大规模流转农地、开展农业规模化经营的目的并不在于获取农业经营收入,而是在于能够从政府(融资平台)那里获得增减挂钩的项目及土地指标;在这种作用机制下,农村土地流转呈现出激进的特征(韩启民、丁琳琳,2016)。

3. 对构建城乡土地市场的建议

关于如何统筹构建城乡一体的土地市场,学者们从目标、体系、产权、政府与市场的功能、价格机制等多方面进行了研究并提出建议。刘小玲探索了城乡土地市场体系建立的路径选择,并提出建立统一的城乡土地市场体系的基本原则和框架模式(刘小玲,2005)。张合林等运用现代市场理论、新制度经济学制度变迁理论,分析论证了我国土地市场制度创新的路径与目标选择,构建了我国城乡统一的土地市场结构理论模型(张合林、郝寿义,2007)。叶剑平、邵挺、王克强等都认为土地利用应该按功能划分,而不应该按国有和集体所有的"身份"划分,使得同功能、同权、同地、同价(叶剑平,2009;邵挺,2010;王克强、赵露、刘红梅,2010)。邵挺进一步认为,允许集体建设用地直接入市,宅基地用于抵押、流转和出售等,对遏制城乡收入差距的进一步扩大等方面都可以起到至关重要的作用(邵挺,2010)。王克强等认为,需要重新定位政府在土地市场中的角色,重新定位城市土地储备制度,同时建立合理的中央和地方土地财政收入分配机制，确保地方政府获取并维持稳定长期的土地税收收入，建立健全税收体制以调控土地利益分配，建立适应市场机制的以非市场化政策手段调控土地用途导向和公共产品供给的政策（王克强、赵露、刘红梅，2010）。同时，在城乡土地流转过程中，可能会存在地方政府“与民争利”的问题，需要严格制定各级政府在农村土地流转中的财政收益比例和用途管制（吴越，2009）。赵建军基于地租理论探索了土地价格的形成机制，构建了城乡土地利用机制的概念模型（赵建军，2012）。

有学者从土地产权和土地治权的角度提出了城乡土地改革的方向。国家通过设置土地发展权，建立土地发展权流转机制，鼓励土地发展权的交易与流转，可以更好地发挥在公有制条件下的土地供应参与宏观经济调控的作用（张友安，2006；顾汉龙、冯淑怡、张志林等，2015）。田光明认为产权的对等和明晰、权利的可实现是农民权益保护和资源重新配置的基础，土地产权改革方向为给予农村集体土地所有权和国有土地所有权同等的产权权利，将农村集体土地所有权和使用权进行分离，让农村集体土地使用权和城市国有土地使用权享有同等产权功能（田光明，2011）。宋晓丽等也持类似观点，建议设置治理权、所有权、使用权层次权利框架，将征收权与规划、用途管制等一起构成治理权，实现对城乡土地所有权的限制与协调（宋晓丽、刘民培，2015）。这几位学者还指出，农村土地制度存在用途类型和地域差异，因而必须推行差异化的制度安排。不同的土地利用类型特性不同，需要建立不同的治理方式或治理结构来实现。在使用权设置上，统一建立集体土地使用权，再根据分类（承包地、集体建设用地、宅基地）进行分类管理，根据不同的土地利用类型确定产权主体和建立不同的实现形式（田光明，2011）。可以绕开所有权问题，将细化、显化、强化农民土地使用权权能作为缩小城乡土地权益差距的突破口（宋晓丽、刘民培，2015）。

另外，学者们还强调，要从城乡土地管理的技术方法入手，合理规划城乡土地利用，以保护耕地为核心，实行区域城乡建设用地的整体控制（欧名豪，2000；王万茂、王群、李俊梅，2002；郑伟元，2008；高文凯，2016）。

2.2.2 城乡资本要素流动研究

城乡资本流动，广而言之，是指资本在城市-工业与乡村-农业之间周而复始、循环往复的运动过程。其可以是通过市场交易平等进行的，也可以是通过行政力量强制进行的。城乡资本的正常流动是二元经济向现代经济转变的主要内容和重要前提（何德旭，1998），完善和加快城乡资本流动是解决我国城乡一体化建设资本问题的关键因素（贺世红，2015）。

1. 城乡资本流动渠道研究

城乡资本可通过财政、价格和金融三种渠道进行流动。20世纪末至21世纪初，有学者从财政、金融和价格的角度，描述了中国城乡资本流动的历史和现状，并提出我国城乡资本流动的若干设想。何德旭、许晓东等认为，长期以来，农村资本通过各种渠道不合理地流向城市，从而制约了农村的发展。他们从财政、金融和价格渠道等方面分析了资本的流动，认为：① 国家财政对农业投入不足，但从农业中获得的收入却明显增加；② 城乡资本通过金融渠道的流动主要是储蓄性流失，金融机构在农村吸收存款而用于城市发展和贷款，造成大量的农村资本流向城市；③ 国家对于工农产品的价格剪刀差也是一种隐形的城乡资本流动。他们分析了农村资本流失的原因，得出优先发展工业的国家经济发展战略、财政体制不合理和农村金融体制不合理、资金的趋利性、工农产品比价不合理是主要原因，并从财政、金融等方面提出了改革的措施建议（何德旭，1998；许晓东、谢元态，2004；许晓东、郑晓燕，2004）。贺世红从我国城乡资本流动的动因、城乡资本流动的阶段与资本流动模型等方面分析我国城乡资本流动理论，并进一步探析了我国资本流动的历程和资本流动途径（贺世红，2015）。

2. 金融发展对城乡收入差距的影响

有研究针对城乡金融发展对城乡收入差距的影响进行了分析。王虎等运用1980—2004年的实际数据实证研究了金融发展与农民收入之间的相关性关系和影响机制，得出了金融发展对农民收入有促进作用，但是金融发展也显著拉大了中国城乡收入的差距的结论（王虎、范从来，2006）。吴代红认为城乡金融发展非均衡化为城乡收入差距的缩小设置了障碍，其运用历史分析和计量检验方法，利用1978—2011年省级面板数据分时段、分区域实证检验了金融资本集聚与城乡收入差距的关系，研究结论为金融资本集聚城乡失衡是城乡收入差距扩大的重要原因，并且金融资本集聚与城乡收入差距之间的关系演化具有明显的时期特征和区域特征（吴代红，2014）。但也有研究结果支持金融发展程度和城乡收入差距关系不显著这一结论（刘凤良、易信，2013）。李刚认为城乡正规金融资本错配严重制约城乡发展一体化，政府干预、金融机构追求利润最大化以及农户政治经济弱势是导致城乡正规金融资本错配的主要原因（李刚，2014）。

3. 城乡资本流动的“卢卡斯悖论”现象研究

一些学者从资本边际收益率的角度，讨论了资本在城乡之间流动的“卢卡斯悖论”。卢卡斯悖论是指，根据新古典经济学的边际报酬递减规律，人均资本较低的地区具有较高的资本回报率，资本为了追求更高的回报，应该大量流向资本稀缺的地方，直到人均资本均等化——而这与大量的实证研究相悖（Lucas，1990）。国内外学者通过分析全球和中国区域间外商直接投资（FDI）的流动趋势和方向，证实了“卢卡斯之谜”在欠发达国家和发达国家间以及中国区域间广泛存在，中国的城乡数据也验证了“卢卡斯之谜”在中国城乡资本流动中广泛存在（彭小辉、史清华，2012）。农村资金的大量外流动摇了农村经济可持续发展的基础，形成了“农村资金外流—城乡差距拉大—农村资金进一步外流”的恶性循环（辛祥晶、武翠芳，2007）。而周月书、王悦雯的研究指出，“卢卡斯悖论”在中国具有阶段性特征。通过测度1981—2012年城乡资本边际生产率差异和城乡资本配置情况的相关关系，发现资本在城乡之间的流动有明显的阶段性特征。2003 年以前大量资本从农村流向城市，资本存在从边际生产率高的农村地区向边际生产率低的城市地区非逐利流动的现象；2003 年以后情况有所改善，二元经济结构转换促进了城乡资本配置效率的提高，城乡资本边际生产率差异缩小，农村资本外流的情况得到缓解，农村资本回流明显（周月书、王悦雯，2015；王悦雯，2015）。

对于“卢卡斯悖论”的解释，卢卡斯指出，如果消除人力资本差异对资本边际产出的影响就能很好地解答“卢卡斯之谜”（但是消除各国人力资本差异是很困难的）。王悦雯则认为，农业和农村自身的弱质性使得市场机制在城乡资本流动过程中作用有限，其带来的高风险使得资本存在从边际生产率高的农村地区向边际生产率低的城市地区的非逐利流动现象（王悦雯，2015）。罗玉峰、龚丽辉的研究则证明，中国的资本等生产要素大量地从农村流向城市，是因为农村地区的投资环境劣于城市，在农村地区的资本调整成本高是由各种摩擦性成分引起的（罗玉锋，2016；龚丽辉，2016）。龙启蒙等则认为由于传统的土地财政模式以及农村建设用地权能的缺失，使得中国资本“三次循环”均局限在城市，无法实现资本从城市向小城镇和农村扩散（龙启蒙、傅鸿源、廖艳，2016）。

也有研究否认了我国城乡资本流动存在“卢卡斯悖论”。高帆等基于资本边际收益率的测算逻辑，重新估算了 1981—2013 年中国城乡的资本存量、劳动投入、经济产出和城乡资本边际收益率，结果发现城镇资本边际收益率始终高于农村。以 1996 年为拐点，城乡资本边际收益率差额呈现“倒 U 型”趋势，现阶段城乡资本边际收益率落差主要取决于资本平均收益率比值，而不是资本产出弹性比值。农村资本流向城镇是城镇资本边际收益率高于农村的产物，即我国城乡间不存在“卢卡斯之谜”（高帆、李童，2016）。龚丽辉基于 2004—2014 年广东省城乡数据的研究结果表明，加入调整成本之后，广东省城乡资本流动并不存在“卢卡斯悖论”（龚丽辉，2016）。

4. 土地资本化问题

学者们对农村土地资本化问题也进行了相关研究。我国土地资本化的实质是土地使用权的资本化，即在不改变土地所有制的基础上，土地使用权以其物权特性作为资产进入市场，进行市场化流转运作，并获得一定经济报酬的价值实现过程，是通过对土地权利采取金融化的处理方式，使得土地作为资本在市场上流通并产生收益的过程（赵婷婷，2015）。

农村土地资本化对于缓解城乡二元经济社会矛盾（马英才，2013）、建立农民长效增收机制（陈家泽，2008）、带动长期经济增长（龚晓红、庞新军，2011）具有重要作用。实行农村土地资本化存在一些障碍，包括农地产权主体虚置、严厉的农地用途管制导致的农民土地发展权缺失、现行法律对农民土地权益性融资实现再生产扩大和收入流增加的可能性加以限制等（陈家泽，2008）；农村土地资本化普遍在确权、监管、收益等方面存在问题，如非法流转的隐性市场、收益分配不合理、过度的土地资本化等（赵婷婷，2015）。已有研究认为农地资本化的目的在于优化农地资源配置，要达到促进城乡统筹发展的目标，应在农地产权制度、农地市场、技术与人才、社保体系等方面构建起制度保障体系（杜明义，2014），可以大胆尝试农地使用权抵押可获得性的农村金融工具创新（陈家泽，2008）。

2.2.3 城乡劳动力要素流动研究

我国劳动力流动受政策和经济环境的影响较大，在各个不同时期具有不同特征，相关研究也具有典型的时代特征，关注不同的热点议题。

1. 20 世纪 80 年代：关注改革开放后的诸多新现象

中华人民共和国成立后中国农村劳动力流动经历了自由流动—严格控制、计划转移—就地转移—跨区流动的转变。劳动力流动的第一阶段为 1949—1977 年，由 1953 年之前的自由流动转变为 1953 年之后的计划调配为主的流动模式，以计划性的迁移性流动为主，以流向种植业、重工业和全民所有制企业为主（莫扶民，1987）。第二阶段始于党的十一届三中全会，随着家庭联产承包责任制的展开，农业人口从土地经营转移出去的步伐加快，劳动力流动中计划流动比重下降，自由流动比重上升（但仍以计划流动为主），农村劳动力大规模从种植业流向农业的其他行业、农业非农部门，少量流向城镇非农部门（莫扶民，1987）。20 世纪 80 年代至 90 年代中期，乡镇企业异军突起，农村劳动力转移就业主要采取“离土不离乡”模式；此后，沿海地区对外开放步伐不断加快，“三资”企业和外向型制造业迅速发展，非农就业机会大量增加，农村劳动力开始了“离土又离乡”的大规模跨区域流动就业，在较长时期内保证了劳动力的有效供给（“城镇化进程中农村劳动力转移问题研究”课题组、张红宇，2011）。

从 20 世纪 80 年代中期开始，劳动力在城乡之间的流动广受关注，首先被讨论的是劳动力是否应该自由流动，劳动力流动的方向、形式、规模等方向性问题。学者们对劳动力流动的趋势达成了共识，认为农村劳动力流动是由社会分工引起的劳动分化趋势所决定的，并鼓励劳动力的部门间转移；但由于当时处于经济社会变革初期，也有学者对劳动力完全市场化流动仍持有疑虑，认为其应该是有宏观政策引导或者计划条件下的自由流动（樊恭嵩，1984；靳步，1984；杨光复，1985；莫扶民，1985；范剑平，1985；樊恭嵩，1986；孙道伦，1987；雨文，1987；赵巍、承纪中，1987；施本植，1987；陈英鸿，1987；张载明，1988）。莫扶民从经济因素、非经济因素和主观因素三个方面讨论了劳动力流动的影响因素，经济因素中最重要的影响因素是就业机会、工资收入和生活质量；非经济因素中最重要的影响因素是户籍制度、票证制度和人事劳动管理制度；主观因素中最重要的影响因素是劳动力素质、个人对职业的兴趣以及自然经济的乡土观念（莫扶民，1985）。傅康生则进一步提出，判断劳动力流动的合理性，不仅要从短期的经济合理性角度来考量，也要综合考虑长期的经济效益、生态效益（傅康生，1987）。

劳动力流动较为活跃的省市案例也受到了关注，学者们关注的主要方面有劳动力流动的类型、特征以及对经济增长的作用。范剑平以 1982 年江苏农村劳动力流动为例，将江苏农村的劳动力流动分为五类：农村内部乡镇间早出晚归型、农村—城市间春出冬归型、数周数月回农村家里一次型、不确定流动型和永久性移居城镇型(范剑平，1985)。罗晋辉根据农民从事的具体劳动、户口和居住地的关系，将当时的劳动力流动分为离土不离乡、离乡不离土、离土又离乡和不离土不离乡四种类型(罗晋辉，1986)。冯宪以深圳、珠海特区为对象，对劳动力流动特征作了总结，认为特区劳动力流动特点为流动量大、以流入为主，流动主要由市场机制调节，采取灵活流动的用工形式同时有一定的宏观调节特征。他还认为劳动力的流动加快了特区建设进程、改变了特区人口结构，对特区人口增长有重要贡献(冯宪，1989)。汤后松等以常德为例，蒋亚平以梧州为例，讨论了 20 世纪 80 年代末期国家紧缩银根造成的农村剩余劳动力回流现象(汤后松、王昌义、戴国华，1989；蒋亚平，1991)。

这一时期关于农村剩余劳动力转移的研究打破了多年来这一领域沉寂的局面，澄清了将农村劳动力禁锢在土地上的错误做法和认识，明确了农业剩余劳动力向非农转移的必然性和必要性，这是这一时期最大的突破(张永丽、黄祖辉，2008)。

2. 20 世纪 90 年代初期：聚焦农村劳动力转移

1989 年之后，农业劳动力转移中较为突出的“民工潮”现象出现，农民自发打破城乡分割和区域封锁，跨区域流动就业迅猛发展(王西玉、崔传义、赵阳等，2000)。20 世纪 90 年代初，学者们开始关注宏观经济产业结构和城市化进程对农村劳动力流动的影响，并意识到劳动力流动对经济发展的促进作用，因而进行相应制度改革是非常必要的。有研究认为偏重型的产业结构、封闭的社会体制制约了对农村剩余劳动力的需求，从而影响了中国劳动力流动规模(韩明希、王荣，1990；王敏，1991)。陈吉元等分析了改革开放后至 1992 年，以农村工业为主体的“第三元”经济对农村剩余劳动力的吸收作用，其数据显示改革开放后，以农村工业为主体的非农产业部门接纳了从农业部门转移出的近 1 亿劳动力，而城镇部门从中华人民共和国成立后的 40 多年里仅从农村吸收了 1 000 万劳动力，城镇部门和农村非农产业部门吸收农村剩余劳动力的比例为 12∶88(陈吉元、胡必亮，1994)。

劳动力的自由流动对我国经济社会发展有重要的促进作用，应整体推进改革，校正资本排斥劳动的格局，从改变投资结构、调整工业发展战略、改变市场竞争条件、合理分配工资等方面入手，尽快放开对人口流动的种种限制(韩明希、王荣，1990；戴园晨、黎汉明，1991；解书森、马利生，1992；段成荣，1992；谢晓凌，1993)。

3. 20 世纪 90 年代中后期之后：研究呈现多样化，专题性研究全面展开

20 世纪 90 年代中期以前，我国大规模的农村劳动力流动成为社会各界广泛关注的热点，但是，相关研究多限于对“民工潮”现象的案例描述及其总体判断(胡斌，1996)。20 世纪 90 年代中后期，随着经济体制改革的深化和经济结构的巨大调整，以及城乡、区域之间经济

发展不平衡的加剧，劳动力流动现象日益频繁，规模加速上升，相关研究也变得多元化。同时，由于经济结构调整，城市中的国有企业职工下岗问题日益突出，城市经济对大量流入的农业转移劳动力及不断增加的城市下岗工人的吸纳问题也备受关注（白南生、何宇鹏，2002）。研究关注点主要有以下几个方面：① 劳动力流动整体特征、趋势和规模研究；② 劳动力流动的因素/农民的迁移决策影响因素研究；③ 城乡二元制度、户籍制度等对农民造成的就业歧视和影响研究；④ 农民工市民化问题研究；⑤ 劳动力流动对经济发展、区域经济差距、城乡收入差距等的影响研究。早期的实证研究注重从个人特征、家庭特征和政策环境的角度来研究劳动力流动，较新的研究从人力资本外部性和规模经济的角度来研究劳动力流动，为劳动力流动的动因提供了新的见解（陆铭，2011）。

（1）劳动力流动整体特征、趋势和规模研究

崔传义指出，“农民工”现象是当时所处的发展阶段农户兼业化特点在外出就业上的表现，也从跨区域就业转移上显示了工业化、城市化的经济进程（崔传义，1995）。周其仁对当时我国农民就业和流动形势作出的基本判断包括：① 我国农村就业将在相当长的时期内面临供大于求的矛盾；② 农业的集约化经营、发展农村非农部门和加快城市化是吸收我国农村劳动力的三个主要领域，其中加快城市化是主要通道；③ 近期农村劳动力向城市流动和集中与城市企业改革引起的失业和再就业的交汇，可能使中国在一个时期内不得不面对一个严峻的城市就业形势（周其仁，1997）。

张志伟等的研究表明，20 世纪 90 年代我国农村劳动力的流动出现加速上升的势头，规模急剧扩大，向城镇非农行业的“外向转移”对解决农村剩余劳动力问题贡献巨大（张志伟、栾敬东，2004）。从城乡分布来看，在城镇就业的比例达 2/3，流入建制镇以上的劳动力数量增加（张照新、宋洪远，2002）。2001 年 11 月 10 日，国务院发展研究中心调查报告表明，农民进入东部、中部、西部地区的比例约为 6∶3∶1，进入大中城市、小城镇（含县级市）和农村的比例约为 4∶4∶2。

从就业方式和就业空间分布来看，农村人口就业形成了家庭经济就业、自我组织创办企业就业、打工就业三种就业方式，适应多种经济成分，走向竞争性的市场就业；形成了在大农业、乡镇企业、跨地区与城乡流动就业的三元就业格局（王西玉、崔传义、赵阳等，2000）。

刘文将 1979 年之后的劳动力转移分为 1979—1997 年和 1998 年之后两个阶段，认为第一阶段是以乡镇企业为主的转移渠道，第二阶段为加速城镇化建设、建立生产要素市场和扩大基础设施建设等多渠道转移阶段（刘文，2004）。改革开放至 1998 年，我国农村劳动力大规模流动，但流动过程是以青壮年男性为主的“候鸟式”循环流动，“弃农不弃地”“离土不离乡”是主要模式（曹利平，2009），一定程度上，这种就地转移模式限制了农村劳动力在区间的自由流动（薛宇峰，2006）。20 世纪 90 年代后期，我国农村劳动力流动出现了新特点：乡镇企业吸纳就业人员的能力下降；乡内就业比例逐年下降，省外就业比例和绝对数增加；劳动

力从中部、西部地区流向东部沿海发达地区和城市;流动的组织化程度明显提高;非正规部门成为吸纳流动劳动力的主要载体;生成了"新生代农村流动人口群"等(刘文,2004)。同时,常年外出的农村劳动力在增加,举家外出者占到一定比例,流动方式逐渐由"候鸟式"向"迁徙式"转变(曹利平,2009)。

(2) 影响劳动力流动的因素/农民的迁移决策影响因素研究

学者们从宏观和微观的角度讨论了影响劳动力流动和农民迁移决策的因素。莫扶民从经济因素、非经济因素和主观因素三个方面讨论了劳动力流动的影响因素:经济因素中最重要的影响因素是就业机会、工资收入和生活质量;非经济因素中最重要的影响因素是户籍制度、票证制度和人事劳动管理制度;主观因素中最重要的影响因素是劳动力素质、个人对职业的兴趣以及自然经济的乡土观念(莫扶民,1985)。高国力、崔传义认为在影响劳动力迁移的诸多因素中,经济因素是最重要的因素。区域经济的不平衡发展必然导致劳动力在地域上的转移即劳动力的迁移(高国力,1995;崔传义,1995),宏观经济形势影响农户的劳动力配置模式(张林秀、霍艾米,2000),国家及地方政府对劳动力流动的有关政策也是影响农村劳动力流动的重要因素(刘社建、潘慧,2003)。农业经济增长和农村改革为我国的农村劳动力转移创造了条件,城镇工业技术进步、对第三产业投资的扩大也可加快农村劳动力转移(李勋来、李国平,2005;程名望、史清华、徐剑侠,2006;程名望、史清华,2007;肖智、张杰、郑征征,2012)。

蔡昉通过对我国劳动力迁移现象的考察,解释了外出农村劳动力在择业流动过程中表现出的微观理性(蔡昉,1997)。对微观迁移决策的研究表明,收入是影响劳动力流动的最重要因素(张佑林,2004;赖小琼、余玉平,2004;丁守海,2006)。此外,劳动者素质、家庭决策模式、地域因素、性别和健康状况等也是影响迁移的因素(刘俊,2001;田家官,2003;马九杰、孟凡友,2003;蔡禾、王进,2007;张世伟、赵亮,2009;柳建平,2010;陈昭玖、胡雯,2016)。对于耕地占有情况是否影响农民的迁移决策,不同的研究则给出了不同的结论。游和远等对"以农地适度规模经营为目的的农地流转能否顺利实现农村劳动力转移"这一命题进行了研究,发现现阶段农地流转不直接导致农村劳动力转移(游和远、吴次芳,2010)。柳建平的研究则认为耕地规模对劳动力的外出决策有正向影响(柳建平,2010)。

(3) 城乡二元制度、户籍制度等对农民造成的就业歧视和影响研究

早在20世纪末,城乡劳动力市场的制度性分割即被讨论。20世纪70年代末期,劳动力市场的制度性分割由城市劳动力市场和农村劳动力市场演变成了体制内劳动力市场和体制外劳动力市场,体制外劳动力市场的出现促进了市场经济的发展,但也难免带来诸多负面效应,如扭曲收入分配关系、降低经济效率等(赖德胜,1996)。从而带来相应的"三元劳动力市场"(朱镜德,1999,2001)和城市内部的"新二元结构"问题(蔡昉,1998;严善平,2006;陆铭,2011)。蔡昉认为当农村劳动力于20世纪80年代末和90年代初进入城市时,他们对城市

经济增长、产业结构调整和所有制结构变化做出了重要贡献，20 世纪 90 年代之后，城乡劳动力市场二元分割仍然存在，并且出现了城市内部的二元劳动力结构，大规模的企业倒闭、工人下岗和失业现象出现，农村劳动力又为城市职工的就业作出了牺牲，二元劳动力结构和户籍制度一起构成了经济转轨时期的"政治安全保障"(蔡昉，1998，2001)。低价的从属劳动力市场已经成为调节中国经济增长劳动力成本的主要杠杆，并有效地刺激着资本需求(李建民，2002)。陆铭认为由于户籍、土地等制度的制约，劳动力流动短期特征明显，但趋势又是长期化，因此，形成了城市内部的"新二元结构"(陆铭，2011)。

劳动力市场扭曲造成资源配置上的扭曲(蔡昉、王德文，2001)。蔡昉认为以户籍制度为代表的制度性流动障碍的存在，除了由于没有改变城乡产出的分配格局而不能使迁移起到应有的缩小差距效果外，也同时造成其他一系列弊端，同样产生了不利于缩小城乡差距的作用(蔡昉，2005)。近年出现的民工荒现象主要起因于劳动力市场的制度性分割，尤其是对农民工的就业和工资歧视(严善平，2007)。严浩坤等将户籍制度作为我国劳动力流动的制度约束，建立了中国农村劳动力流动对地区经济差距影响的模型，结果表明，尽管流动方式不尽相同，转型期中国农村劳动力流动在一定程度上扩大了中国地区经济差距(严浩坤、徐朝晖，2008)。

(4) 农民工市民化问题研究

蔡昉将农村劳动力迁移分为"从农村流出"和"在城市定居"两个过程，认为 20 世纪末的改革有助于年轻的农民从农村流出，但阻碍了农民在城市定居(蔡昉，2001)。农村劳动力向城市的流动是一个长期的过程，从发展战略层面，对劳动力采取更加自由的政策将有助于社会经济的协调发展(蔡昉、都阳，2004)。然而由于受到就业、生活、交往等多个层面的社会排斥，大多数农村流动劳动力未能实现稳定定居，处于"半城市化"阶段，农民工问题成为中国城市化的核心问题(白南生、李靖，2008)。

农民工市民化问题研究中的另一热点议题是关于刘易斯拐点是否到来的争论。随着劳动力市场发育水平的提高、就业总量的增长和结构多元化，以及城镇就业压力的缓解和农村剩余劳动力大幅度减少的事实，蔡昉等通过对人口转变过程的阐释，预测了劳动力市场供求的变化趋势，认为农村已经不存在大规模和高比例的剩余劳动力，作出刘易斯转折点——劳动力短缺即将到来的判断(蔡昉，2007；蔡昉、王美艳，2007)。需要指出的是，蔡昉等于 2009 年对中国的刘易斯拐点是否到来的争论进行了进一步回应，认为刘易斯拐点首先会出现在东南沿海地区，中西部地区仍然存在较为丰富的劳动力资源(蔡昉、王美艳、曲玥，2009)。赵民等进一步对"我国城镇化水平尚不高而刘易斯拐点抑或到来"的悖论进行了微观机制的解释，揭示了中国农村劳动力转移与农村总人口转移的"不对称性"(赵民、陈晨，2013)。游猎等分析了 2010 年后我国局部地区甚至因劳动力价格上涨而出现了企业和政府合推的"机器换人"趋向，指出中国语境下的刘易斯拐点的趋近和跨越会存在区域的差别，从城乡二元到二元结构的嬗变将呈现出多重模式和路径(游猎、陈晨、赵民,2017)。

王竹林基于农民工市民化具有的“高价化”“二元化”“半市民化”等现实特征,认为农民工市民化是其基于比较利益追求和市场选择的结果。首先,城乡收入差距是农民工进入城市的经济动因;获得城市净期望综合收益是其市民化的理性动因,净期望综合收益越大,市民化倾向就越大。其次,制度的稳定预期、城市化发展水平和农业现代化发展等是农民工市民化的客观必要条件(王竹林,2008)。随着刘易斯拐点的到来,一方面,居民大大提高了对更加充分、均等的社会保障制度的需求;另一方面,一直以来政府推动经济增长的激励,正在转变为提供更多、更好、更均等的公共服务,进而加强对城乡居民社会保障的激励(蔡昉,2010)。

农民工市民化作为中国人口城市化政策必然选择的主要原因包括:一是在工业化、城市化中做出巨大贡献和牺牲的农民工有个体自由选择的权利,二是政府有公平、公正地向全体人民提供公共产品和公共服务的职责(周小刚、陈东有,2009)。农民工市民化将是中国经济社会发展的持续动力,有利于扩大消费、有利于拉动投资、有利于缩小城乡差距、有利于倒逼产业升级转型、有利于推动农业农村发展、有利于社会融合(“城镇化进程中农村劳动力转移问题研究”课题组、张红宇,2011)。从经济发展阶段出发,我国城镇化的核心应该是农业转移人口进入并落户于城市,享受基本公共服务的普照之光(蔡昉,2013)。

(5) 劳动力流动对经济发展、区域经济差距、城乡收入差距等的影响研究

根据经济学理论,市场经济下的劳动力自由流动将优化劳动力资源的配置,从而促进经济增长。城乡劳动力的流动产生的资源重新配置效应对中国整体经济增长做出了贡献(胡永泰,1998;丁霄泉,2001;姚枝仲、周素芳,2003;蔡昉、都阳,2004;谭永生,2007)。一方面,农业剩余劳动力的转移尤其对劳动生产率的提高具有良好的引领作用(潘文卿,1999)。另一方面,劳动力流动也促进了国民经济的增长和产业结构的调整;通过提高资源配置效率,促进了劳动力输出地的社会经济发展,缩小了地区收入和城乡收入差距;对原有的用工制度和福利体系带来冲击,促进了劳动力市场的发育(张照新、宋洪远,2002),从而形成一个正向循环。

有些研究证明劳动力流动有助于缩小城乡差距。农村劳动力大规模流动,对农民收入增长、农村消除贫困产生了重大影响(王德文、蔡昉,2006)。李实从收入分配角度考察农村劳动力流动的效益,认为农村劳动力流动不但可以直接、间接地提高外出打工户的家庭收入水平,而且就全国而言还会抑制农村居民收入差距的扩大,对缓解城乡居民收入差距的扩大发挥积极的作用(李实,1999)。彭定赟等以 1990—2007 年时间序列数据为基础,运用路径分析的方法研究劳动力流动如何直接和间接地影响我国城乡收入差距,认为劳动力流动有助于缩小城乡收入差距(彭定赟、陈志平,2009)。农村劳动力外出务工和劳动力地区间流动对收入差距指标都起到部分缩小作用(应瑞瑶、马少晔,2011)。

但20世纪90年代以来，我国出现了地区和城乡经济差距不断扩大与劳动力规模不断扩大并存的现象（王秀芝、尹继东，2007；严浩坤、徐朝晖，2008）。刘小翠的定量分析研究证明城乡收入差距是促成劳动力流动的成因，但反之却不成立（刘小翠，2007）。劳动力在地区间的不均衡流动在一定程度上扩大了中国地区经济差距（潘越、杜小敏，2010）。樊士德等借鉴巴罗、萨拉伊马丁和德拉柯兹有关带移民的经济增长模型，并在此基础上对劳动力流动与地区内、地区间经济增长差距的内在关系进行理论推导，发现劳动力流动加快了中国发达地区经济增长收敛速度，而降低了欠发达地区的经济增长收敛速度；通过考察地区间因劳动力流动而导致的人力资本存量变动及相应的潜在产出"外溢与滴漏效应"冲击，印证了劳动力流动拉大地区差距的结论（樊士德、姜德波，2011）。

对于这一现象，学者们从多方面进行了成因探索。蔡昉指出，中国自改革开放以来，劳动力流动规模和城乡差距同时扩大，造成这一现象的原因有工业发展排斥就业的倾向、农业和农村发展不足以及城市劳动力市场歧视等（蔡昉，2005）。肖六亿认为初始的地区经济差距引发了劳动力自中西部地区流向东部地区，这种劳动力流动循环催生了一个新的分工格局：东部地区演化为工业品的生产中心和经济中心，中西部地区转变为人才输出地、生产要素提供地和工业品的消费地，在市场力量作用下所形成的这种分工格局扩大了地区经济差距，因此，要缩小地区差距必须依靠政府的力量（肖六亿，2007）。赵伟等从高技能和低技能劳动力流动的角度进行了分析，证明随着地区经济整合进程的不断深入，高技能劳动力流动所产生的集聚力量远大于低技能劳动力流动，高技能劳动力流动的地区集聚更倾向于扩大而非缩小地区收入差距，而低技能劳动力流动有助于延缓地区收入差距的扩大，并用经验数据进行了印证（赵伟、李芬，2007）。中国农村低成本劳动力大规模流入城市，使得城市低梯度产业能够继续留在城市发展，阻碍了产业梯度顺利自发转移，从而进一步加剧了城乡收入差距（傅鸿源、陈煜红、叶贵，2008）。毕先萍的实证研究证明劳动力流动对下一期地区经济增长具有正向影响，而对本期经济增长有负向影响，在就业保障体系缺失的情况下，劳动力流动有可能导致就业安全感下降、抑制生产率和经济的增长（毕先萍，2009）。朱长存等从人力资本外溢的角度出发，认为超过四成的城乡收入差距是由人力资本外溢造成的（朱长存、马敬芝，2009）。总而言之，城乡收入差距同时受到多种因素的影响；劳动力流动缩小了城乡收入差距，但在劳动力流动限制的条件下，多种力量综合作用可能使这一效果得不到体现（廖显浪，2012）。

2.3 城乡公共资源配置研究

本研究中的公共资源配置主要是指社会医疗、教育、养老服务和基础设施在城乡之间的配置。2005年之前，学界对公共资源配置的研究主要集中在对城乡分布不均问题的讨论；

2005 年，党的十六届五中全会提出了一个新的改革命题——“公共服务均等化”，城乡基本公共服务设施均等化问题被大规模、多方面地进行了讨论。

2.3.1　2005 年之前：城乡公共资源配置不均衡问题研究

2005 年之前，学者们一致认为我国在城乡公共资源的配置上存在城市导向、城乡间不均衡的问题，这种不均衡导致了农村发展的落后，严重阻碍城乡经济的协调发展。

公共品在城乡之间分配不均表现在以下方面：政府对农民的公共服务水平大大低于对城市居民的公共服务水平；农村居民在义务教育、公共卫生、社会保障、劳动就业等方面与城镇居民相比存在巨大差距；农民行路难、通信难、就医难、上学难、用电饮水难的问题还很突出；农村公共基础设施建设与城市相比严重滞后，公路、灌溉工程等方面存在供给不足（龙游宇，2002；王胜章、陈玉，2005）。

陶学荣等认为造成农村有效供给不足的原因包括：城乡二元发展战略的影响、分级财政体制的影响（包括各级政府的公共责任划分不清，供给主体错位；基层政府事权与财权不统一；地方税收体系不健全，缺乏稳定的公共资金来源；财政转移支付不完善）和农民的政治地位有待提高三个原因（陶学荣、史玲，2005）。从区域的角度分析，则是因为“没有一个区域会把乡村发展作为其主要发展方向来同其他区域竞争”（龙游宇，2002）。

关于农村公共服务体系的完善，有学者从国际经验的角度提出了建议。程又中考察了国际实践经验，认为只有以国家财力所支撑的政府资金为主、由社会财力所形成的非政府资金为辅流向农村公共服务领域，政府行政功能同社会自治功能互补、政府管理力量同社会调节力量互动，实现全部社会资源的有效整合，农村公共服务体系落后的局面才能得到有效扭转（程又中，2005）。陈晓华等总结了美国、英国、日本、韩国等国家的成功经验，认为加快城市化尤其是农村城市化进程、重构城乡空间、改造传统农业，是解决我国“三农”问题、实现城乡一体化、加快农业和农村现代化进程的必由之路（陈晓华、张小林、梁丹，2005）。

农村公共服务体系的建立和成熟，伴随着国家发展战略目标的适时定位和公共政策的调整变化（程又中，2005）。21 世纪初，我国提出了全面建设小康社会的目标，要求经济社会全面协调可持续发展，同时一系列配套改革措施被提出。2005 年，党的十六届五中全会提出“公共服务均等化”，在国家战略和公共政策的引导下，我国进入“工业反哺农业、城市支持乡村”阶段，农民在社会管理、公共服务中的平等权利，村镇基础设施和公共服务设施建设的政府投入开始被重视（汪光焘，2005）。

2.3.2　2005 年之后：城乡基本公共服务设施均等化问题研究

在党的十六届五中全会提出了一个新的改革命题“公共服务均等化”之后，该命题被大规模、多方面地进行了讨论。党的十七届三中全会通过的《中共中央关于推进农村改革发展若干重大问题的决定》，对中国的新农村建设提出了一系列的规划，同时指出，要建立促进城乡经济社会发展一体化制度，尽快在城乡规划、产业布局、基础设施建设、公共服务一体化等方面取得突破，促进公共资源在城乡之间均衡配置、生产要素在城乡之间自由流动，推动城乡经济社会发展融合（林闽钢，2009）。

1. 城乡基本公共服务设施均等化的内涵

“公共服务”是一个被广泛运用但定义并不十分严格的概念，很多情况下，公共服务主要是指科教文卫、水电气暖供应等以社会公众为对象的服务（樊继达，2008）。“基本公共服务”是“公共服务”的子集，是指建立在一定社会共识基础上，根据一国经济社会发展阶段和总体水平，为维持本国社会经济稳定、基本的社会正义和凝聚力，保护个人最基本的生存权和发展权，为实现人的全面发展所需要的基本社会条件，包括教育、医疗、社会保障和社会就业服务等方面的内容[中国（海南）改革发展研究院，2008]。罗震东等结合文献综述，对“基本公共服务设施”进行了界定，认为“基本公共服务设施”的内容包括教育设施、医疗卫生设施、文化体育设施、社会福利设施、生活性基础设施五大类，其中基本教育设施、医疗卫生设施和社会福利设施是基本公共服务设施的最主要的组成部分（罗震东、韦江绿、张京祥，2011）。

国家的公共服务职能是通过不同层级政府的分工合作来共同完成的。其可大致归纳为以下两种国家权力分配的模式：一种是联邦制国家的“分割性”分权，地方政府如州政府具有法定权限内的最终决定权，不受联邦政府的规制；另一种是单一制国家的“分工性”分权，即地方政府的权力来自中央的委托或授予（陈旭、赵民，2016）。

关于城乡基本公共服务均等化，现有研究从公平和正义的角度，提出其内涵为，社会应该提供给全体公民的公共服务在数量、质量和可达性方面的均等化。常修泽从原则角度提出，基本公共服务均等化“包括全体公民享有的基本公共服务的机会和原则应该均等以及结果应该大体相等，社会在提供大体均等的基本公共服务成果的过程中尊重某些社会成员的自由选择权”（常修泽，2007）。江明融强调了公共服务均等化的财政内涵，认为它是指政府及其公共财政为不同利益集团、不同经济成分或不同社会阶层提供一视同仁的公共产品与服务，具体包括公共服务供给收益分享、成本分摊、财力均衡等方面的内容（江明融，2007）。王谦强调了基本公共服务均等化在不同阶段的对应内涵，是指以政府为主体，以农村为重点，在城乡间合理配置公共服务资源，向城乡居民提供与其需求相适应的、不同阶段具有不同标准的、最终大致均等的公共服务，使城乡居民在享受公共服务的数量、质量和可及性方面都大体相当（王谦，2008）。韦江绿基于西方正义理论对于结果正义、形式正义和过程正义的分析，认为基本公共服务设施均等化发展是基本公共服务从形式均等到后果均等的中间转化环节，是基本公共服务均等化的过程保证(韦江绿,2011)。

在提及"城乡基本公共服务均等化"时,大多学者将讨论的重点放在公共医疗、义务教育以及社会保障等公共服务上,较少针对基础设施均等化展开研究。骆永民的研究填补了这一空白,他依据功利主义所提倡的"最大多数人的最大幸福"提出了"城乡基础设施均等化"的含义。其认为城乡基础设施的均等化应尽可能实现直接边际福利和间接边际福利这两个方面的均等化:前者是指衡量居民消费基础设施难易程度的基础设施"普及率"或者"覆盖率",在城乡间应当均等;后者是指城乡基础设施给城乡居民带来的边际消费应当均等(骆永民,2009)。

2. 城乡基本公共服务设施的分布现状

中华人民共和国成立以来,我国经济社会快速发展,基本公共服务供给水平虽然明显提高,但仍然面临供给总量不足和供给结构失衡的问题,尤其在城乡之间分布严重不均衡(霍晓英,2007;陈振华,2010;张世龙、马春燕、马尚平,2010;赵强社,2012)。这主要表现为城乡教育发展严重失衡、城乡医疗卫生资源分布不均衡、农村社会保障体系建设滞后、农村基础设施与城市差距较大(邵明昭、张念明,2010)。王谦研究了农村公共服务总量供给不足的现状,并从多角度依次分析了城乡基础教育、基础医疗卫生和社会保障的非均等现状(王谦,2008)。俞雅乖对以义务教育、社会保障、公共卫生和基础设施为代表的基本公共服务进行了分类细化测算,研究结论包括:我国城乡义务教育的差距主要表现在投入、人均受教育程度、办学条件和教师水平方面;城乡社会保障的差距主要表现在养老保险、医疗保险、最低生活保障制度方面;城乡公共卫生的差距主要表现在卫生费用投入和医疗卫生资源分布方面;城乡基础设施差距主要表现在饮用水的安全方面(俞雅乖,2009)。罗震东等强调了"质量均等"的概念,基于在江苏省常州市开展的调查研究,认为基本公共服务设施在数量均等方面已经获得较大发展,但质量的均等化程度还远远不够,质量均等应当是基本公共服务设施均等化发展的最终目标(罗震东、韦江绿、张京祥,2010)。并进一步提出,集中化和规模化带来的空间可达性问题凸显(罗震东、韦江绿、张京祥,2011)。张靖等指出,中心城市外围县区的公共设施与基础设施供给能力与中心市区仍有较大差距,公共设施与服务的非均等化是中国城乡统筹发展的关键性障碍因素(张婧、李诚固,2012)。赵民等比较了我国东部、中部县区及镇村的教育基础设施的集中和分散模式及居民满意度,提出应追求服务覆盖的面而非设施配置的"均好性",并提出实行"精明收缩"的规划策略(赵民、邵琳、黎威,2014)。

基本公共服务在城乡之间的失衡导致城乡差距的扩大。国凡对山东省的实证分析表明,山东省城乡居民对教育、医疗和交通的投资差距均会影响城乡居民收入差距(国凡,2016)。在教育方面,现有研究证明城乡居民教育水平及由此导致的城乡人力资本积累差异是中国城乡收入差距的最重要成因(陈斌开、张鹏飞、杨汝岱,2010;贾丽丽,2013;张伟、陶士贵，2014；詹国辉、张新文，2017）。张长征等选择教育基尼系数作为教育公平程度的量化指标，估算了1978—2004年我国历年教育公平程度，结果表明，由于存在着显著的区域教育不平等与城乡教育不平等问题，教育水平提高对于经济增长与社会发展的促进作用具有显著影响（张长征、郇志坚、李怀祖，2006）。早期教育和文化环境的欠缺、学校教育与考试内容的城市偏向、农村在师资与教育条件上的弱势，大大影响了农村孩子学业成功的机会，造成农村孩子低社会地位的再生产，并在一定程度上巩固与强化了我国城乡二元结构（余秀兰，2006）。任晓红等研究了改善交通基础设施对缩小城乡差距的作用，分析显示，当农村人口所占比重较大时，改善交通基础设施能促进生产要素流动并缩小生产要素在城乡之间的收入差距，但随着生产要素不断地向城市集聚，改善交通基础设施对生产要素流动性的影响不再显著，当集聚到城市的生产要素增至某一临界值时，生产要素在城乡之间的收入差距则呈现出反向扩大的趋势（任晓红、张宗益，2013）。张富田的实证研究发现，现有以政府财政为主导的医疗卫生体制是导致城乡居民收入差距扩大的主要原因（张富田，2017）。现有研究认识到，要缩小我国长期存在的城乡收入差距问题，提高农民收入，就必须缩小城乡在人力资本积累方面的差距，要进而加大对农村教育、医疗方面的投入（黄波，2014；龚敏，2014；刘存阳，2016）。

3. 城乡基本公共服务设施分布失衡的原因

现有研究认为政策制度设计是城乡基本公共服务设施分布失衡的主要原因。在宏观层面上，城乡二元制度是导致城乡公共服务非均等的宏观因素；进一步地，宏观政策制度设计的影响还包括财政政策、户籍政策等。细化讨论表明，“自上而下”公共服务供给机制下的政府理性和农民理性是导致城乡公共服务非均等的微观因素（王谦，2008）；公共服务供给主体错位、供给决策机制不规范、基层政府事权财权不对称则是公共服务均等化的制约条件（江明融，2007）；地方政府自身利益的存在以及当前压力型考核体制等是影响我国地方政府公共服务能力的重要因素（霍晓英，2007）。

4. 解决方法：制度建设和规划技术手段

现有研究从制度建设和规划技术手段两个方面提出了实现城乡基本公共服务均等化的对策。

实现城乡基本公共服务均等化，需要实行弥补市场公共品“供给失灵”的制度安排（常修泽，2007）。首先应认识到城乡基本公共服务实现均等化的“阶段性”。王谦认为在实现包括基础教育、基础医疗卫生和社会保障在内的社会性公共服务城乡均等化供给的同时，也必须从农民的现实需求出发，注重提供目前农民急需的、具有农村特殊性的、促进农业现代化的公共服务，增加诸如农村基础设施、农业信息、农业科技服务和技术培训等公共服务项目的供给（王谦，2008）。项继权提出分步实现城乡基本公共服务均等化发展战略：首先是实现“基本公共服务的广覆盖”，其次是实现“基本公共服务体制的一体化”；最终目标是实现“基本公共服务的均等化”（项继权，2009）。韦江绿结合城市化进程的三个阶段提出应对不同阶段的基本公共服务设施均等化发展的目标和手段：对于低度城市化阶段，形式均等是必要的；对于快速城市化阶段，应充分结合城市化目标和重点，利用过程调节后果均等与形式均等；对于高度城市化阶段，形式均等基本实现，更高层面的后果均等将是城市区域和谐发展面临的新挑战（韦江绿，2011）。

从制度的层面分类，宏观层面要改变城乡二元结构的制度安排，中观层面要实行城乡基本公共服务均等化的公共财政政策，微观层面要改变现有“自上而下”公共服务供给制度、建立农民自下而上表达偏好的机制等（江明融，2007；常修泽，2007；王谦，2008）。从制度的领域分类，则包括以下几个方面：国家发展战略转变，要求从以农民自我合作筹资供给向建立以公共财政为基础的农村公共产品供给筹资制度转变；国家治理转型，要求从忽视农民需求的“供给主导型”决策制度向彰显“以农民为本”的“需求主导型”农村公共产品供给决策制度转型；经济体制变革，需要对国家、集体、农民相对独立的经济利益进行界定，以建立公平效率相统一的农村公共产品生产管理制度（陈定洋，2009）。

公共财政制度建设也被大量讨论。很多学者认为城乡基本公共服务均等化本质上是公共财政制度建设的问题（庞力，2010；赵强社，2012）。罗震东等基于在江苏省常州市开展的调查研究表明，基层地方政府的经济发展水平尤其是财政能力直接决定了基本公共服务设施的供给水平，进而直接影响基本公共服务设施供给的均等化程度（罗震东、韦江绿、张京祥，2010）。庞力系统阐述了促进基本公共服务均等化的财政制度，包括：建立财力与事权相匹配的财政体制；完善转移支付制度以强化对城乡基本公共服务的作用；完善地方财政制度以增强基层政府的公共服务供给能力；加大对各类农村基本公共服务的财政投入力度等（庞力，2010）。樊宝洪从乡镇财政体制改革视角探讨农村公共产品供给问题，认为乡镇公共产品供给受到当地收入水平、自然条件、产业结构、人口规模与流动、乡镇治理结构、县乡财政体制、乡镇财力等多因素的影响，大力发展乡镇经济、增强乡镇财力是提高乡镇公共产品供给水平的重要路径（樊宝洪，2007）。霍晓英主张地方政府应当将公共产品和服务进行分类：对于那些居民共享，并且难以排斥或排斥成本相当高，因而很难根据每个人的消费程度来确定其所应付费用的公共服务，应当由政府通过利用税收资源进行生产；而对于那些流动性设施，如城市供水设施、污水处理设施等，可以考虑由市场进行生产（霍晓英，2007）。

制度建设是基本公共服务设施均等化发展的保证，基本公共服务设施均等化发展则需要规划技术手段支撑（罗震东、韦江绿、张京祥，2011）。但 2001 年之前，国内学者的研究较多集中在公共服务设施均等化的内涵和实现路径方面，较少关注公共服务在空间层面的落实，且尚未将基本公共服务与基本公共服务设施进行系统的整合（李阿萌、张京祥，2011）。2011 年之后，公共服务设施配置布局、配置标准和配置规范等方面的研究逐渐增多。

关于公共服务设施配置布局的研究，学者们较多集中在对公共服务设施配置布局和质量的现状评价上。首先是关于公共服务均等化的评价原则的讨论。江明融构建了公共服务供给及其均等化衡量的指标体系，主张对不同类别的公共服务采用不同的均等化标准来衡量，对于公共安全、基础教育、卫生防疫、社会救济以及基本的基础设施建设等基础性公共服务，其均等化应按照这类公共服务的实际数量和质量进行衡量，以实现结果上的大致均衡供给；而对于专业教育、农业科技服务以及其他一些差异性公共服务均等化的判定标准应遵循效用最大化原则（江明融，2007）。崔敏等认为应从公平性和效率性两个角度对农村基本公共服务设施空间布局进行适宜性评价（崔敏、蒋伟，2011）。有学者的指标体系则基于城乡之间的数量和质量的差异评价，建立了包括基础设施服务、基础教育服务、医疗卫生服务和社会保障服务四个方面的城乡基本公共服务均等化评价指标体系，对区域城乡基本公共服务均等化指数进行描述和评价（陆远权、马垒信，2010；刘成奎、王朝才，2011）。赵强社的指标体系则在基础设施服务、基础教育服务、医疗卫生服务的基础上，把社会保障服务扩展成养老保险服务和就业服务，并增加了公共文化服务和住房服务，从七个方面评价城乡基本公共服务均等化程度（赵强社，2012）。

有研究从规划技术手段方面提出了乡村公共服务设施的配置标准和配置方法。陈伟东等主张乡村应该借鉴城市配建服务设施的经验，选择适当的设施项目和建设指标、适度的投资主体和建设方式，同时，还要考虑实施单元、服务半径、服务当量等相关性要素（陈伟东、张大维，2008）。张京祥等重点以常州市乡村地区的基本教育设施为实证，运用社会调查与 GIS 等定量与定性的方法，提出了乡村基本公共服务设施配置的导引标准（张京祥、葛志兵、罗震东等，2012）。杨新海等针对苏州城乡一体化下新的村镇空间体系结构及特征，研究苏州村镇公共服务设施配置要求、内容和方式，提出形成“纵向分层、横向分类”的苏州村镇公共服务设施配置框架体系（杨新海、洪亘伟、赵剑锋，2013）。孙德芳等梳理了国内外研究公共服务设施配置的主要内容体系，认为总体来说公共服务设施配置研究在配置模式、规划布局、空间优化、配置标准和配置评价等方面取得了丰硕的成果，但也存在配置理论单一、研究单元不均衡和研究方法待完善等方面的不足（孙德芳、沈山，2012）。

有些学者梳理了国外城乡公共服务供给和管理的经验，以期为国内提供借鉴。霍晓英研究了西方发达国家地方政府在公共服务方面的改革经验，主要包括分权化运动、公共服务市场化、为增加地方政府财力进行的改革以及更加注重地方政府绩效评价（霍晓英，2007）。叶剑平等研究了德国经验，德国巴伐利亚州通过城乡空间规划体系设计、基础设施建设、财政转移支付、产业结构调整、土地综合整治等逐步实现了城乡公共服务水平均等化及居民生产生活条件等值化（叶剑平、毕宇珠，2010）。樊丽明等考察了美国、澳大利亚、日本等发达国家城乡基础设施、义务教育、医疗卫生和养老保险等基本公共服务均等化的实现进程和基本经验，研究表明，均等化的实现步骤都遵从先城市后农村、先工业从业人员后农业从业人员、先富裕人群后贫困人群的顺序；均等化的实现条件需要较高的经济发展水平、城镇化的不断推进、丰裕的财政收入、明晰的政府责任以及政府治理的民主化（樊丽明、郭健，2012）。王胜利等总结了美国和日本城乡公共资源均衡配置对我国城乡公共资源配置制度设计的启示（王胜利、张敏，2014）。

2.4　对既有研究的评述及本书研究框架

2.4.1　简要评述

城乡关系的内涵和外延都可以被延伸得很“广”。通过对已有研究的梳理可以发现，城乡关系的相关研究涵盖了经典的马克思主义城乡阶段论、城乡经济二元理论、城乡空间二元理论，以及对城乡联系各个方面的理论讨论。具体到对我国城乡关系和城乡联系的讨论，其涉及的要素多样，时间跨度长、地理范围广。

具体到某一点或者某一领域的讨论有很多可圈可点之处。例如，针对城乡关系的研究，从马克思主义城乡阶段论到城乡经济二元理论、城乡空间二元理论，经过一个多世纪的应用和不断修正，成为讨论城乡关系的经典理论和模型；对我国城乡关系发展阶段的研究也达成了一定的共识，地理、文化、经济、政策等因素的影响被广泛讨论，针对城乡统筹和城乡一体化的地方性实践的研究也不断出现。在对“城乡二元结构的转换、城乡统筹和城乡一体化发展的实现，根本是要实现要素的自由流动和合理配置”达成共识的前提下，土地、资本和劳动力的流动被多角度讨论，涵盖了定性和定量研究，技术和手段也不断创新。除了针对市场要素的讨论，政府角度的公共资源配置也被广泛讨论，从定性到定量研究，研究内容不断深化；对公平和正义的讨论愈发激烈，制度和技术层面的对策研究也不断深化。

由文献梳理可以看出，城乡关系、城乡要素流动和城乡公共资源配置具有紧密相关性，反映了不同城乡时代背景下的市场和政府、整体和个体的关系，反映了经济发展和社会福祉的关系。但由于城乡关系内涵和外延的广度和复杂性，已有研究较少能在一个框架内讨论城乡关系、城乡要素流动和城乡公共资源配置特征，以及这三者之间的关系。已有研究对城乡关系的动力机制、演化过程和发展现状进行了较多分析，但对城乡关系的作用机制还未完全解释清楚。

因而，新的研究应更为关注对城乡互动发展内在机理的系统解读与时空演变机制和规律，尤其是要关注不同类型区域城乡互动发展的模式和优化对策。

2.4.2 研究思路

1. 研究假设

针对研究问题,结合文献综述所获得的理论支持和研究借鉴,提出本书研究假设,分为总论点和分论点。

(1) 研究假设(总论点)

城乡关系与城乡要素配置模式是互动耦合关系。城乡关系由政策环境、资源禀赋和所处发展阶段决定。城乡要素配置模式以城乡生产要素(土地、资本、劳动力)交换和城乡公共资源(基础设施和基本公共服务)配置为核心。城乡关系决定城乡要素配置模式:不同的阶段、不同的对象,处于不同的城乡关系之下,形成了不同的城乡要素配置模式。城乡要素配置模式对城乡关系的发展具有反作用:城乡要素配置模式若与城乡关系不相适应,即形成要素的"错配",会对经济社会发展产生不利影响;城乡要素配置模式若与城乡关系相适应,则会促进城乡关系向更高阶段发展。

要实现城乡一体化发展的总目标,必须在不同阶段采取不同的城乡要素配置模式,使其既能不偏离城乡一体化发展的总路径,又能因时制宜、因地制宜,与其城乡关系相适应;其效果取决于能否减少要素的"错配",从而在不同时期都实现城乡关系的协调。需要在不同阶段,针对不同的要素条件对配置模式进行调整,以实现"牵一发而动全身"的系统性优化。

(2) 分论点

在上述研究假设的基础上,形成如下分论点。

论点 1:我国的城乡发展历史就是城乡关系与城乡要素配置模式互动耦合的过程的历史。我国在不同的历史时期形成了不同的城乡关系,在此基础上,形成了不同城乡生产要素交换模式和城乡公共资源的配置模式。在每个发展阶段的一定时期,由于经济社会发展造成的城乡关系的变化会导致要素配置发生"错配",这时新的城乡政策目标的调整即针对要素"错配"而展开。新的城乡政策目标导致了新的城乡关系,同时要素配置也呈现为新的模式。

论点 2:我国当前的城乡关系仍未完全理顺,且不断出现新的趋向,要素配置存在着"错配";提出城乡一体化及融合发展的政策目标,即针对"错配"或者新的趋向而展开。通过政策干预和要素配置调整,可纠正前一阶段发展模式中与经济社会发展不相适应的部分,使资源配置和要素流动更为适应新的发展阶段的要求,从而最终实现城乡融合发展的目标。

论点 3:不同地区的城市,其城乡关系和城乡要素配置模式是根据其自身的城乡关系、政策区位、要素禀赋和发展阶段做出的应对,有其自身的模式特征。在国家提倡城乡统筹、城乡一体化融合发展的大背景下，各地实现城乡一体化的方式、模式，以及城乡一体化发展的工作重点等，其策略应是不一样的，具有阶段性和分领域的异质性。这种分阶段和分领域的推进策略，是否符合经济发展阶段和要素禀赋，是否符合当时的时代背景和国家政策重点，决定了各地是否能顺利实现可持续的城乡一体化发展。

2. 分析框架

围绕研究假设的论点，可确定本书的分析框架（图2－3）：将城乡关系、城乡要素流动和城乡公共资源配置特征放在一个框架内，选择不同区域城乡互动发展的案例对象，基于较为充分的实证分析，系统解读城乡互动发展的内在机理，包括时空演变机制和规律，进而探讨推进城乡发展一体化的思路和策略。

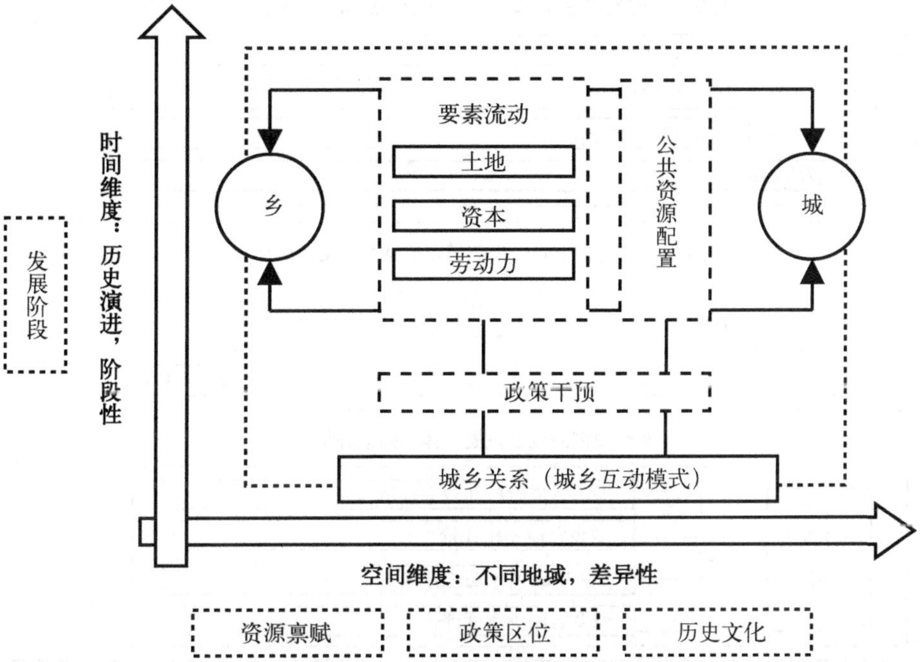

图2－3　本书的分析框架

本书的技术路线如图2－4所示。首先，从历史的角度审视和梳理我国城乡关系的演进特征。讨论辨析在不同的城乡关系阶段，城乡要素（土地、资本、劳动力）的流动特征是怎样的，以及公共资源配置的制度安排如何。其次，分析我国城乡发展的现实情景，分析当代要素流动和资源配置特征，以及出现的新的趋势。再次，进行区域个案分析——选取四个地级市作为实证案例，以比较研究的方法，分析其城乡互动模式特征和城乡一体化发展的绩效，包括从经济发展阶段、资源禀赋、政策区位以及地级市的控制能力等方面讨论其各自发展演进、发展模式、绩效及成因等。最后，结合对东亚经济体的经验研究和借鉴，探讨推进城乡一体化发展的思路和规划策略。

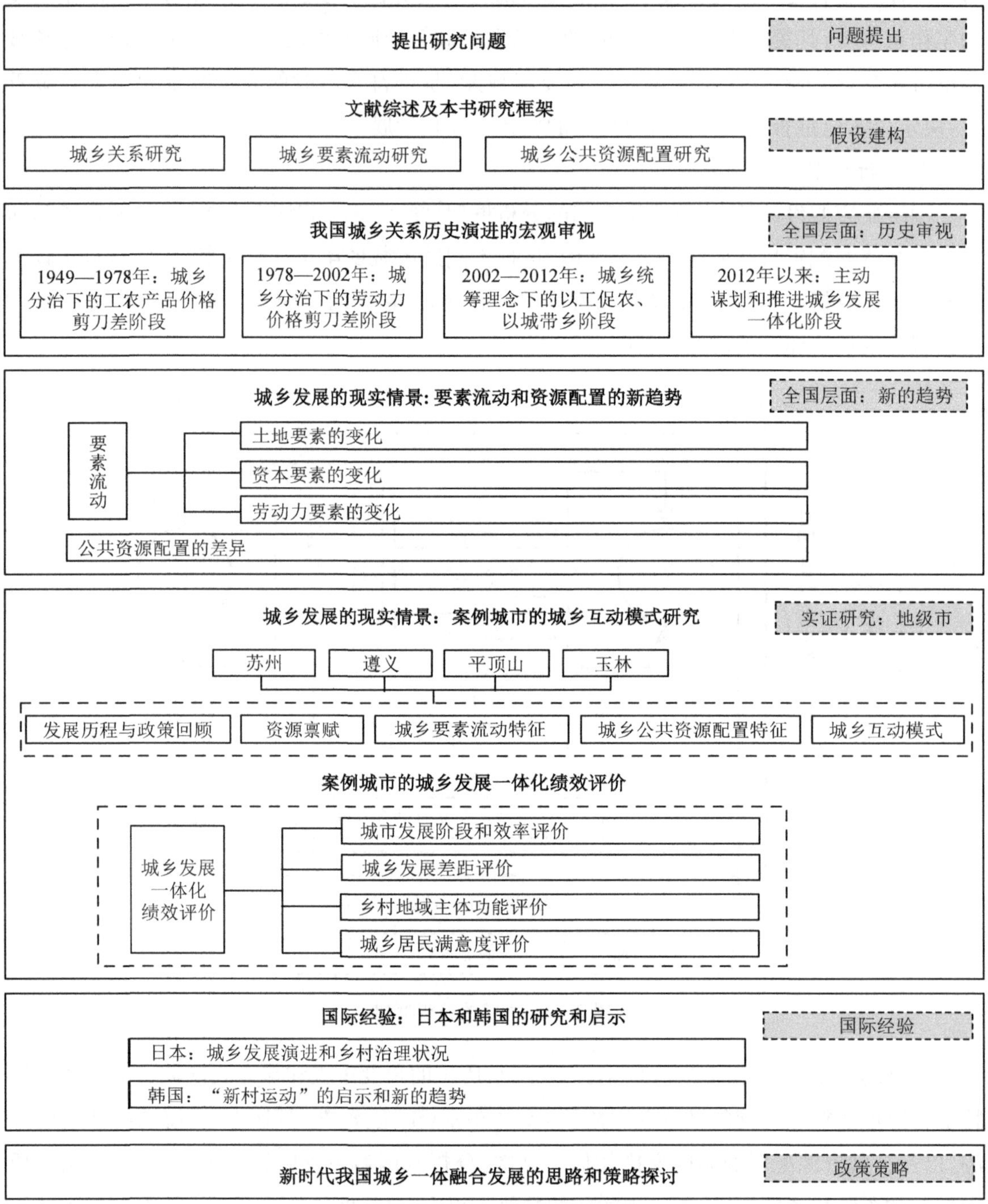
提出研究问题
问题提出
文献综述及本书研究框架
假设建构
城乡关系研究
城乡要素流动研究
城乡公共资源配置研究
我国城乡关系历史演进的宏观审视
全国层面：历史审视
1949—1978年：城乡分治下的工农产品价格剪刀差阶段
1978—2002年：城乡分治下的劳动力价格剪刀差阶段
2002—2012年：城乡统筹理念下的以工促农、以城带乡阶段
2012年以来：主动谋划和推进城乡发展一体化阶段
城乡发展的现实情景: 要素流动和资源配置的新趋势
全国层面：新的趋势
要素流动
土地要素的变化
资本要素的变化
劳动力要素的变化
公共资源配置的差异
城乡发展的现实情景：案例城市的城乡互动模式研究
实证研究：地级市
苏州
遵义
平顶山
玉林
发展历程与政策回顾
资源禀赋
城乡要素流动特征
城乡公共资源配置特征
城乡互动模式
案例城市的城乡发展一体化绩效评价
城乡发展一体化绩效评价
城市发展阶段和效率评价
城乡发展差距评价
乡村地域主体功能评价
城乡居民满意度评价
国际经验：日本和韩国的研究和启示
国际经验
日本：城乡发展演进和乡村治理状况
韩国：“新村运动”的启示和新的趋势
新时代我国城乡一体融合发展的思路和策略探讨
政策策略

图 2-4　本书的技术路线

第3章 我国城乡关系历史演进的宏观审视

中华人民共和国成立后，我国的城乡关系经历了城乡二元结构下的分治、城乡统筹和走向城乡一体化发展的深刻变化。城乡关系作为我国经济社会发展中的基本关系，受到经济社会管理制度的深刻影响；同时，不同阶段调整城乡关系的目标也要求对相关经济社会管理制度进行调整（王大伟，2012）。改革开放以后的相当长时间里，我国的发展取向是“效率优先、兼顾公平”，客观上采取了城市偏向的发展策略，在取得巨大成就的同时，也付出了城乡关系失衡的代价。党的十六大以来的发展方针有所调整，中央先后出台了统筹城乡发展、城乡发展一体化、乡村振兴等一系列重大战略；中央和地方政府通过工业反哺农业、城市带动乡村等重大举措，解决了相当一部分农村发展中的问题（徐素、程遥，2017）。

2015 年，习近平总书记提出了城乡发展一体化的五大目标，即“逐步实现城乡居民基本权益平等化、城乡公共服务均等化、城乡居民收入均衡化、城乡要素配置合理化，以及城乡产业发展融合化”（《人民日报》，2015）。至此，“城乡发展一体化”成为我国城乡关系重构的总体指导方针。2017 年 10 月召开的党的十九大，进一步提出了要“建立健全城乡融合发展体制机制和政策体系”，这预示着新时代的城乡关系将进一步蜕变并进入新的境界。

不同的城乡关系导致了不同的城乡要素的配置模式和流动方式。1949 年中华人民共和国成立以来，随着经济社会的发展，城乡关系历经变化，要素配置和流动方式也随之多次发生变化，并且反作用于城乡关系，导致城乡政策目标被调整。本章将首先梳理和审视我国城乡关系的历史演进，分析相应阶段的要素流动特征。需要解答的问题包括：不同的发展阶段下，我国城乡关系的状况如何？对应的要素流动和公共资源配置特征是什么？

3.1 第一阶段(1949—1978 年)：城乡分治下的工农产品价格剪刀差阶段

中华人民共和国成立后至改革开放前，中国总体上处于城乡二元结构和分治状态（表 3-1）。这一阶段可以再细分为以下两个时期。

表 3-1 1949—1978 年影响城乡关系的重大政策和手段

时间	事件	领域	重点
1949 年	党的七届二中全会提出城市领导乡村政策	经济、社会	决定将中国共产党的工作重心由乡村转到城市，城市领导乡村，但必须城乡兼顾
	中国人民政治协商会议第一届全体会议通过《共同纲领》，提出城乡互助政策	经济、社会	提出城乡互助政策
1953—1957 年	“一五”计划	经济	集中力量进行工业化建设；加快推进各经济领域的社会主义改造；支援内地、支援边疆、支援农业
1953 年	《关于实行粮食的计划收购和计划供应的命令》	经济	“统一收购、统一销售、统一调拨、统一库存”的统购统销制度
1953—1956 年	社会主义改造	经济	农业、手工业和资本主义工商业
1955—1993 年	粮食计划供给体制：粮票制度	经济、社会	与户籍制度一起限制了城乡人口流动
1956 年	《国务院关于防止农村人口盲目外流的指示》	社会	限制农民外流
1957—1960 年	大跃进和人民公社化运动	经济	一定程度上导致了后来的粮食饥荒，影响了粮食供应，进一步限制了农村人口向城市的流动
1957 年	中共中央、国务院于 1957 年连续三次下发通知，制止农民外流	社会	禁止城市粮食部门给没有城市户口的人员供应粮食，禁止工矿企业私自招用农村劳动力
1958 年	《中华人民共和国户口登记条例》	社会	与后来的一系列政策一起限制了农村人口向城市的流动

3.1.1 1949—1957 年：城乡关系发展恢复时期

大体上，1949—1957 年为中华人民共和国成立初期的城乡关系发展恢复时期，一定程度上形成了自由、开放、对流的城乡关系（许斌，2002）。

在经历了多年战争之后，当时的国民经济极为凋敝，城市和乡村呈现一种低水平的无差别化状态，尽快恢复和发展城乡经济成了新政权面临的首要任务。1949 年党的七届二中全会提出了城市领导农村的方针政策，决定将党的工作重心由农村转到城市，城市领导乡村，但必须城乡兼顾；同年的中国人民政治协商会议第一届全体会议通过的《共同纲领》也提出了“城乡互助”政策。在 1949—1952 年国民经济恢复时期，我国城乡关系的调整主要从两个方面着手：一是土地改革；二是发展城乡商品交换，并在此过程中使国营与合作社商业成为城乡间商品流通的主要渠道（邱国盛，2012）。

1953年之后，随着“一五”计划（1953—1957年）的正式展开，大规模的工业化进程启动，城乡关系也开始由此前的商品联系进入生产联系阶段；城乡经济关系则被定义为“工业满足农民在生产和生活上的需要，农业满足工业发展对粮食、原料、资金积累和市场的需要”（邱国盛，2012）。“一五”计划时期末，全国城镇人口比重由1949年的12.5%上升到15.4%，平均每年有300万农村人口迁移到城镇（许斌，2002）。同时，国家组织动员支援内地、支援边疆和支援农业，因而也有一些城镇人口向农村和内地流动。据统计，20世纪50年代城—乡和乡—城之间人口流动的比例为1∶1.8。

这一时期经济社会建设的重心在城市，但没有放弃农村建设，城市和农村之间的联系加强，在一定程度上打破了城乡之间互相隔离的局面（纪淑德，2016）。尽管其间实行了农产品统购统销制度，但也适当提高了粮食统购价格，增加了对农林水利的投资，并实行了优惠的农业税收等政策（彭新万，2009）。

3.1.2　1957—1978年：农村要素向城市单向流动时期

1957年前后，是我国城乡二元体制逐渐形成的时期，但不同类型的要素流动状态不同。这一时期“城市领导农村”的取向变得更为明显。城乡关系特征可表述为，通过工农产品不等价交换制度、农业生产集中制度、统购统销制度，以及包括劳动力在内的要素流动控制政策，全力建设重点项目和发展工业城市，一切工作围绕工业发展展开，乡村处于被严重汲取状态。

尽管“一五”计划期间对农业发展也实施了一定的扶持政策，但落后的农业劳动生产率和迅速发展的工业化需要之间显然产生了不可调和的矛盾。为了解决粮食问题，国家于1953年开始实行主要农产品的统购统销政策，于1955年开始实施粮食计划供给体制，并于1957年开始推行大跃进和人民公社化运动（一定程度上导致和加剧了粮食饥荒）。这个时期大量农村人口涌入城市，所谓的“盲流”问题日趋严峻，于是国务院连续下发通知和指示，力图制止农民外流，于1958年出台了《中华人民共和国户口登记条例》，对农民进城作出了非常严格的约束性限制（胡俊生，1997）。城乡分治的户籍制度正式开启后，与农产品统购统销制度、农业集体化（人民公社制度）、粮食计划供给体制一起，全面限制了城乡要素的自由流动。在这一制度下，城市变为封闭状态，农民不能自由迁入城市，城市从农村招工和城市人口向外边疏散，都被纳入国家计划的控制之中（刘应杰，1996）。1958年以后，“制度化了的城乡隔绝状态”（许斌，2002）便一直延续了下来。

“一五”计划时期提出的发展重工业为主的资本高度密集型产业，与我国当时劳动力丰裕、资本稀缺的资源禀赋特征相矛盾。因此，为了保证赶超战略的充分实施，国家采取了高度集中的计划经济体制（王洪超，2012）。国家实施“以农补工”政策和制度安排，逐步控制农村的各种资源，以实现原料和资金向城市单向流动，从而确立和巩固了城乡二元结构①（图 3－1）。城市对农村汲取的结果是，到 20 世纪 70 年代末，中国建立了较为完善的现代工业体系，但以牺牲农业现代化为代价（辛逸、高洁，2009）。换言之，中国在人均收入水平较低的条件下，依靠内部积累，较早地达到了较高的工业化水平（韩俊，2009）。

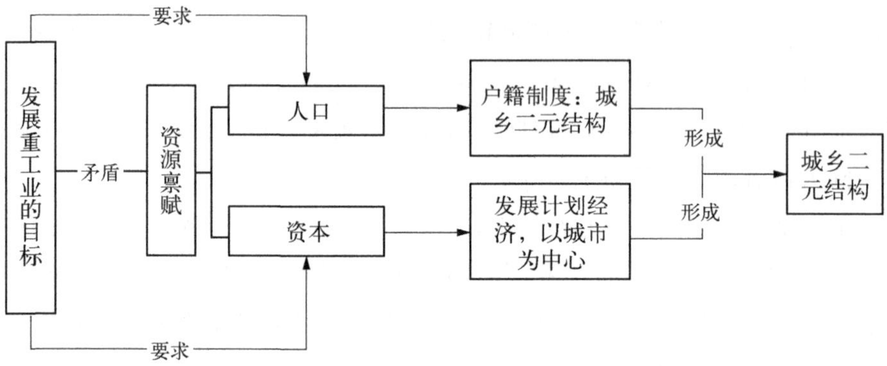

图 3－1　城乡二元结构的形成

这一时期的城乡分治及要素流动的特征包括以下方面。① 农民被禁锢在土地上。人口迁移的唯一途径是官方批准的户籍迁移，以寻找就业机会为动机的迁移几乎不存在（蔡昉，2005），因而大量农村劳动力被排除在工业体系之外。② 城乡居民权利和发展机会不平等。通过户籍制度及相配套的制度体制，农村劳动力被排除在工业就业体系之外的同时，也无法享受到平等的权利和发展机会（韩俊，2009）。③ 工农产品不能自由交易。在以工业产业发展为核心的发展政策下，通过工农产品剪刀差，资金主要向城市单向流动。这一时期，几乎所有的优势资源都向城市集中，农村发展实际上被排除在国家工业化进程之外，城乡之间的差距越来越大（图 3－2）。

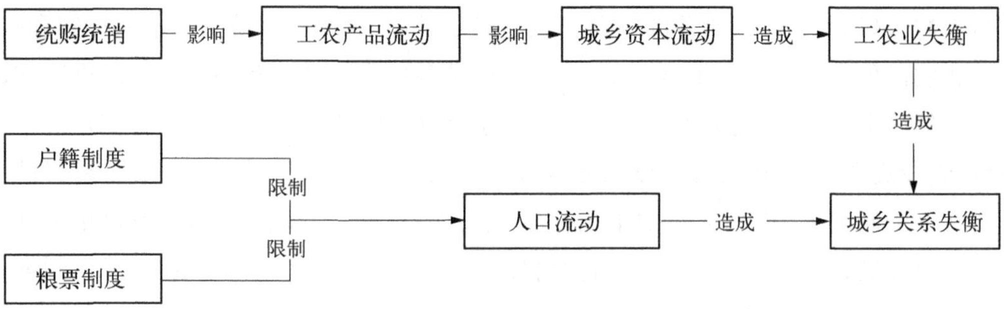

图 3－2　城乡隔绝时期的要素流动影响城乡关系

① 刘纯彬较早提出中国城乡二元结构的概念，认为中国城乡二元结构的本质特征不是一般发展中国家通常具有的二元经济结构的特征，而是以户籍制度为核心构成的城乡二元结构（刘纯彬，1988）。

这一时期，公共资源配置也相应地以城市为主，大量公共财政资金被投放到城市中。在社会保障福利方面，1949—1956年曾出台或修订了一些法律和法规，形成了较为完善的城镇居民社会保障制度；在农村则主要针对孤老残幼制定了"五保"制度，但覆盖面有限（王胜利、张敏，2014）。

3.2　第二阶段(1978—2002年)：城乡分治下的劳动力价格剪刀差阶段

改革开放之后，城乡隔绝的状态逐渐松动——要素开始有一定的双向流动，然而城乡关系仍然较为对立：城市仍然在汲取，农村仍然在付出。

1978年党的十一届三中全会开启了中国改革开放的序幕，城乡关系也进入了新的发展阶段（表3-2）。改革开放之前，人民公社体制是禁锢城乡要素流动的微观基础，而家庭联产承包责任制的提出则打破了这一微观禁锢。家庭联产承包责任制的实施提升了农业发展效率，同时也释放出了农村剩余劳动力。从1982年开始，中央连续发出多个中央一号文件，以家庭联产承包责任制为主要内容的农村改革步伐加快，中央的农村经济政策由"控制"转向了"放活"（赵洋，2011），逐步为农业和农村经济发展构建起了较为宽松的政策环境。1985年，国家实行粮棉合同定购新制度，实行30多年的以粮食为主的农产品统购统销制度宣告结束；同时，还逐步放开了大多数农产品的经营，城乡之间的商品流通变得越来越丰富。在劳动力的流动方面，1984年中央鼓励农民进小城镇务工经商，1993年党的十四届三中全会提出"形成用人单位和劳动者双向选择、合理流动的就业机制""鼓励和引导农村剩余劳动力逐步向非农产业转移和地区间的有序流动"（王西玉、崔传义、赵阳等，2000）。农民进城从被视为"盲流"并加以遏制到被定位为"有序流动"并加以引导（白南生、何宇鹏，2002），这个变化的影响极为深远。

表3-2　1978—2002年影响城乡关系的重大政策和手段

时　间	政　　策	领　域	重　　点
1978年	改革开放	经济、社会	城乡要素流动的开端
1978—1981年	家庭联产承包责任制的确立	经济	生产要素和农产品的流通开始松动
1978年	党的十一届三中全会通过《中共中央关于加快农业发展若干问题的决定(草案)》	经济	
1984年	党的十二届三中全会通过《中共中央关于经济体制改革的决定》	经济	全面部署城市经济体制改革

（续表）

时　间	政　　策	领　域	重　　点
1985 年	改行粮棉合同定购制度	经济	以粮食为主的农产品统购统销制度宣告结束
1993 年	党的十四届三中全会提出鼓励劳动力流动	经济、社会	有序引导城乡劳动力流动

在 20 世纪 80 年代以前的经济增长模式下，由于政府采取了人为扭曲资金价格的方式，在资金密集型产业上投资过多，抑制了具有比较优势的劳动密集型产业的发展，从而导致了产业结构的扭曲和资源配置效率的损失（蔡昉、都阳，2004）。随着改革开放的推进，中央开始逐步摒弃“以农补工”的政策导向，取而代之以“工农互补”。市场化改革活化了农村经济，在推行家庭联产承包责任制的同时，允许农民自由办厂、经商和进城务工。“泾渭分明”的城乡二元结构从有所松动到不断被打破，乡镇企业、小城镇和兼业农民工的规模越来越大，出现了不断交流和融合的城乡二元社会结构（刘应杰，1996）（图 3－3），这种发展促进了土地、劳动力、资金、技术的流动和优化组合，呈现出了一定程度的“工农互补”新格局。

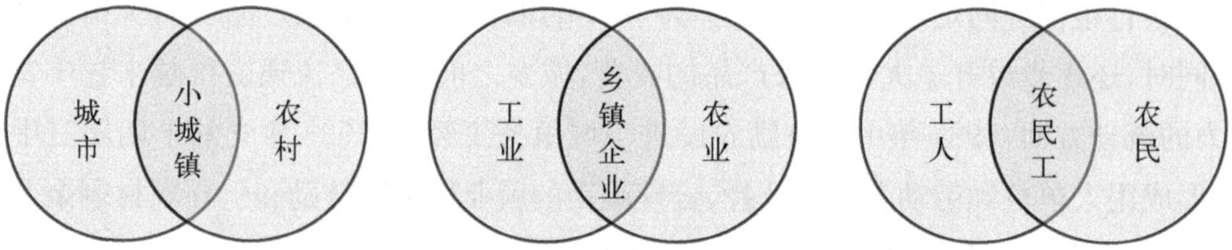

图 3－3　城乡二元结构的交流和融合

但是因为户籍制度改革并未实质性推进，很大程度上，城市和工业的发展主要是以低成本的征地和廉价的农民工劳动力为基础（辛逸、高洁，2009），所以“以农补工”“以乡育城”的本质属性并没有改变。但在“城乡分治”的二元体制框架下，农村支持城市发展的路径发生了变化，由原来的工农业产品剪刀差方式，转向了以农村为城市发展提供大量廉价劳动力的方式来支持城市经济的发展（赵洋，2011）。

在公共资源配置方面，改革开放初期的家庭联产承包责任制促进了农村的发展，水利等基础设施、医疗等公共服务建设等也有了一定发展。但改革开放的重心仍在城市，政府持续加大对城市公共资源的投入。此后城乡发展失衡不断加剧，虽然农村的基础设施建设也取得了较大进展，但城乡差距仍然较大（王胜利、张敏，2014）。总的来说，这一阶段由于乡育城市和城乡分治的政策导向，国家向“三农”提供的公共品不足，农村在基础设施和公共服务设施提供等方面仍然较为落后（赵洋，2011）。

3.3　第三阶段(2002—2012年)：城乡统筹理念下的以工促农、以城带乡阶段

一方面，随着改革开放的持续推进，中国的工业化和城镇化进程均不断加快，但城乡差距也在不断拉大。有鉴于此，2002年召开的党的十六大提出"统筹城乡经济社会发展，建设现代农业，发展农村经济，增加农民收入，是全面建设小康社会的重大任务"。客观上，随着我国经济社会的持续快速增长，总体上也达到了以工促农、以城带乡的阶段(汪光焘，2005)。这一时期，一系列推动城乡统筹发展的措施被提出来，诸如土地流转等，以推动农村发展，缩小城乡差距(纪淑德，2016)。2006年国家提出了新农村建设，2008年党的十七届三中全会通过了《中共中央关于推进农村改革发展若干重大问题的决定》，"三农"问题被提升到了前所未有的高度(表3-3)。

表3-3　2002—2012年影响城乡关系的重大政策和手段

时　间	事　　件	重　　点
2002年	党的十六大提出"统筹城乡经济社会发展"	提出"统筹城乡经济社会发展，建设现代农业，发展农村经济，增加农民收入，是全面建设小康社会的重大任务"
2003年	科学发展观	国家在处理城乡关系中城市偏向的政策有所改变
	党的十六届三中全会进一步提出"五个统筹"	进一步提出统筹城乡发展、统筹区域发展、统筹经济社会发展、统筹人与自然和谐发展、统筹国内发展和对外开放
	农村税费改革	"三个取消，两个调整"。事实上，沿海和中部地区自2003年前后即开始全部取消"农村税费"，经济发达地区政府财政开始给种粮农户按面积发放农业补贴
	新型农村合作医疗制度	财政支出从主要针对城市逐步转向城乡兼顾，支持包括农村社会保障在内的各项农村社会事业发展
2004年	粮食直补；生产资料综合直补	
2006年	全国范围内免除农业税	
	"新农合"、家电下乡	
	社会主义新农村建设	
2008年	党的十七届三中全会通过《中共中央关于推进农村改革发展若干重大问题的决定》	"三农"问题被提升到了前所未有的高度

在公共资源配置方面，这一时期的财政支出从主要针对城市逐步转向了城乡兼顾，支持包括农村社会保障在内的各项农村社会事业发展（韩俊，2009）。2003 年的农村税费改革，直接带动了农村义务教育管理体制、县乡财政体制和乡镇机构等领域的深化改革，引发了农村综合性制度创新和城乡分配关系的重大调整。通过农村税费改革、新型农村合作医疗制度、粮食直补、家电下乡、新农村建设等多种手段，全面实施“以工补农”政策，农村各项建设和社会事业得到了长足发展，农民现代化生活需求不断得到满足。

另一方面，随着国家城镇化战略的实施，地方公共事业的资金需求也不断增长，为了弥补资金缺口，许多地方大搞“土地财政”。在“土地财政”的刺激下，“卖地”成为地方政府财政收入的重要来源。在粗放的发展方式下，农村土地再次成为城市发展的牺牲品，汲取“城乡土地价格剪刀差”成了维系城市空间发展的重要手段（徐素、朱金，2015）。

有学者认为，这一时期的“城乡统筹”仍存在以城市为导向的政策倾向。“即使是新世纪以来作为国家战略规划的新农村建设，其背后的目标动机、前提假设、行动规划以及理想图景，仍是一种以城市为中心的国家意志层面上统筹城乡发展的资源再分配过程。从目标动机看，新农村建设不是为了顺应农村经济社会发展规律而启动的，而是为了弥补城乡互动博弈过程中农村的弱势地位提出的，是基于城乡发展的巨大反差而不得不作出的国家规划，在国家话语体系中，‘城’仍然优于‘乡’。”（文军、沈东，2015）

综合而言，这一时期的城乡关系出现了“既统筹又分离的趋势”。除了改革开放的积累效应扩大了城乡差距，国有企业战略重组、人力资本和知识科技向城市集中，使得农村资源仍不断向城市集中，客观上也助推了城乡分离（白永秀，2012）。但中央和地方政府对“三农”的重视程度在不断提高，出台了许多扶持政策。

3.4 第四阶段（2012 年以来）：主动谋划和推进城乡发展一体化阶段

2012 年党的十八大报告强调要“加快完善城乡发展一体化体制机制，着力在城乡规划、基础设施、公共服务等方面推进一体化，促进城乡要素平等交换和公共资源均衡配置，形成以工促农、以城带乡、工农互惠、城乡一体的新型工农、城乡关系”。2013 年党的十八届三中全会通过了《中共中央关于全面深化改革若干重大问题的决定》，指出要“推进城乡要素平等交换和公共资源均衡配置。维护农民生产要素权益，保障农民工同工同酬，保障农民公平分享土地增值收益，保障金融机构农村存款主要用于农业农村”。2015 年习近平总书记提出城乡发展一体化的五大目标：“逐步实现城乡居民基本权益平等化、城乡公共服务均等化、城乡居民收入均衡化、城乡要素配置合理化，以及城乡产业发展融合化。”（《人民日报》，2015）

2017 年党的十九大提出了“实施乡村振兴战略”，并提出要“建立健全城乡融合发展体制机制和政策体系”。至此，我国的城乡关系调整方向和城乡治理方略已经非常明确。新时代的城乡关系必将彻底告别“二元结构”和“分治”，真正走向“一体化”和“融合发展”（表3-4）。

表3-4 2012年以来影响城乡关系的重大政策和手段

时间	政策	重点
2012年	党的十八大报告强调“城乡发展一体化”的体制机制建设	“加快完善城乡发展一体化体制机制，着力在城乡规划、基础设施、公共服务等方面推进一体化，促进城乡要素平等交换和公共资源均衡配置，形成以工促农、以城带乡、工农互惠、城乡一体的新型工农、城乡关系”
2013年	党的十八届三中全会通过了《中共中央关于全面深化改革若干重大问题的决定》	指出要“推进城乡要素平等交换和公共资源均衡配置。维护农民生产要素权益，保障农民工同工同酬，保障农民公平分享土地增值收益，保障金融机构农村存款主要用于农业农村”
	实施美丽乡村建设	
2015年	习近平总书记提出城乡发展一体化五大目标	逐步实现城乡居民基本权益平等化、城乡公共服务均等化、城乡居民收入均衡化、城乡要素配置合理化，以及城乡产业发展融合化
2017年	党的十九大提出实施乡村振兴战略	建立健全城乡融合发展体制机制和政策体系
2018年	《中共中央 国务院关于实施乡村振兴战略的意见》	资本下乡，农村文化、建设复兴

近年来，一些大城市地区已经将推进市域城乡发展一体化作为一个系统目标，并设计了以城乡要素交换和公共资源配置为核心的城乡发展一体化的体制机制建设。由于我国的城市客观上都是“城市-区域”，尤其是地级以上城市，均是由中心城市与广域的乡村地区组成，所以经济相对较为发达的大城市有条件主动谋划和积极推进其市域的城乡发展一体化。

在已全面建成小康社会、全国脱贫攻坚战取得全面胜利的新形势下，国家在努力解决人民日益增长的美好生活需要和不平衡不充分的发展之间的矛盾。城乡发展一体化要正视农民和农村的发展新要求，即从以前阶段的满足基本生活和现代化需求，到建设环境更加美好、文化精神层面更加丰富的更高层次要求；在公共资源配置方面，则要着力克服城乡教育、医疗和社会保障方面的严重失衡。

3.5 本章小结

在中华人民共和国成立以来70余年的城乡关系演变过程中，城市和乡村绝大多数时间处于不平等地位。不同于世界上其他发展中国家存在的城乡二元经济结构，中国城乡二元结构表现为经济体系和社会管理上的二元结构，土地制度、户籍管理、社会福利等方面的制度设计曾经都是以满足国家工业化和城市化进程为主要目的。从二元结构转换的角度看，我国曾经历了从城乡二元分治、农村处于被动被汲取状态，到提出和推进城乡统筹和城乡发展一体等过程。从要素流动的角度看，不同时期通过规制不同的要素配置来实现城市的发展，分别对应的“工农产品价格剪刀差”“劳动力价格剪刀差”和“土地价格剪刀差”都有利于向城市流动(图 3－4)。2012 年以来新的政策导向表明，国家希冀通过城乡要素的“平等交换”和“有序流动”来实现城乡资源的有效配置；同时还要进一步加大对“三农”的政策扶持力度，并坚决打赢脱贫攻坚战，从而实现可持续的城乡一体化发展和城乡融合。

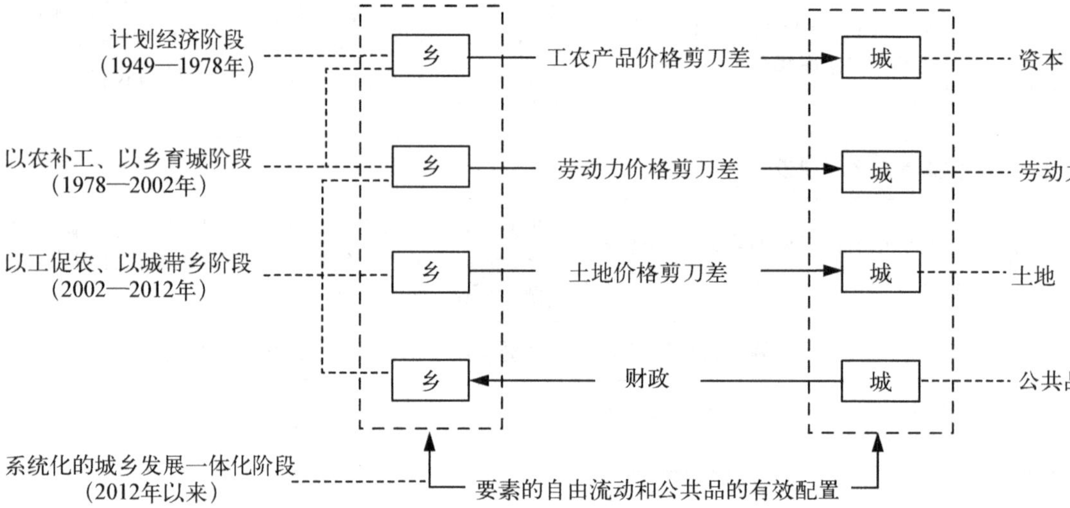

图 3－4 城乡发展不同阶段的城乡关系特征

改革开放以前，像所有实行重工业优先发展战略的国家一样，中国经济增长中存在的主要问题之一，是由于产业结构偏离比较优势而导致的低下的配置效率(林毅夫、蔡昉、李周，1999)。相应地，改革开放带给中国经济的增长效应之一，也是通过要素市场发育、资本和劳动力在部门间和地区间流动即资源重新配置带来的改革效应(蔡昉、王德文，2001)。但 2003 年之前，要素流动在地区间的重新配置带来的改革效应更多地体现在城市经济的发展、沿海发达地区经济的发展上，甚至加快了部分地区乡村工业化的进程，但始终以农业、农民和农村的牺牲为代价。改革开放的积累效应扩大了城乡差距，国有企业战略重组使农村资源向城市集中，再次助推城乡分离，人力资本和知识科技向城市集中，农村的发展受到极大限制，加速了城乡分离与对立(白永秀，2012)。尽管 2003 年国家层面开始加大对农村各项事业的关注和补贴，但仅限于和民生密切相关的领域，如农业税费、医疗、家电、房屋建设等。

党的十八大报告强调了城乡发展一体化的体制机制建设，乡村被提到与城市“相对平等”的地位，城市对乡村的反哺体现到了系统性的体制机制建设的高度；提出了以“城乡要素平等交换和公共资源均衡配置”为目标，并要求“保障农民工同工同酬”“保障农民公平分享土地增值收益”“保障金融机构农村存款主要用于农业农村”。也就是说，以往的从靠“工农产品价格剪刀差”到“城乡劳动力价格剪刀差”和“城乡土地价格剪刀差”来发展城市的状况将得以扭转，要素在城乡之间的有序流动和配置将成为城乡发展一体化和城乡融合的实现基础。城乡关系从“二元结构”和“分治”，到“一体化”和“融合发展”，我国城乡关系和治理方略的总体指导方针进一步明确，城乡关系发展必将进入一个新时代(表3-5)。

表3-5　中华人民共和国成立以来城乡关系目标和要素配置的简要脉络

	城乡分治下的工农产品价格剪刀差阶段(1949—1978年)	城乡分治下的劳动力价格剪刀差阶段(1978—2002年)	城乡统筹理念下的以工促农、以城带乡阶段(2002—2012年)	主动谋划和推进城乡发展一体化阶段(2012年以来)
目标诉求	赶超发展，农业支持工业化进程	改革开放，释放活力，高速增长，接轨国际	公平正义，社会发展，生态安全，可持续发展	破解二元结构，城乡融合
城乡关系	城乡分治	城乡分治	城乡统筹	城乡一体
制度设计	计划经济下的工农产品价格剪刀差	市场经济下的劳动力价格剪刀差，双轨制	市场经济下的城乡土地价格剪刀差，土地财政	城乡要素平等交换、公共资源均衡配置
要素流动	农村要素向城市单向流动	工农产品流通丰富；劳动力有序流动	工农产品流通丰富，劳动力自由流动，投资向农村倾斜	维护农民生产要素权益，保障农民工同工同酬，保障农民公平分享土地增值收益，保障农村农业金融
公共资源配置	公共资源配置以城市为主；农村初步制定了覆盖面有限的社会福利保障制度	农村水利等基础设施、医疗等公共服务建设有了较大发展，但仍然远落后于城市	城乡兼顾，农村各项建设和社会事业得到长足发展，农民现代化生活需求得到基本满足	追求城乡居民权益平等、服务均等、收入均衡；农村环境更加美好，文化精神层面更加丰富

城乡关系的发展步入新时代，城乡要素流动和资源配置也将有新的趋势。各地已经开展以城乡发展一体化为目标的诸多实践探索，产生了不同的城乡互动模式。下文首先阐述这些新的趋势，然后以四个典型地区为例展开城乡互动的实证分析。

第 4 章　城乡发展的现实情景：要素流动和资源配置的新趋势

在“城乡发展一体化”和“城乡融合发展”的目标下，完美的情景是，政府建构起完善的规则，资本和劳动力在城乡之间合理流动，从而实质性地消除城乡差距。然而客观情形为，一方面，对二元分隔的旧体制的改革不可能一蹴而就，改革开放以来的经济快速发展和城镇化的积累效应扩大了城乡差距；另一方面，由于我国存在巨大的区域差异，城乡要素平等交换的目标不可能在所有区域同时实现（实际上在沿海发达地区也仅仅开启了一些试点），要素在城乡间的流动和分布仍然存在失衡问题。下文从要素（土地、资本、劳动力）分布和红利变化，以及城乡公共资源配置等方面着手，研究我国城乡发展的现实情景和新趋势。

4.1　土地要素的变化

4.1.1　背景概述

城乡土地承担着不同的社会责任，农村土地对城乡发展的重要作用表现在三个方面：不断提高粮食等主要农产品的供给保障能力，为城镇化、工业化、新农村建设提供必要的建设用地保障，以及为城乡居民的生活与生产提供良好的生态环境保障（陈美球、刘桃菊，2013）。在我国的城乡关系中，农村土地承担了过重的责任，至今仍然有不少地方政府依靠土地财政维系发展。我国推行城镇化战略以来，土地增值收益主要被城市政府获取，“土地价格剪刀差”成为继工农产品价格剪刀差、劳动力价格剪刀差之后又一剥夺农村的方式。城乡统筹战略提出以来，甚至是城乡一体化战略提出之初，很多地方政府成立了“城乡统筹示范区”“城乡一体化示范区”，实际上仍是想获取更多的建设用地；“城乡统筹”“城乡一体化”常作为一种政策“帽子”被滥用于建设用地的扩张目的。特别是在经济发展相对缓慢的内陆地区城市，地方政府进行城镇土地扩张和以农民进城来拉动 GDP 的愿望更为强烈。

土地作为生活、生产的空间载体，作为重要的生产要素，始终是城乡发展的问题核心之一，对其“合理配置”的探索，无论在制度层面还是实践层面，都从未停止过。1988 年起，一些发达地区的农村开始了乡村企业和宅基地用地制度改革，至今仍在致力于建立农村集体非农用地市场的尝试。在政策层面，党的十八届三中全会提出了“建立城乡统一的建设用地市场”；2015年1月，中共中央办公厅和国务院办公厅联合印发了《关于农村土地征收、集体经营性建设用地入市、宅基地制度改革试点工作的意见》，从中央层面正式开启了我国农村土地制度改革的序幕。从“增减挂钩”“三优三保”①“地票”实验，到浙江等地宅基地在一定范围内流转的尝试，在促进农村土地（农用地、宅基地、集体经营性建设用地）流转的进程中，政府的政策行为始终对土地资源的合理配置起主导作用，每项重大政策的施行都引起了城乡经济、城乡空间关系的重大变化。土地要素流动带来的表象是城乡产业分布、城乡空间结构的变化，究其深层，则是将空间作为一种生产要素承载了资金在区域、城乡之间的分配。

城乡关系从城市偏向向城乡一体化发展转变的过程中，土地要素流动的趋势是否也发生了相应转变？本节试图解读近年来我国城乡土地要素流动的趋势，并通过分析城乡土地要素流动的影响因素和机制，讨论既往的发展模式的可持续问题。这些分析将有助于更好地理解各地城乡关系的发展模式转型。

4.1.2　城乡土地流转收益分配与途径

在我国城乡发展的过程中，城乡土地的利用类型和土地产权关系均发生了变化。由土地产权关系导致的土地价格收益在不同主体之间的分配，直接决定着城乡一体化过程中土地要素流动的利益分配逻辑。在通常的市场经济条件下，边际收益较低的土地会向边际收益较高的土地利用转化，只要存在边际收益差异，农村建设用地、农用地就有转化为城市建设用地、非农地的倾向。由于我国特殊的土地产权关系和管理方式，产生了多个主体对土地转换增值的利益要求。

我国农村土地按照用途可分为农用地和农村建设用地（包括宅基地和集体经营性建设用地）。相应地，城乡一体化过程中涉及的土地要素的流动包括以下三种类型。① 农用地的流转：土地承包经营权可以流转到由集体经济组织以外的单位或者个人手中（不涉及土地利用类型和所有权的变化，只有使用权或经营权发生了变化）。② 农村建设用地（包括宅基地和集体经营性建设用地）的流转：伴随着宅基地的重新分配和城镇化过程，土地指标在城乡之间进行分配。③ 农地的非农化（土地承包经营权的收回，农地被征用）：国家首先征用农村集体所有的农地，然后再以划拨或出让的形式把农地转化为非农建设用地。

在市场经济条件下，土地价格是土地价值的货币表现。但在我国城乡一体化的土地要

① 2014年3月，苏州市“三优三保”行动作为江苏省推进节约集约用地工作方案中的独立试点单元，正式得到原国土资源部批复。2015年年初，《苏州市“三优三保”行动工作实施方案》正式获省政府批准并报原国土资源部备案。相比“增减挂钩”政策在数量和空间上的双重限制，“三优三保”政策在空间布局政策上有所突破。

素流动过程中，存在着不同“形态”的土地价格。在上述第一种类型中，农地使用权协议流转，其价格近似于农地租金。在第二种类型中，部分土地所有权由集体变成国家存在两种情况：① 地方政府向农民及集体支付一定的安置补助费，但这并不是严格意义上的土地价格；② 地方政府向上级政府的有关机构出售土地指标，土地指标交易价格由政府间协商决定，这也不是严格意义上的土地价格。在第三种类型中，发生了国家对集体土地的征用，土地所有权主体由集体变成国家，国家向集体及农民支付征地补偿费，是一种特殊的土地价格——农地征收价格。在第二、第三种类型中，土地一旦成为国有，国家作为土地一级市场的唯一供给者把土地有偿出让给用地单位并收取土地出让金，如果采用公开竞价方式，这时的土地出让金才是土地的市场价格。

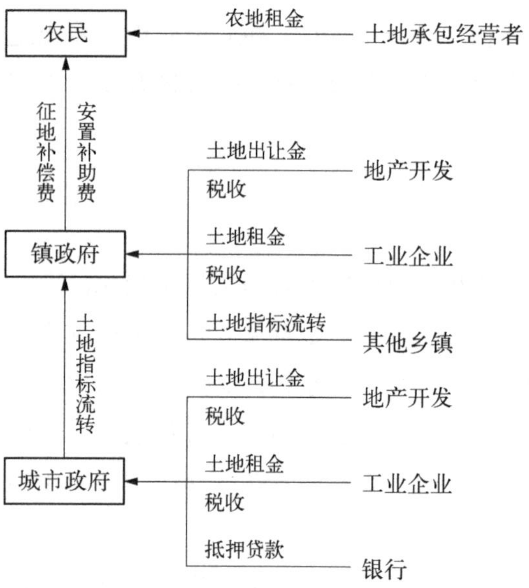

图 4－1　城乡发展过程中土地要素流转涉及的“交易价格”

由此可见，上述城乡土地要素流动过程中，至少涉及五种土地价格：农地租金、安置补助费、土地指标流转、征地补偿费、土地出让金（图 4－1）。而其中仅有两种比较能反映土地的市场价值，即农地租金和土地出让金。这五种价格反映着不同的经济关系，总体来说都具有一定的刚性，很可能成为促进或者抑制城乡土地要素流动的重要经济杠杆，但受法律和政府政策的影响也较大。

除了追求不同土地转化类型中的价格差异，城乡土地市场中各主体本身对于非经济的成本收益权衡也是影响城乡土地要素流动的重要因素。因此，需要对城乡土地市场中各主体的行为进行深入分析，才能进一步理解城乡土地要素流动的逻辑。

4.1.3　土地要素向城镇流动的趋势：各主体逐利行为分析

在城乡发展过程中，土地要素流动涉及的主体有政府、农村集体、农民和用地单位，各主体的行为出发点、目的和方式均不同，并会产生不同的收益。

1. 政府：分税制和土地财政造成的城市偏向

在中央政府层面，1994 年的分税制改革后，地方财政收入占我国政府总收入的比重迅速下降，但地方支出占比却大幅上升。与此同时，国家实施的城镇化战略造成了地方公共事业资金需求不断增长，而诸如 2008 年推出的“四万亿计划”更是导致了地方政府的长期资金配套问题。在城市化和工业化快速发展时期，经济增长和财政收入两大指标的政绩考核是地方政府工作的首要任务(邵宇军、米建伟,2013)。这些背景是理解城乡土地要素流动过程中中央政府和地方政府行为的基础。

分税制改革客观上造成了中央政府与地方政府之间“财权上交、事权下放”的局面,直接导致了事权与财权的不平衡;城镇化发展则加重了地方政府提供公共品的压力——形成了地方政府收支的巨大缺口。地方政府必须“另谋渠道”,土地财政便应运而生。另外,由土地出让带动的房地产和建筑业的增值税和企业所得税的大头,也由中央政府享有。但是发展终究是“硬道理”,如果从历史角度看,中央政府对于土地要素的“城市偏向”流动是默许或鼓励的。

在县级及以上地方政府层面,对于县级及以上有自主财政权的地方政府,土地财政在促进地方经济增长和城市建设等方面发挥着至关重要的作用。首先,为了发展地方经济,大量新增土地指标被集中到了工业用地上,以便于招商引资;其次,土地财政直接增加了地方收入,土地出让的直接收入和相关税收全部由地方享有;最后,土地融资在城市扩张中起到了杠杆作用,以政府信用为保障的土地被作为城市基础设施贷款或其他融资活动的抵押品。

在乡镇政府层面,以苏南地区为例,乡镇政府进行城乡土地要素流转的动力有以下三个方面。一是“以地生财”,包括土地指标的跨乡流转和工业用地的出租收益。对于经济发展比较落后的乡镇,财政收入压力较大,仅够维持行政职能的运转,乡镇企业的税收返还等其他收入来源很少。靠农村土地整理腾出的建设用地指标可以在一定范围内流转,所得收入能缓解当年的财政压力。对于工商业发展较好的乡镇,可以靠增加工商业用地的持有物业来获得出租收益,或通过土地使用权入股来获得分享收益,此外还可以获得乡镇企业的税收返还。二是土地融资,通过将整理出来的建设用地指标作为抵押标的而获得贷款。例如,太仓市的沙溪镇靠成立融资平台公司进行融资与偿贷,其最终的信用与政府可控和实际运作的土地资产有关(陈旭、赵民,2016)。三是征用邻近镇区的土地,建设农民公寓房,并完善镇区的基础设施和改善居民的生活环境。农村集中居住区的建设配套相对较好,交通、公共服务、体育娱乐等场所建设相对完善。这两种集中建设的方法,都基本能做到资金基本平衡。这三个方面的运作带动了产业和城镇化的发展,提升了土地价值,进而可获得更高的土地出让金和土地融资空间。在区位和资源禀赋较好的乡镇,这种运作有可能实现良性循环。

2. 农村集体:土地整理和农地流转双重收益

在经济较为发达的地区,特别是苏南农村,农村集体经济组织仍持有一定的集体资产,如厂房和商业物业。一方面,农村集体在土地流转过程中整合了农地,通过集体农场或者整体外包的方式,实现了土地的规模化、产业化经营,同时也提高了集体资产的收益。另一方面,有些地区还进行了村级物业资产的整理,并通过一定的返还政策增加农村集体持有物业,也增加了集体资产收益。但随之而来的是农村集体的非农“社区化”趋势,特别是对于空间上临近城镇的农村集体,其农民已经完成生活和生产方式的转变,但农村集体职能仍然存在。如何完成农村集体和社区向市场主体和城镇社区的转变，是许多农村集体需要面对的现实问题。

3. 农民：依附在土地上的三大权益转换

城乡发展的土地要素流转涉及农民“三大权益”的转换。一是农地，即土地承包经营权退出或流转。有些地区的做法是，对于进“公寓楼”的农民，如果放弃土地承包经营权，则可以将其折换成城镇社保；对于不愿放弃土地承包经营权的农民，可以选择将土地承包经营权流转，获得农地租金。二是宅基地，即村民无偿使用的集体建设用地的退出或流转。例如，在苏州农村，农民可选择用宅基地使用权换住房，具体有“异地安置”和“公寓楼安置”两种形式。异地安置不改变宅基地使用权，整村异地集中安置，建筑形式以联排和双拼为主。“公寓楼安置”多用于城市规划区内的村庄，经过集体建设用地国有化过程，农民原有宅基地使用权被转化为商品房产权，建筑形式以公寓楼为主。三是集体经济，即农民作为集体经济组织成员享有的集体资产收益权的处置。可以通过权益的股份化而长期持有，或是通过农村集体经济的资产变现获得分配，村组织被撤销。

例如，在苏州农村，对于选择“异地安置”的农民，虽然在本质意义上已经实现“城镇化”，但大部分仍保留了原有的“三大权益”。他们在居住空间上相比原本较为松散的居住形式实现了集中，但保留了原本的乡村邻里关系。对于选择“公寓楼安置”的农民，他们放弃了宅基地使用权，但仍保留了土地承包经营权和集体资产收益权的自由选择的权利。在城乡土地要素流转过程中，农民可以获得的收益有农地租金、集体资产收益、征地补偿费和安置补助费。其中征地补偿费和安置补助费主要用于改善居住条件；农地租金和集体资产收益则使得农民在从传统的生产方式中“解脱”出来以后，仍享有两大收益。

4. 用地单位：土地的地产开发导向和工业化导向

对于公共利益和非公共利益的征地，均以国家的名义来进行。用地单位的主体分为政府机关、开发商和企业。对于公共利益的征地，农村用地被征用以进行基础设施和公共设施建设。对于非公共利益的征地，开发商在进行地产开发的同时，往往需要配套建设一些基础设施。另一类用地单位是企业，一些流转出来的土地指标被用作工业用地，政府可通过出租或者招拍挂的形式流转土地使用权。无论是发达地区还是欠发达地区，工业用地往往都呈现供不应求的局面。对于发达地区，其工业园区具有较好的交通区位和配套设施，企业进园需求旺盛；对于欠发达地区，往往给予一定的租金或税收减免等优惠政策，工业用地的市场供需数量也较大。

4.1.4 集中化的空间趋势：城镇化、半城镇化与农村城镇化

各主体基于对收益最大化的追求，其在城乡发展过程中的行为促进了土地要素流动的“城市偏向”，客观上导致了城镇化、半城镇化和农村城镇化的并存现象。建设用地增长发生

在村庄、镇、城市三个层面（图 4－2、表 4－1），主要通过三种途径来实现建设土地的增加：一是土地整理，即通过农地整理开发、归并农村居民点和农村工业用地，增加有效耕地面积、提高建设用地集约化程度，并利用“增减挂钩”政策和诸如苏州的“三优三保”政策，实现建设用地指标增加和空间增长；二是城镇化，包括在农村地区通过集中居住的方式进行宅基地的集中安置，城镇地区通过公寓楼的方式实现农民的“上楼”和“城镇化”，从而“节省”出土地指标；三是土地指标的流转，包括通过上级政府指标下达、同级政府之间的指标流转、从下级政府“收集”土地指标等方式，实现土地指标向城镇流转、土地要素向城镇集中。

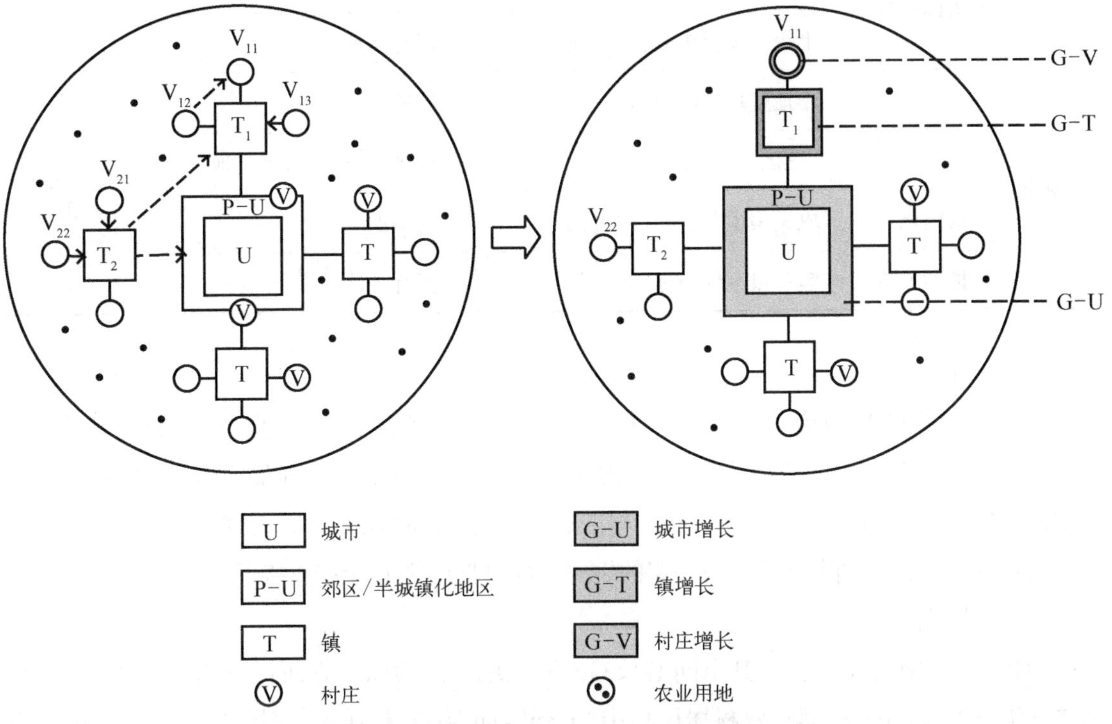

图 4－2　城乡发展进程中土地要素流向

表 4－1　各空间层级增加的土地指标的来源、类型与用途

空间层级	增加的土地指标的来源		增加的土地指标的类型	增加的土地指标的用途
村庄	土地集约化	土地整理/增减挂钩	农地	农地；农村建设用地
		“三优三保”政策	村级工业用地；宅基地	
	居住集中	农村居民点异地集中安置（集中化）	宅基地	
	指标流转	上级土地指标划拨	村级公共服务设施用地/一部分商业开发	

（续表）

空间层级		增加的土地指标的来源	增加的土地指标的类型	增加的土地指标的用途
镇	土地集约化	土地整理/增减挂钩	农地	农地；国有建设用地
		“三优三保”政策	村级工业用地；宅基地	
	城镇化	农民集中“上楼”（城镇化）	宅基地	
	指标流转	镇之间土地指标流转	国有土地	
		上级土地指标划拨/返还	国有土地	
城市	土地集约化	土地整理/增减挂钩	农地	国有建设用地
		“三优三保”政策	村级工业用地；宅基地	
	城镇化	农民集中“上楼”（城镇化）	宅基地	
	指标流转	镇一级土地指标“上交”	国有土地	

（1）村庄层面

以图4-2中的V_{11}为例，其空间增长G-V土地来源为以下方面：① 自身的土地整理结合增减挂钩政策“腾挪”出来的土地指标；② “三优三保”政策“空间位移”，土地集约利用后“省”出来的土地；③ 农村居民点异地集中安置，即V_{12}村庄通过异地安置的方式在V_{11}处集中；④ 上级政府指标下达，即有些地方允许村集体持有一定的土地进行物业开发，由上级直接下达土地指标。

（2）镇层面

以图4-2中的T_1为例，其空间增长G-T土地来源为以下方面：① 自身的土地整理；② “三优三保”政策；③ 邻近农村居民集中“上楼”，即V_{13}农村居民“城镇化”过程；④ 镇一级土地指标的流转，如T_2用不完的土地指标可以“转给”T_1，实现镇与镇之间的土地指标流转；⑤ 上级政府的土地指标下达和返还。

（3）城市层面

图4-2中城市U的空间增长集中在郊区的半城镇化地区G-U，土地来源为以下方面：① 郊区土地整理；② 郊区“三优三保”政策；③ 郊区城镇化过程，即规划区内村庄的拆迁和城镇化；④ 镇一级通过土地整理和“三优三保”政策新增土地指标的“上交”。

在这个过程中，空间上实现了农用地的增加和建设用地的集约化，是一种“土地城镇化”过程。土地整理的结果是增加了耕地面积，提高了农业生产效率；但是随之而来的增减挂钩政策，实际上也会挤压农地空间，客观上助推了城乡建设用地的蔓延。从空间上来说，城乡土地要素的流动仍然是城市偏向及建设偏向的。

4.1.5　红利趋紧——基于社会总成本的讨论

1. 理论基础

上文的分析表明，现有体系下各主体似乎都得到了可观的边际收益，农业和城市产业也得到了进一步发展(图4-3)。那么这种城乡土地要素流动的城市偏向会持续下去吗？下面将借用公共经济学中外部性理论进一步分析。

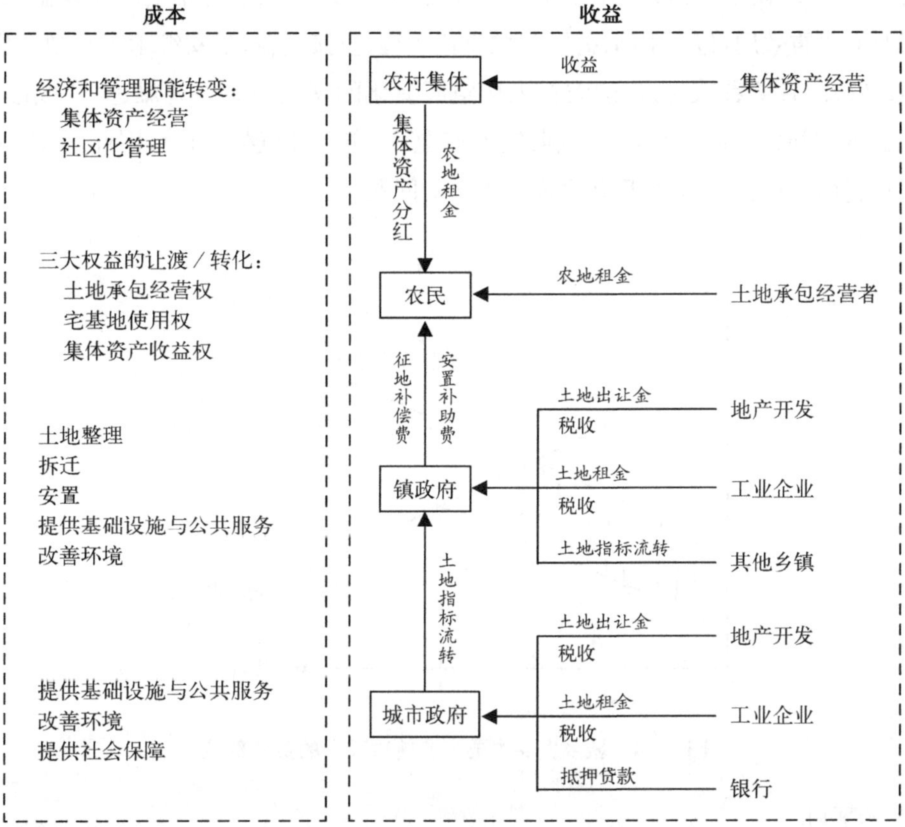

图4-3　城乡发展过程中各主体的成本-收益分析

公共经济学认为，外部性问题的出现，是因为边际私人成本和边际社会成本，或边际私人收益和边际社会收益的不一致带来的。如果边际私人成本低于边际社会成本，那么生产或者消费水平会高于最优水平；如果边际私人收益低于边际社会收益，那么，结果正好相反(杨志勇、张馨，2005)。

总体来说，我国城乡发展过程中的农业发展是建立在提升耕地使用效率这一基础上的，而农地的生态功能、景观功能、食物安全功能及世代公平等社会价值与生态价值并未被充分重视。目前来看，这些价值及产生的效益对于各主体来说是“外部性”效益。在保障基本的生态红线基础上，各主体在决策时只考虑农地出让价格大于农地经济价值、边际个人收益大于边际个人成本这一条件——这意味着农地在非农化过程中造成了大量社会福利损失(曲福田、冯淑怡、俞红,2001)。如图 4－4 所示,在这个过程中,对于农民、农村集体、地方政府来说,他们的边际私人成本之和是低于边际社会成本的,因此对“农地”的消费水平 Q_2 不断趋向高于最优水平 Q_1,造成了农地向非农地转化的非均衡趋势和城乡建设空间不断蔓延的现象。在农村用地向建设用地转化过程中,对于社会福利的损失即负外部效应是由整个社会承担的成本,即 ΔP。这个社会成本的损失既是“截面性”的也是“代际性”的。对于农地的生态功能、景观功能、食物安全功能等问题,现阶段的损失是截面性的。对于世代公平、农地的非生产性收益(农村土地对于农民具有多重效用,包括生活保障、提供就业机会、直接受益、子女继承等),则是代际性的(钱忠好,2004)。有学者认为,我国农村人居空间演化的现实情景终究难逃“合成谬误”的后果——资源的空间失配造成社会总福利的受损(赵民、游猎、陈晨,2015),因此,如果无视这种非均衡发展付出的社会成本,今后将会面临更多的问题。

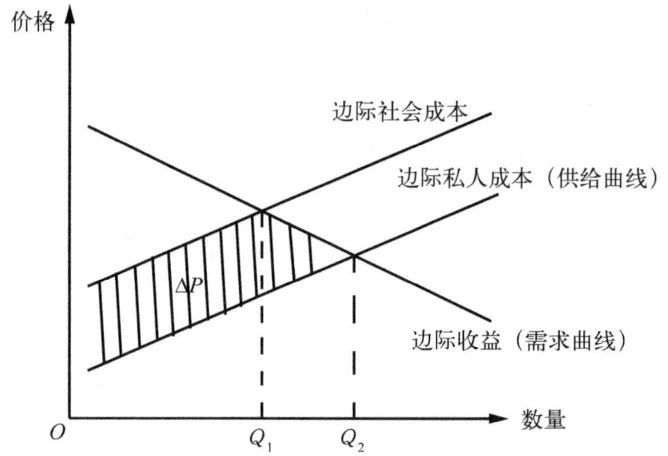

图 4－4　城乡发展中要素流转过程中的负外部性

2. *实证事例*

以苏州为例,1998—2014 年,苏州建成区面积增长了 2 466 km^2,总面积约为 1998 年的 4.75 倍。城乡建设空间不断蔓延的背后是农地、草地、水面等国土面积的下降,并对农村传统风貌和社会空间造成了难以挽回的损害(赵民、陈晨、方辰昊,2016)。有些乡镇已开始重新审视这一过程,投入大量资金进行生态修复和环境治理,以偿还生态“欠账”;同时,农村社区的管理、社会管理体制的改革也被提上了日程。这正是对以往农地非农化偏向趋势造成的社会总福利损失的弥补。

3. *原因解释*

此外,基于对苏南农村的调研,土地要素流动由“非均衡走向均衡”还有以下三个方面新的内在成因。① 随着城镇化的不断推进,城镇化后生活成本的上升,农民的保障要求越来越高，所要求的转型补偿也越来越高(2016 年苏州一户农户的安置成本达 100 万～150 万元)。近十年来非公共利益性质的征地行为是以剥夺集体土地所有者的土地发展权为基础的，用地单位和地方政府分享了这部分土地增值收益。在城镇化发展中，农民也意识到了土地发展权可能带来的收益，那么征地中的博弈就会加剧，用地单位和地方政府可能分享的增值收益也就会越来越少，以致最终失去征地动机。② 面临“新常态”下用工结构的转换，在原有的人口红利下降、非技术性工种的需求下降，以及经济下滑的背景下，部分农民对乡村的“非生产收益”需求上升，亦即趋于不愿意放弃农村土地及附着在其上的红利。③ 城市发展空间不足，即使有指标，也无空间，国家对生态红线的保护已经到了极为严格的状态。

4. 小结

过去 30 年间，中国的城镇化进程经历了“空间让给城市”的过程，而空间增值的利益则被各主体所分享，但大量的生态和社会成本却被忽视了。近年来，国家所提倡的城乡统筹、新农村建设及城乡发展一体化政策，则体现了新的政策导向及对以往失衡的矫正。我国城乡发展至今，已经损失了不少社会成本，如乡村景观的退化、环境承载力的下降，其负外部性已经到了不得不重视的地步；可预支的收益也越来越少，甚至“无预可支”。针对农村人居空间演化中社会总福利的受损，需要“集体的明智选择”和“适当的外部干预”(赵民、游猎、陈晨，2015)。

在中央政府的政策引导下，整个社会对“三农”问题给予了更多重视，城乡土地流转的“城市偏向”也得到了一定扭转。2013 年中央城镇化工作会议提出了城乡协调发展的新理念，要以“望得见山、看得见水、记得住乡愁”为目标；2015 年进一步提出了“城乡一体化”的发展理念，2017 年提出了“乡村振兴”“城乡融合发展”理念等，这些都与城乡土地要素的合理流动有关。在新的历史时期，城乡协调发展及逐步实现城乡发展一体化是大趋势，需要从政策导向和制度建设入手，进一步优化城乡土地市场，以引导城乡土地要素的均衡和优化流动。

4.2　资本要素的变化

文献综述章节中曾指出，城乡资本流动可通过财政、价格(差)和金融三种渠道流动。长期以来，农村资本通过这三种渠道流向城市，制约了农村经济的发展。国家财政对农业的投入，呈现周期性波动；分税制之后至农村税费改革之前(1994—2003 年)，国家财政对农业的投入相对不足，支农支出占比逐年下降(图 4-5)，从农业中获得的收入却在增加(图 4-6)。农村税费改革之后，国家从农业获得的收入减少(表 4-2)，投资总量在不断增加，但相对城市的比重仍在下降(图 4-7)。另外，还存在“储蓄性流失”，即金融机构在农村吸收存款而用于城市发展和贷款，形成大量的农村资本流向城市。此外，工农产品价格剪刀差的背后是一种隐形的城乡资本流动。

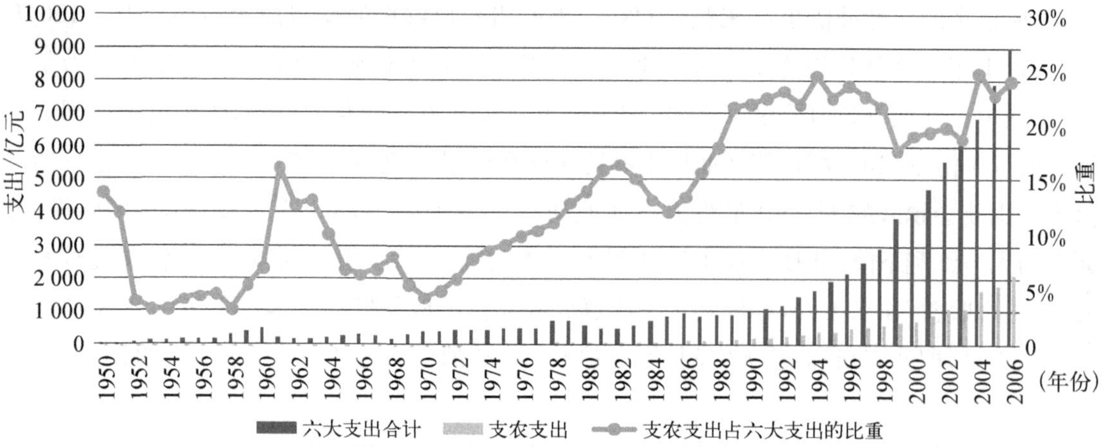

图 4-5　1950—2006 年国家财政主要支出项目及支农支出

注：六大支出包括：① 基本建设支出；② 增拨企业流动资金；③ 挖潜改造资金和科技三项费用；④ 地质勘探费；⑤ 工、交流通部门事业费；⑥ 支农支出。

资料来源：《新中国六十年统计资料汇编》。

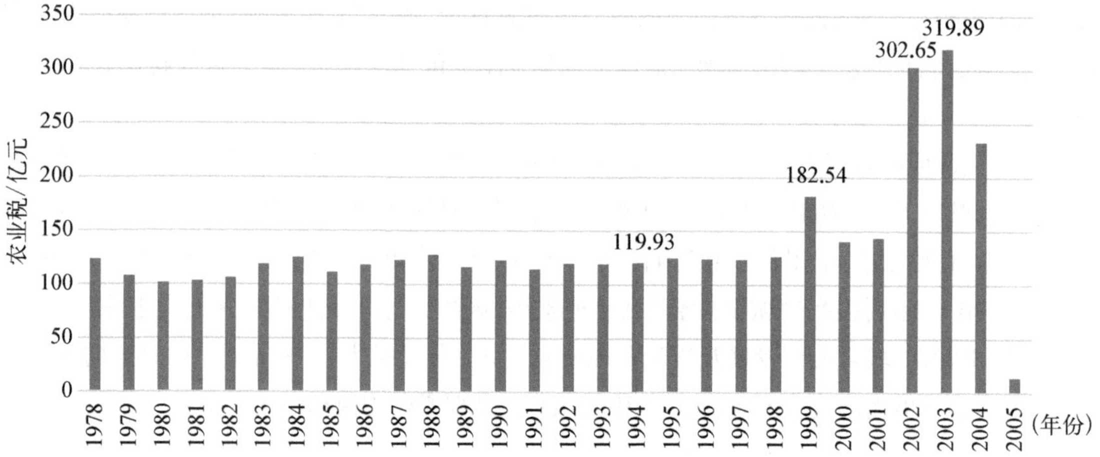

图 4-6　1978—2005 年我国实征农业税情况

注：自 2006 年 1 月 1 日起，《中华人民共和国农业税条例》废止。

资料来源：《中国财政年鉴—2016》。

表 4-2　1950—2008 年我国各阶段税收合计和农业各税占比

时　　间	税收合计/亿元	农业各税/亿元	农业各税占比
1950—1959 年	1 294.94	286.08	22.09%
1960—1969 年	1 920.68	266.28	13.86%
1970—1979 年	3 956.23	297.62	7.52%
1980—1989 年	15 014.30	449.21	2.99%

（续表）

时　间	税收合计/亿元	农业各税/亿元	农业各税占比
1990—1999 年	5 9618.40	2 522.24	4.23%
2000—2008 年	25 3130.98	8 587.79	3.39%

注：2005 年以前农业各税包括农业税、牧业税、耕地占用税、农业特产税、契税和烟叶税，2006 年起只包括耕地占用税、契税和烟叶税。

资料来源：《新中国六十年统计资料汇编》。

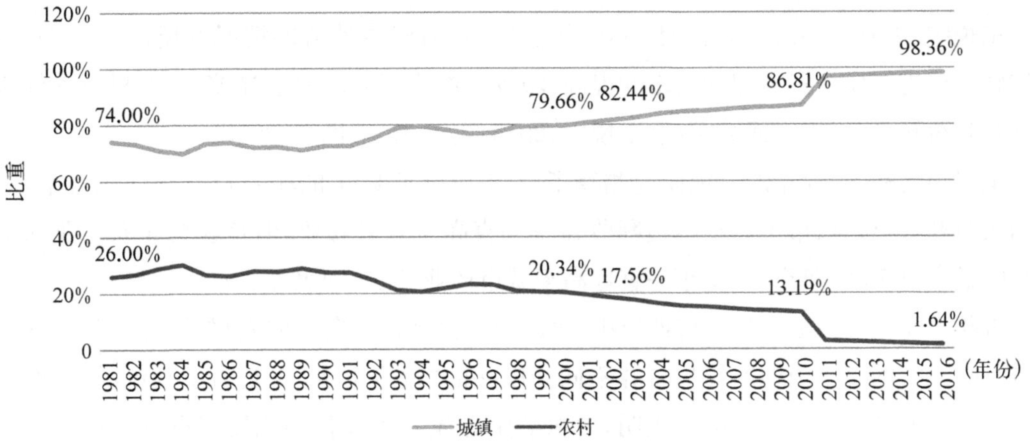

图 4－7　我国全社会固定资产投资城镇和农村比重

注：1. 受经济普查影响，2004 年投资额与上年有不可比因素。

2. 2004 年起，我国全社会固定资产投资统一调整为城镇投资、农村（包括农村非农户和农户）投资两大部分；2011 年起，国家统计局将月度投资统计的范围从城镇扩大到农村企事业组织，并将这一统计范围定义为“固定资产投资（不含农户）”，全社会固定资产投资由固定资产投资（不含农户）和农户投资两部分组成。数据与之前不具有可比性。因此图中 2011 年出现了陡峭斜率。

资料来源：《新中国六十年统计资料汇编》。

在 2.2.2 节的文献综述中，曾介绍了资本在城乡之间流动的“卢卡斯悖论”。资本报酬率是决定资本流动的最主要因素（Webber，1987），乡村的人均资本较低，具有较高的资本回报率，资本为了追求更高的回报率，应该大量流向资本稀缺的乡村，直到城乡人均资本均等化——但这与大量的实证研究相悖，被称为“卢卡斯悖论”。

对卢卡斯悖论在中国是否存在及如何解释，在文献综述中已经作了具体说明。已有研究分为认同卢卡斯悖论在中国的确存在和不认同两种观点。不认同卢卡斯悖论在中国存在的研究认为，卢卡斯模型所使用的数据，经过依实际情况修正和调整后，并不存在乡村的资本边际收益率高于城镇的情况，所以卢卡斯悖论并不成立（高帆、李童，2016；龚丽辉，2016）。同时也有根据计量模型测算认为卢卡斯悖论在中国确实存在的观点，认为农村资本的缺乏已严重制约了农户的增收和农村经济的进一步发展（周月书、王悦雯，2015），并形成了“农村资金外流—城乡差距拉大—农村资金进一步外流”的恶性循环（辛祥晶、武翠芳，2007）。

另一种观点则是，无论卢卡斯悖论的前提（乡村的资本边际收益率高于城镇）在中国是否成立，资本偏于流向城市的现实和趋势的确存在。一方面，城乡间人力资本、制度环境、金融市场以及基础设施建设等方面差异的广泛存在（彭小辉、史清华，2012），农业和农村自身的弱质性使得市场机制在城乡资本流动过程中的作用有限（王悦雯，2015），投资风险相对较高。另一方面，农村地区的投资环境劣于城市，农村地区由各种摩擦性成分引起的资本调整成本较高（罗玉锋，2016；龚丽辉，2016）。在制度上，由于传统的土地财政模式以及农村建设用地权能的缺失，使得中国资本"三次循环"均局限在城市，无法实现资本从城市向小城镇和农村扩散（龙启蒙、傅鸿源、廖艳，2016）。

王悦雯、周月书的研究则表明，2003 年以后，农村资本外流的情况有所改善，二元经济结构转换促进了城乡资本配置效率的提高，城乡资本边际生产率差异缩小，农村资本外流的情况得到缓解，农村资本回流明显（王悦雯，2015；周月书、王悦雯，2015）。

世界银行在 2005 年的一项研究测算了中国 1978 年以来的城乡资本边际收益率，结果表明改革开放以来城市工业资本边际收益率一直高于农村农业，但是农村非农产业的资本边际收益率自 1985 年至 2001 年一直远高于城市产业（工业和服务业）。

近年来在笔者所参加的乡村调研中，也常常观察到社会资本向农村的投入（如江苏的同里、周庄，浙江的莫干山地区等），其并不同于以往的"资本下乡"仅是为了投机，如土地红利汲取。大量的社会资本下乡案例表明，农村的生态建设和文化功能发展有可能成为新的供给，最终可以实现资本回报。

结合以上的研究结论和新的观察，随着中央乡村振兴战略的落实，资本在城乡之间的城市偏向流动趋势有望减弱。随着农村在人力资本、制度环境、功能特色以及基础设施建设等方面的改善，农村本身的生产、生态、景观和文化等方面的潜能得到进一步挖掘，其对社会资本的吸引力可望明显提高。

4.3 劳动力要素的变化

"作为一个正处在体制转型中的大国，中国存在着城乡以及地区之间的劳动力流动的障碍，呈现出较为显著的扭曲或错配特征"（高帆、汪亚楠，2016）。早期国家为了推行重工业优先发展战略而形成了抑制劳动力流动和保护城镇居民福利不外溢的制度框架（蔡昉，1997）。20 世纪 90 年代以来，地区和城乡经济差距不断扩大与劳动力规模不断扩大并存（王秀芝、尹继东，2007；严浩坤、徐朝晖，2008），劳动力流动起不到缩小区域经济差异的作用。造成这一现象的原因有工业发展排斥就业的倾向、农业和农村发展不足，以及城市劳动力市场歧视等（蔡昉，2005）。总之，以往的研究证明，由于户籍制度的壁垒，劳动力流动起不到缩小区域经济差异的作用，劳动力流动规模和城乡差距同时扩大——这从一个侧面证明了先发地区享受到了劳动力红利。

户籍制度自古以来就是国家进行资源配置的工具，承担了多种社会功能（甘春雨，2018），当代户籍制度的功能和价值随经济体制变化而不断调整。我国自 1958 年建立城乡有别的户籍制度以来，户籍制度历经多次调整和改革，其功能和价值不断优化，由工具理性逐渐走向价值理性，城乡居民权益差距不断缩小，农村户籍的价值不断提升（龚维斌，2018）。

计划经济时期，户籍制度以牺牲农民的利益为基础保障了工业化的发展。改革开放之后，家庭联产承包责任制的建立和农村经济的放活，人为扭曲的劳动力流动开始转向有序，户籍制度随之经历了几次调整，包括放松农转非政策、放开小城镇落户、实施流动人口暂住证制度和居住证制度等；农民可以自由迁移流动，参加社会保险和享受一部分城镇基本公共服务。2003 年开始实施城乡统筹战略，农村社会保障体系进一步建立和完善，附着在农村户口上的户籍“红利”反而凸显了出来（尤其是城市近郊区）。

2014—2016 年，国家通过新一轮户籍制度改革，特别是《居住证暂行条例》的施行，保障了流动人口的合法权益。一方面，农村户籍保障了宅基地、承包地和集体经济收益等权益；另一方面，居住证制度提供的城市福利和服务越来越多，户籍带来的城乡差距在制度层面不断缩小。

在居住证制度推行之前，流动人口的部分权益是被忽视的，“先发”的城市享受了农民工“异地城镇化”的劳动红利，却不需要承担相应的社会保障和公共服务负担。随着居住证制度的施行和改革的进一步展开，对于流动人口，其常住地（打工地）的城市需要提供越来越多的公共服务。因此，“先发红利”将越来越少。在如今的经济背景下，随着户籍制度的进一步改革，加之乡村振兴战略规划的实施，农民工“回流”农村情形将不断出现，这也将影响整体的城乡关系。因此，靠劳动力价格剪刀差和土地价格剪刀差来发展城市的阶段将一去不复返，后发城市发展城市经济的路径转换势在必行。

4.4　公共资源配置的差异

我国城乡基本公共服务的制度安排经历了计划经济阶段的“单位供给制”、改革开放后的效率优先阶段和党的十六大以来的均等共享推进阶段（邵琳，2016）。就区域整体发展而言，2005 年之前，乡村发展并未被作为一个主要发展方向而参与区域竞争（龙游宇，2002）。2005 年党的十六届五中全会提出了一个新的改革命题，即“公共服务均等化”：公共政策导向在坚持效率优先的同时更为注重均等和共享，在义务教育、医疗卫生、养老保障等方面重点关注广大农村地区和弱势群体（邵琳，2016）。此后，基本公共服务供给水平虽然明显提高，但仍然面临供给总量不足和供给结构失衡的问题，尤其在城乡之间分布严重失衡（霍晓英，2007；陈振华，2010；张世龙、马春燕、马尚平，2010；赵强社，2012）。其主要表现包括：城乡教育发展严重失衡、城乡医疗卫生资源分布不均衡、农村社会保障体系建设滞后、农村基础设施与城市差距较大(邵明昭、张念明,2010)。发达地区则面临公共服务的质量均等问题,质量均等应当是基本公共服务设施均等化发展的最终目标(罗震东、韦江绿、张京祥,2011)。公共设施与服务的非均等化是中国城乡统筹发展的关键性障碍因素(张婧、李诚固,2012)。

基本公共服务在城乡之间的失衡导致了城乡差距的扩大(国凡,2016)。现有研究证明,城乡居民教育水平及由此导致的城乡人力资本积累差异是中国城乡收入差距的最重要成因(陈斌开、张鹏飞、杨汝岱,2010;贾丽丽,2013;张伟、陶士贵,2014;詹国辉、张新文,2017)。还有研究表明,1978—2004年,由于存在着显著的区域教育不平等与城乡教育不平等,教育水平提高对于经济增长与社会发展的促进作用具有显著影响(张长征、郇志坚、李怀祖,2006)。早期教育和文化环境的欠缺、学校教育与考试内容的城市偏向、农村在师资与教育条件上的弱势,大大影响了农村孩子学业成功的机会,造成农村孩子低社会地位的再生产,并在一定程度上巩固与强化了我国城乡二元结构(余秀兰,2006)。有实证研究曾发现,现有以政府财政为主导的医疗卫生体制是导致城乡居民收入差距扩大的主要原因(张富田,2017)。

现有研究已经认识到,要缩小我国长期存在的城乡收入差距问题,提高农民收入,就必须缩小城乡在人力资本积累方面的差距,进而加强对农村教育、医疗方面的投入(黄波,2014;龚敏,2014;刘存阳,2016)。

对于具体的省份和城市来说,基本公共服务在城乡之间的失衡导致了城乡差距的扩大,会产生积累效应,在今后一段时间内将影响城乡关系和城乡发展。由表4-3可以发现,教育基本建设投资方面,国家对各个区域的投资差距很大,西藏、青海等地几乎全部资金来自国家预算拨款,江苏、广西、贵州的国家预算所占比重也较大,河南的国家预算所占比重则最低。生均公共财政预算教育经费投入方面,在江苏、贵州、河南、广西四个省份中,江苏的生均公共财政预算教育经费最高,其次为贵州,广西和河南较低,其中河南为全国最低(表4-4、表4-5、表4-6)。从乡村医疗设施(卫生院)的情况来看,全国区域差异也较大;在上述四个省份中,河南的千人设施指标情况较好(表4-7),但河南的农村特困和最低生活保障需要供养的人数较多(表4-8),负担较为沉重。

表4-3 教育基本建设投资完成情况(2015年)

	投资合计/亿元	本年完成投资按资金来源分类/亿元							国家预算所占比重		
		国家预算			自筹资金			其他	合计	中央	省级
		合计	中央	省级	合计	其中					
						学校自筹	个人捐资				
合计	3 518.0	2 649.8	608.9	2 040.9	778.3	764.6	13.7	89.9	75.3%	17.3%	58.0%
江苏	302.8	252.9	2.4	250.5	44.1	44.1	0.0	5.8	83.5%	0.8%	82.7%

（续表）

	投资合计/亿元	本年完成投资按资金来源分类/亿元							国家预算所占比重		
		国家预算			自筹资金			其他	合计	中央	省级
		合计	中央	省级	合计	其中					
						学校自筹	个人捐资				
河南（国家预算所占比重最低）	52.9	5.3	1.5	3.8	47.0	44.1	2.9	0.6	10.1%	2.9%	7.1%
广西	170.8	130.0	50.4	79.5	40.2	38.3	1.9	0.7	76.1%	29.5%	46.6%
贵州	166.5	118.1	50.3	67.8	47.5	47.5	0.0	1.0	70.9%	30.2%	40.7%
西藏（国家预算所占比重最高）	20.1	19.7	19.4	0.2	0.4	0.4	0.0	0.0	98.1%	96.9%	1.2%
青海（国家预算所占比重最高）	33.6	32.9	21.0	12.0	0.6	0.6	0.0	0.0	98.1%	62.5%	35.6%

资料来源：《中国教育统计年鉴—2016》。

表 4－4　初中生均公共财政预算教育经费情况（2016 年）

	地方普通初中公共财政预算教育经费/元	地方农村初中公共财政预算教育经费/元	农村/普通
全国平均	13 641.95	12 644.58	0.93
北京（最高）	47 773.73	60 076.56	1.26
江苏	21 277.22	20 548.51	0.97
河南（最低）	7 952.87	7 684.40	0.97
广西	9 833.55	9 177.27	0.93
贵州	10 318.11	10 064.36	0.98

资料来源：《中国教育经费统计年鉴—2017》。

表 4－5　小学生均公共财政预算教育经费情况（2016 年）

	地方普通小学公共财政预算教育经费/元	地方农村小学公共财政预算教育经费/元	农村/普通
全国平均	9 686.16	9 348.05	0.97
北京（最高）	26 879.21	31 324.19	1.17

（续表）

	地方普通小学公共财政预算教育经费/元	地方农村小学公共财政预算教育经费/元	农村/普通
江苏	12 510.38	11 773.60	0.94
河南（最低）	5 119.81	5 047.15	0.99
广西	7 861.54	7 814.54	0.99
贵州	9 735.69	9 857.96	1.01

资料来源：《中国教育经费统计年鉴—2017》。

表 4－6　幼儿园生均公共财政预算教育经费情况（2016 年）

	地方幼儿园公共财政预算教育经费/元	地方农村幼儿园公共财政预算教育经费/元	农村/普通
全国平均	5 663.11	4 231.2	0.75
北京（最高）	27 504.37	24 826.44	0.90
江苏	4 811.06	3 236.43	0.67
河南（最低）	2 139.75	1 581.26	0.74
广西	3 128.02	2 172.98	0.69
贵州	4 891.02	4 179.24	0.85

资料来源：《中国教育经费统计年鉴—2017》。

表 4－7　各地区乡（镇）卫生院、床位数和卫生人员数（2016 年）

	乡（镇）卫生院/个	卫生人员数/人	床位/张	村卫生室/个	设卫生室的村数占行政村数比重/%	乡村医生和卫生员/人	平均每千农村人口村卫生室人数/人
全国平均	36 795	1 320 841	1 223 891	638 763	92.9	1 000 324	1.49
天津（千人设施指标最多）	145	4 915	4 093	2 528	68.7	5 140	8.06
江苏	1 039	79 755	58 768	15 475	100	32 520	1.38
浙江（千人设施指标最少）	1 194	54 245	17 096	11 677	42.4	8 000	0.81
河南	2 059	104 647	99 994	56 774	100	113 804	1.78

（续表）

	乡（镇）卫生院/个	卫生人员数/人	床位/张	村卫生室/个	设卫生室的村数占行政村数比重/%	乡村医生和卫生员/人	平均每千农村人口村卫生室人数/人
广西	1 267	70 858	60 565	21 011	100	34 981	1.04
贵州	1 399	42 420	39 905	20 652	100	34 690	1.12

资料来源：《中国农村统计年鉴—2017》。

表 4-8　各地区农村社会救济情况(2016 年)

	农村居民最低生活保障人数/万人	农村最低生活保障支出/亿元	农村特困人员集中供养人数/万人	农村特困人员分散供养人数/万人
全国（总数）	4 586.5	1 014.5	139.7	357.2
上海（最少）	3.4	2.1	0.1	0.1
江苏	109.9	39.0	7.1	12.7
河南	328.0	60.3	10.8	37.1
广西	290.6	42.3	2.3	24.7
贵州	304.8	66.5	4.7	5.7
云南（最多）	422.9	75.0	2.8	14.5

资料来源：《中国农村统计年鉴—2017》。

公共资源配置的城乡差距和区域差距会在一定时间内产生“强者恒强、弱者愈弱”的累积效应，将对具体区域和城市的城乡发展模式产生较长期的影响。

4.5　本章小结

在城乡关系不断调整的背景下，我国城乡要素流动出现了若干新的特征和趋势，主要体现在以下几个方面。

(1) 土地红利要素趋紧。改革开放以来 30 年间城镇化导向的发展，较为忽视生态和社会成本，付出了沉重的代价。近年来，国家所提倡的城乡统筹、新农村建设及城乡发展一体化等理念，则是体现了新的政策导向及对以往失衡的矫正，城乡土地流转的“城市偏向”也得到了一定扭转。在新的历史时期，城乡协调发展及逐步实现城乡发展一体化是大趋势，需要从政策导向和制度建设入手，进一步优化城乡土地市场，以引导城乡土地要素可持续、均衡化流动。

(2) 资本流动的"卢卡斯悖论"减弱。由于城乡间人力资本、制度环境、金融市场以及基础设施建设等方面的差异,传统的土地财政模式以及农村建设用地权能的缺失,以往中国资本循环均局限在城市,无法实现资本从城市向小城镇和农村扩散,造成城乡发展差距越来越大。2003年以后,农村资本外流的情况有所改善,二元经济结构转换促进了城乡资本配置效率的提高,城乡资本边际生产率差异缩小,农村资本回流明显。随着中央乡村振兴战略的落实,以及农村在人力资本、制度环境、金融市场和基础设施建设等方面的改善,农村本身的生产、生态、景观和文化等方面的潜能将得到进一步挖掘,其对社会资本的吸引力也有望得到明显提高。

(3) 异地城镇化的劳动红利减少。在以往的城乡发展模式下,人口流入城市享受了劳动力价格剪刀差,"先发"的城市和城镇享受了农民工异地城镇化的劳动红利,却不需要承担相应的社会保障和公共服务负担。随着居住证制度的施行和改革的进一步展开,对于流动人口,其常住地(打工地)的城镇需要提供越来越多的公共服务。因此,"先发红利"将越来越少。在如今的经济背景下,随着户籍制度的进一步改革,加之乡村振兴战略规划的实施,农民工"回流"农村的情形会不断出现,这也将影响整体的城乡关系。因此,靠劳动力价格剪刀差和土地价格剪刀差来发展城市的阶段将一去不复返,后发城市发展城市经济的路径转换势在必行。

(4) 公共服务设施的城乡差距和区域差距将产生积累效应,继续拉大具体城市的城乡差距。基本公共服务均等化改革之后,基本公共服务供给水平虽然明显提高,但仍然面临供给总量不足和供给结构失衡的问题,导致城乡差距的扩大。对于具体的省份和城市来说,公共资源配置的城乡差距和区域差距将在一定时间内产生"强者恒强、弱者愈弱"的累积效应,将对具体区域和城市的城乡发展模式产生较长期的影响。因而相关领域的改革还需进一步深化。

第5章 城乡发展的现实情景：案例城市的城乡互动模式研究

我国地域辽阔，处于不同区域的城市不能一刀切地实行城乡发展一体化政策，然而在实践中，一些地方却存在着对城乡发展一体化政策初衷的误解。对于城镇化水平发展较低的城市而言，如果政策措施过于“超前”，非但无益于缓解社会矛盾，还会带来沉重的财政负担，以致阻碍经济社会的正常发展。

有学者认为县域是城乡统筹的主要实现单元。也有学者认为都市圈是城市化的主体形式，城乡一体化总是发生在都市圈内，都市圈形成的过程也就是城乡一体化的过程。其主要观点包括：都市圈内实现城乡一体化能够有效地建设农村，造就发达的农业，促进城市聚集和功能调整，这是实现城乡集约发展的路径；资本原始积累和增长极的聚散过程构成都市圈内城乡一体化的机理。都市圈内要实现城乡一体化，中心城市应转变工业化发展战略，突出小城镇的功能建设，构建不同于以往的城乡一体化机制(张建华、洪银兴，2007)。

综合这两种认识，本章以地级市为案例展开研究。地级市作为“城市-区域”，与都市圈的城乡一体化的实现机制类似。本章分析研究四个案例地区城乡互动关系和模式，旨在回答以下问题：中国不同地区的城市-区域在实现城乡发展一体化目标的过程中，其城乡互动关系和模式是什么？本章在案例选择中对四个案例城市的城乡互动模式进行了初步的预判，它们分别代表了以下四个发展阶段的模式：处于较高经济发展阶段，可以通过自身以城带乡模式实现城乡可持续发展的苏州模式；处于中等经济发展阶段，可以通过自身资源禀赋和外源输入实现乡城互补的遵义模式；处于较低经济发展阶段，城乡二元分治状况仍在继续、呈现出较为低效的政府强干预的平顶山模式；政府弱干预＋政策试点，城乡相对自由发展的玉林模式。

5.1 苏州的城乡互动模式

5.1.1 市域概况

1. 概况

苏州位于中国东部地区，是长三角城市群重要的中心城市之一，距离上海市区约100公里；具有悠久的历史和良好的生态环境，是国家历史文化名城和风景旅游城市，也是国家高新技术产业基地，产业结构上仍以制造业为主。苏州市域面积约为 8 657 平方公里，截至 2016 年年底，下辖 6 个区和 4 个县级市，全市共有 55 个镇、41 个街道、1 034 个行政村、1 126个居委会。苏州 2017 年常住人口约为 1 068.4 万，市域人口密度约为 1 230 人/平方公里；实现 GDP 约为 17 319.5 亿元，人均 GDP 约为 16.2 万元；城镇化率约为 76.2%；市辖区建成区面积约为 461 平方公里。

苏州所处的东南沿海地区是中国改革开放的先导地区之一。江苏省是全国的经济强省，财政上已经开始反哺中西部地区。但江苏省的内部分化也较为明显，苏南地区要帮扶苏中、苏北地区。

2. 资源禀赋

苏州地处以太湖为中心的浅碟形平原底部，地形以平原为主；全市地势低平，一般高程为海拔 3.5～5 米。苏州是著名的江南水乡，水域面积约达 3 679 平方公里，占市域总面积的 42.5%，是我国淡水资源较丰富的城市之一。苏州市域河网密布，拥有各级河道 2 万多条，大小湖泊 300 多个，有著名的太湖、阳澄湖、长江、京杭运河等。苏州农村资源禀赋良好，2016 年全市保有耕地 239.4 万亩①，占全市总面积的 18.4%，2015 年全市农业总产值达 415.17 亿元(表 5－1)。

表 5－1 苏州市历年农业产值结构

年份	总产值/万元	农业产值/万元		林业产值/万元	牧业产值/万元	渔业产值/万元	农林牧渔服务业产值/万元
		总计	种植业产值/万元				
1980	114 163	83 915	82 812	720	23 600	5 928	
1990	581 222	349 554	290 067	5 025	119 400	107 243	
2000	1 692 982	1 001 634	610 779	11 740	231 251	448 357	
2005	1 628 655	577 417	577 417	63 554	217 068	594 059	176 557
2010	2 712 943	1 052 848	1 052 848	161 828	357 452	853 943	286 872
2015	4 151 748	1 728 527	1 728 527	258 763	387 641	1 293 042	483 775

资料来源：《苏州统计年鉴—2016》。

5.1.2 发展历程及政策回顾

苏州是“苏南模式”的发源地之一，改革开放后其城乡关系经历了三个阶段的演变(图

① 1 亩≈666.67 平方米。

5－1、图 5－2、图 5－3）。

（1）城乡二元时期：乡镇企业主导的农村工业化推动时期。20 世纪 80 年代，苏州紧紧抓住农村改革的历史机遇，大力发展乡镇企业，率先实现了“农转工”的历史性跨越，实现了农村工业化进程。同时，乡镇企业的快速发展，也带动了小城镇的繁荣与发展。

（2）以城带乡时期：以城市开发区建设为主导，辐射农村地区的发展。20 世纪 90 年代开始，苏州紧紧抓住国家沿海地区和上海浦东开发开放的历史机遇，大力发展外向型经济，工业园区、开发区的建设促

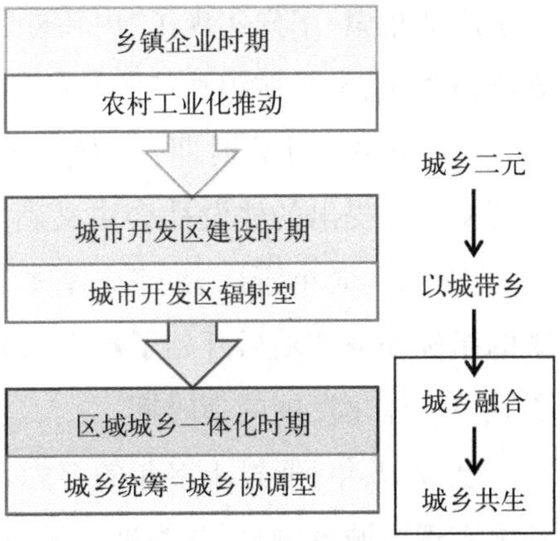

图 5－1　苏州城乡关系演变的三个历史阶段

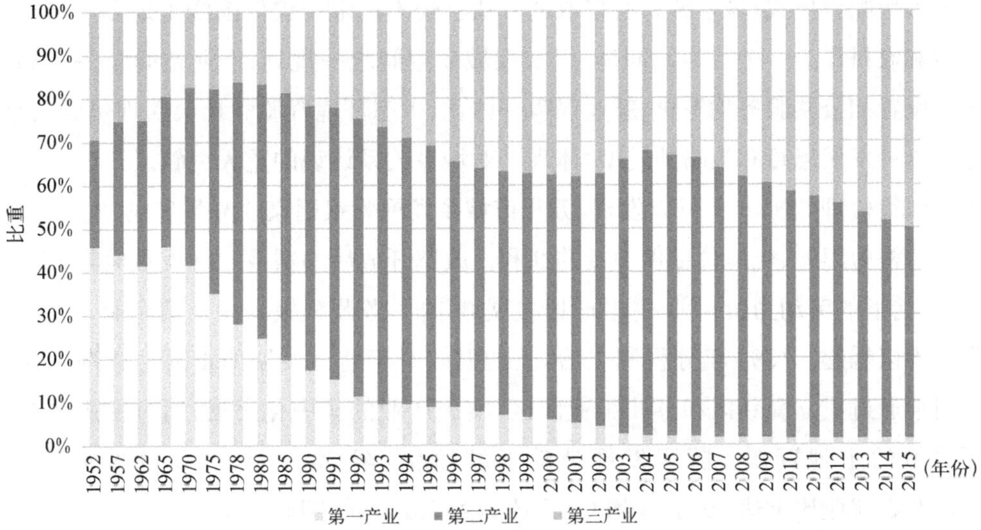

图 5－2　苏州 1952—2015 年的 GDP 构成

资料来源：历年苏州统计年鉴。

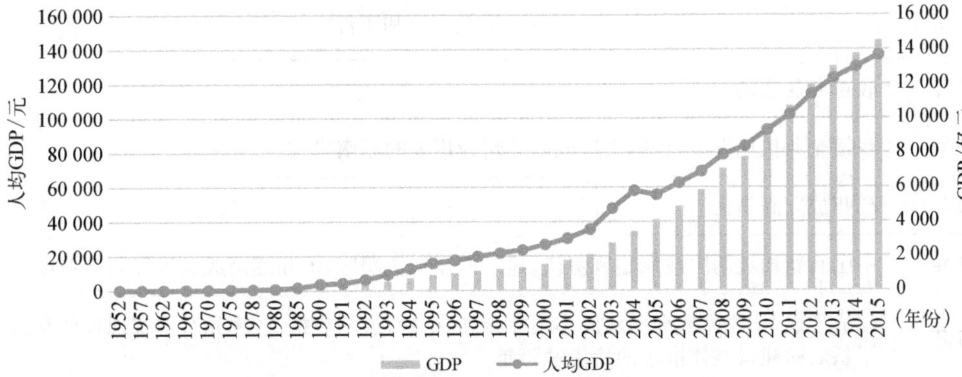

图 5－3　苏州 1952—2015 年 GDP 和人均 GDP

资料来源：历年苏州统计年鉴。

进了产业集聚，率先实现了“内转外”的历史性跨越。同时也加快了城镇化步伐，形成了以中心城市为主、中小城镇功能互补的相对均衡的城乡体系。

(3) 城乡一体化时期：由城乡统筹走向城乡融合、城乡共生。进入21世纪以来，苏州认真落实中央提出的建设社会主义新农村和构建和谐社会等方针，以科学发展观为指引，以“率先全面建成小康社会，率先基本实现现代化”为总目标，于2005年年底率先完成省定小康的指标任务。随后开始了新农村建设整体推进的历史性跨越，就城乡关系而言则是进入了城乡一体化发展的新时期。

至2015年，通过十多年的努力，苏州跨越了以城市为偏向的发展阶段，通过以城带乡，基本实现了城乡融合，并为进入城乡共生阶段进行了一系列的制度探索。经过多年的城乡一体化建设实践，目前苏州的城乡发展已经全面超越了单一的以土地资源为中心和以城市为偏向的资源配置模式；城乡统筹所采取的方法已经不局限于仅仅围绕土地和经济增长，而是将城市和农村作为一个行为共同体，以实现城乡空间统一规划、产业空间统一布局、基础设施统一配置和公共服务均等化、就业保障一体化、生态环境资源和社会管理资源共享的综合目标。这种发展思路和策略的转型，体现了对城乡关系认识的重大突破。

通过政策梳理(表5-2)可以发现，苏州市城乡发展紧跟国家的改革步伐，先后同步享受了劳动力价格剪刀差、土地价格剪刀差的红利。改革开放后的城乡二元发展时期，在全国处于“城乡分治下的劳动力价格剪刀差”阶段发展城市时，苏州积极发展乡镇企业，一大批工业经济强镇得以崛起。1994年分税制之后，土地财政对于地方发展的重要性逐渐凸显，苏州在同一时期通过成立高新区和苏州工业园区，实施产业的集中化发展；通过推进产业进园，整合了分散的土地资源。园区发展带动了城镇化，至2005年，苏州的城镇化率已达64.70%，非农就业比重达89%，人均GDP约达到5.6万元(图5-4)。

表5-2 苏州涉及城乡发展一体化的重大政策和事件

年 份	重大政策和事件
1978年	改革开放启动
1980年	乡镇企业快速发展，在国内形成以苏州为代表的苏南模式
1992年	苏州成立高新区
1994年	中国和新加坡两国政府签署协议，建立苏州工业园区，苏州逐渐成为世界制造业中心
2005年	完成省定“率先完成全面建成小康社会”的指标，进一步推进“率先基本实现现代化”，开始了新农村建设整体推进的历史性跨越
2008年	被江苏省委、省政府确定为全省唯一的城乡一体化发展综合配套改革试点地区

（续表）

年　份	重大政策和事件
2010 年	被人力资源和社会保障部社会保障研究所确定为全国统筹城乡社会保障典型示范区
2011 年	发布《省政府关于支持苏州城乡发展一体化综合配套改革的若干政策意见》
	全国农村改革试验区
2012 年	国家现代农业示范区
2014 年	被列为“国家发展改革委城乡发展一体化综合改革试点”

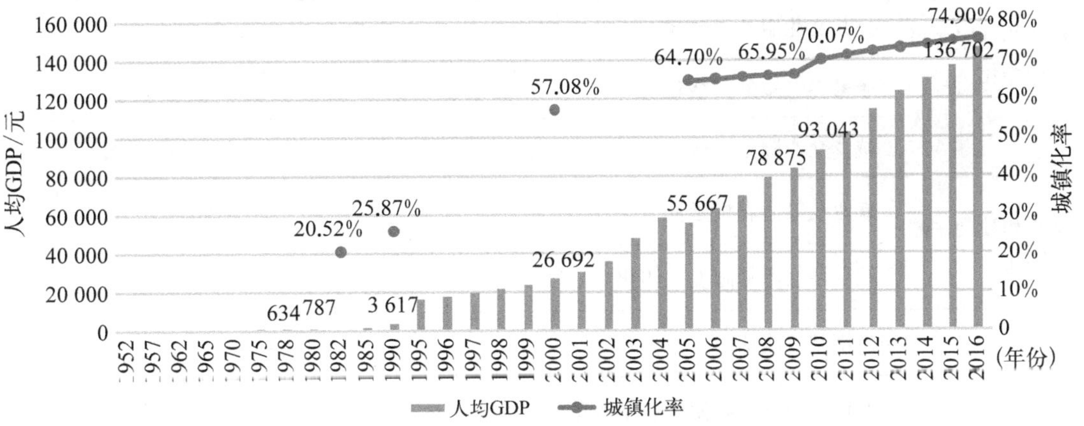

图 5－4　苏州 1952—2016 年人均 GDP 和部分年份城镇化率

资料来源：历年苏州统计年鉴。

2008 年之后，在“四万亿计划”等政策的刺激下，房地产市场迅速发展。苏州通过成立城乡一体化领导小组，全面落实省政府部署的“城乡一体化发展综合配套改革试点”，落实“三集中”政策。一方面实现土地的集中化、高效化利用，通过土地财政撬动经济发展；另一方面开启农业、基础设施、公共服务、就业和社会保障等领域的改革，努力实现体制机制的全面创新（表 5－3）。由于苏州的城镇化率及非农就业比重较高，城市经济相对发达，“以城带乡”模式的运作较为顺利。

表 5－3　苏州作为城乡一体化发展综合配套改革试点地区采取的主要措施

城乡规划一体化	三集中：企业向园区集中、土地向规模经营集中、居住向新型社区集中
农业现代化	现代农业园区建设，农业规模化
	农民新型合作组织改革和发展：土地股份合作社、社区股份合作社、农业专业合作社

（续表）

农业现代化	农业、农村项目建设
	土地整治
基础设施建设一体化	交通基础设施建设
	水利基础设施建设
	农民集中居住点建设及基础设施配置
	农村环境整治
基本公共服务设施均等化	城乡教育发展一体化
	公共文化服务体系建设
	居家养老服务网络建设
	城乡交通服务一体化
就业和社会保障一体化	就业政策向农村延伸
	城乡社会保障制度一体化
机制体制改革	户籍制度改革
	农村土地管理和使用制度改革
	财政金融体制改革
	强镇扩权改革
	大型社区管理体制改革

资料来源：陈晨、方辰昊、陈旭，2018。

在苏州市城乡一体化总体目标的指引下和运行机制创新的基础上，苏州市域各区县对城乡一体化目标的设定，以及对具体项目的选择、时间的把握等方面，也都存在一定程度的差异性；同时，在区县层面也根据各区县的实际情况出台了实施细则，可以说形成了各具特色的“亚类”模式。

5.1.3 城乡要素配置及流动及特征

1. 土地利用及变化

根据地理国情监测云平台的土地利用数据，整理苏州 1980 年、1990 年、2000 年、2010

年、2015年的土地利用分类数据如表5-4、表5-5、图5-5所示。从数量和构成看，35年间，水域、草地面积有少量增长，耕地面积不断减少，减少的耕地基本转化为建设用地。其中，2000—2010年，建设用地增长速度最快，2010年之后，建设用地增长速度放缓。这与4.1节和5.1.2小节的分析相一致，即先通过土地资源的整合实现土地的集中化、高效化利用，再通过土地财政撬动经济发展，进一步实现"以城带乡"；进入城乡一体化发展时期之后，土地要素流动出现了由"非均衡走向均衡"的发展趋势，"外部效应"倒逼了建设用地增长的放缓。

表5-4 苏州1980年以来城乡用地分类汇总

单位：km^2

	1980年	1990年	2000年	2010年	2015年
草地	26.27	21.28	22.57	24.27	72.22
城乡、工矿、居民用地	540.70	519.27	908.68	1 570.68	1 806.99
耕地	4 991.96	4 968.07	4 524.05	3 817.59	3 591.79
林地	183.70	185.04	175.64	177.73	175.21
水域	2 686.49	2 745.82	2 798.24	2 838.65	2 783.09
未利用土地	6.92	1.64	6.92	7.30	5.64
汇总	8 436.04	8 441.12	8 436.10	8436.22	8 434.94

资料来源：根据地理国情监测云平台数据整理。

表5-5 苏州1980年以来年均建设用地增量

单位：km^2

	1980—1990年	1990—2000年	2000—2010年	2000—2015年
草地	−0.50	0.13	0.17	9.59
城乡、工矿、居民用地	−2.14	38.94	66.20	47.26
耕地	−2.39	−44.40	−70.65	−45.16
林地	0.13	−0.94	0.21	−0.50
水域	5.93	5.24	4.04	−11.11
未利用土地	−0.53	0.53	0.04	−0.33
汇总	0.50	−0.50	0.01	−0.25

资料来源：根据地理国情监测云平台数据整理。

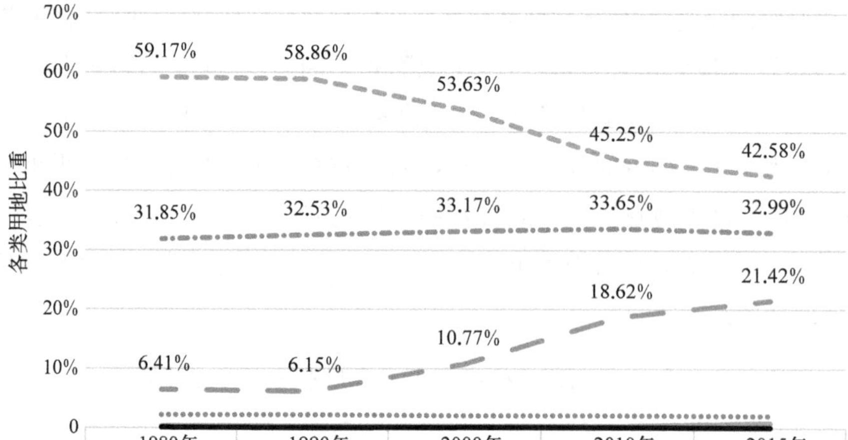

	1980年	1990年	2000年	2010年	2015年
草地	0.31%	0.25%	0.27%	0.29%	0.86%
城乡、工矿、居民用地	6.41%	6.15%	10.77%	18.62%	21.42%
耕地	59.17%	58.86%	53.63%	45.25%	42.58%
林地	2.18%	2.19%	2.08%	2.11%	2.08%
水域	31.85%	32.53%	33.17%	33.65%	32.99%
未利用土地	0.08%	0.02%	0.08%	0.09%	0.07%

图 5－5 苏州 1980 年以来土地利用结构变化

资料来源：根据地理国情监测云平台数据整理。

专栏 5－1 苏州城乡建设用地增长特征

(1) 1978—1995 年，分散城市化阶段，形成了“一核六极多镇”的城乡空间格局。市区和各县级市中心城区面积狭小、用地高度集中、人口密度高，各小城镇和农村地区（特别是近郊农村）工厂、住宅、农田混杂现象非常普遍。

(2) 1996—2005 年，集中城市化发展阶段，形成了“一核五极两轴”的城乡空间格局。中心城市和各县级市中心城区集聚力不断增强；沿江、沪宁沿线人口密集、产业集聚、城镇密集；农村自然村数量多、规模小，村庄建设用地过多、土地集约利用水平较低。2004 年年底市域规划范围内共有自然村 20 914 个，平均每个自然村约为 120 人。人均村庄建设用地高达 193 m^2，远远高出国家《村镇规划标准》的上限指标 150 m^2/人。

(3) 2006 年至今，城乡一体化探索阶段，形成了“中心城市＋次中心城市＋重点镇＋一般镇＋农民集中居住点＋自然村庄”的城乡聚落体系与“一核四极星座式”的城乡空间格局。“一核”是指中心城区（包括吴江的松陵城区）和昆山城区，基本上已经连成一片，“四极”是指张家港、常熟、太仓、吴江的盛泽城区，星座式是指通过各级道路与中心城市、次中心城市相连的重点镇、一般镇、农村集中居住点，就像大大小小的星辰环绕在中心城市、次中心城市周边。

资料来源：苏州城乡一体化发展改革研究院，《苏州城乡一体化研究报告》，2014年。

2. 投资的城乡分布

1990—2007年，虽然农村固定资产投资在数量上远少于城镇固定资产投资（1∶4）（图5-6），但农村固定资产投资比重一直在增加（图5-7）。

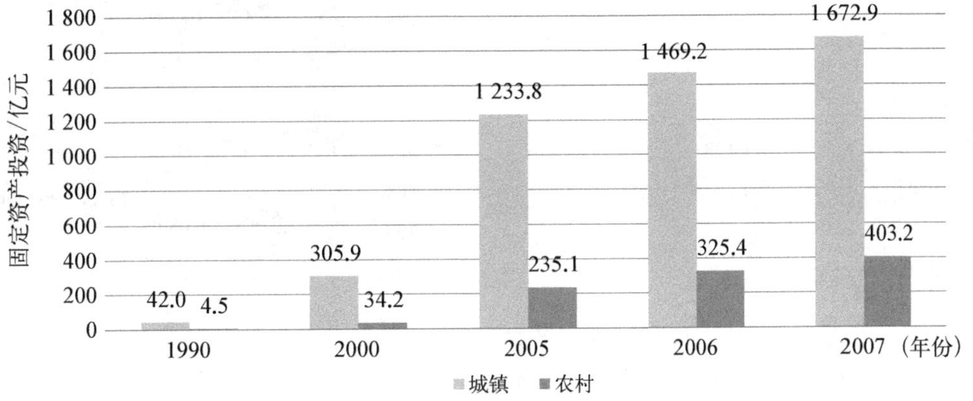

图5-6　苏州全社会固定资产投资完成额

资料来源：《苏州统计年鉴—2008》。

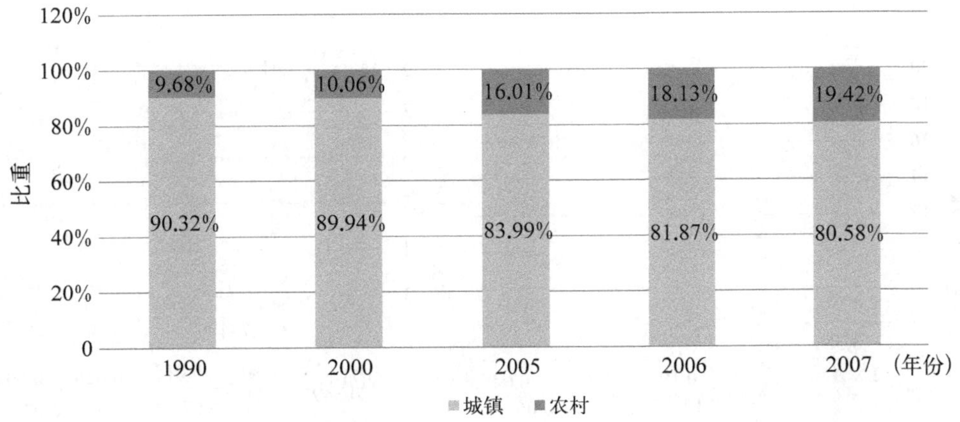

图5-7　苏州全社会固定资产投资城乡分布比重

资料来源：《苏州统计年鉴—2008》。

2007年之后，由于固定资产投资涉及的重大基础设施服务范围的复杂性（如城乡接合部的公路），投资统计报表制度上取消了农村和城镇分类。在此条件下，为了对城乡投资的分布作大致判断，本书运用企业 POI 数据和城乡建设用地分布数据对城乡资本投资的分布进行了地理计算。运用的软件为 ArcGIS 10.2。POI 数据来自百度，其中企业 POI 行业分类包括厂矿、公司、农林园艺、其他和园区。计算结果表明，从行政区分布来看，苏州企业的城乡密度分布仍有一定差距，公司和园区在城镇的数量分布上占优势，城镇数量是农村数量的 2～3 倍；厂矿在城乡之间分布较为平均，城乡数量相当(图 5－8)。在单位建设用地分布上，城乡差距则较小，农村的厂矿密度甚至高于城镇；企业的密度城乡差距也不大(图 5－9)。

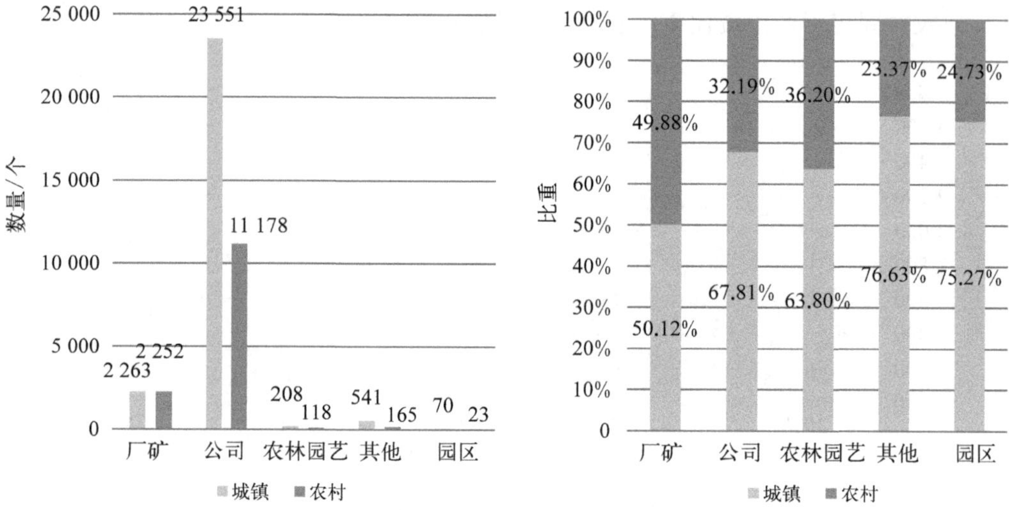

(a) 数量分布 (b) 结构分布

图 5－8 苏州企业 POI 城乡分布

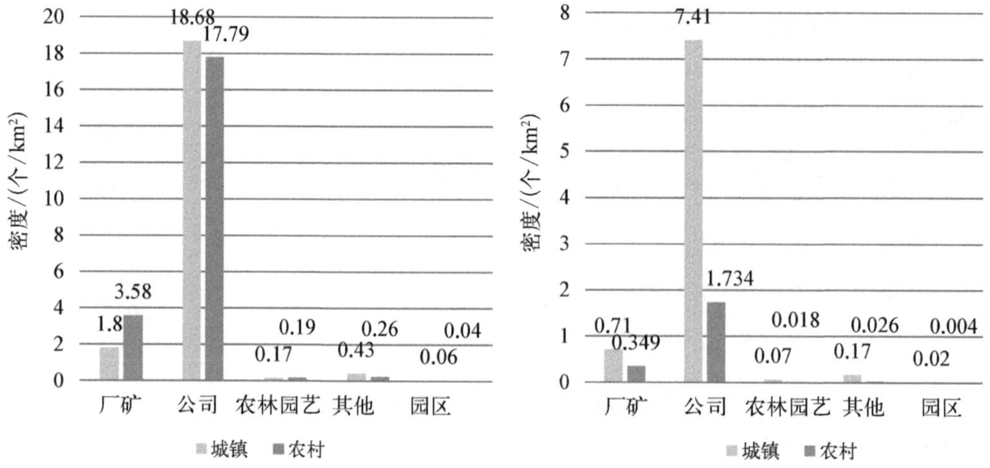

(a) 建设用地内分布密度 (b) 行政范围内分布密度

图 5－9 苏州企业 POI 城乡密度分布

3. *劳动力流动*

苏州是江苏省内尤其是苏北地区的人口流入地。从其自身的人口城乡流动来看，开始大力推进的"三集中"政策人为加快了城镇化进程，促进了人口从农村向城镇的流动（图 5－10）。

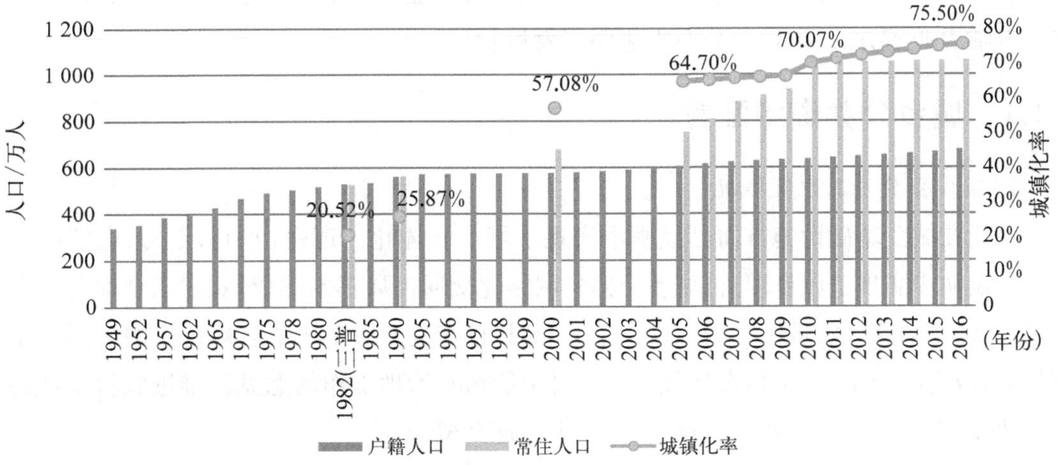

图 5－10　苏州 1949 年以来人口流动情况

资料来源：《苏州统计年鉴—2016》。

在三次产业就业方面，第二产业从业人口比重不断上升，2007 年之后趋于平稳甚至有所下降。第一产业从业人口持续下降，2010 年之后趋于稳定，农业基本没有可大规模继续释放的存量劳动力（图 5－11）。

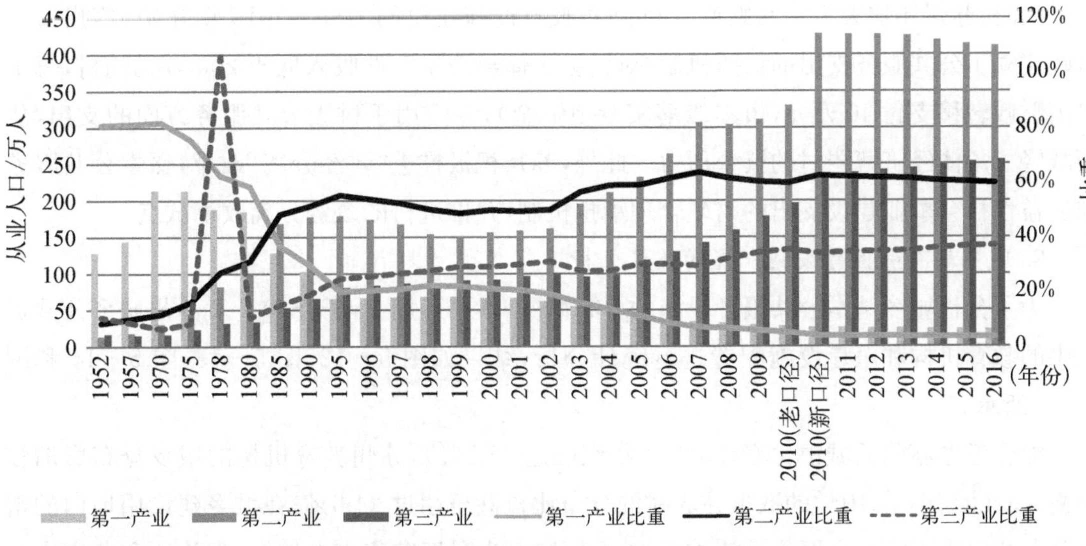

图 5－11　苏州历年三次产业从业人数

资料来源：《苏州统计年鉴—2016》。

4. 城乡要素配置及流动的特征

苏州早期通过发展乡镇企业，实现了农村资源在一定范围内的流动；在释放农村劳动力的基础上，充分利用了农村的劳动力资源；继而通过土地要素的集中实现了工业化、城镇化发展的初期积累。要素流动的整体特征包括：前期通过土地、资金和劳动力等要素向非农产业和小城镇集中，既实现了规模经济和集聚经济，又推进了城镇化；后期以城市补贴农村、工业反哺农业的方式，引导部分要素流向了农村。

5.1.4 城乡公共资源配置

1. 城乡公共资源配置概况

苏州在城乡基础设施方面已经基本实现了城乡一体化。道路、水利、电力、电信等基础设施建设初步实现了城乡覆盖，城乡一体的网络化交通格局基本形成；农村已全面普及自来水供应，95%的住区实现了区域集中供水。同时，已经完成2 118个自然村庄的生活污水治理任务；政府出台了《关于切实加强全市农村生活污水治理工作的意见》，推进农村生活污水治理建设，力争实现重点村、特色村生活污水治理全覆盖。

在城乡基本公共服务方面，早在2011年苏州的城乡最低生活保障标准就实现了并轨；2012年又实现了城乡养老保险、医疗保险制度的并轨。至此，苏州不但实现了全市低保、基本养老、医疗保险制度的城乡一体化，还创建了全国首个统筹城乡社会保障典型示范区。2015年7月1日起，苏州城乡低保水平提高到每月人均750元。教育、科技、文化、卫生、体育等社会事业和公共服务设施加快向农村覆盖，全市所有村（社区）均建立了新型社区服务中心。

同时，苏州还加大了公共财政支持公共服务设施建设的力度。2015年开始，苏州市县财政建立了公共服务支出的保障机制；对村级集体经济稳定性收入低于200万元的村，每个村由财政转移支付40万元（市本级落实专项资金），专门用于村级公共服务方面的支出，从而减轻了集体经济薄弱村的资金压力。此外，苏州积极推进"政经分离"改革，探索公共服务和公益性社会事业建设支出的财政合理承担机制，并推进村的政经分离改革试点。

2. 城乡教育和医疗设施配置的统计分析

为了分析城乡基本公共服务设施的分布情况，本书运用ArcGIS10.2对苏州城乡公共资源中的教育机构和医疗设施配置进行统计分析，结果如图5-12、图5-13、图5-14和图5-15所示。

综合考虑苏州的城镇化率（2016年年底已达75.5%），苏州教育机构的城乡分布可谓较均衡，幼儿园、小学、中学的数量在农村的分布比重甚至超过24.5%；在城乡建设用地内的密度分布相差也不大。在医疗设施方面，综合医院和专科医院集中在城镇，但诊所和药店在农村的分布比重也超过24.5%，诊所在乡村的建设用地内分布密度甚至超过城镇。

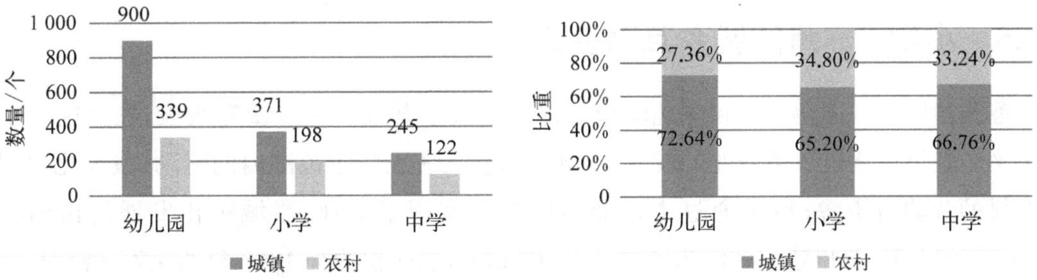

(a) 数量分布　　(b) 结构分布

图 5-12　苏州教育机构 POI 城乡分布

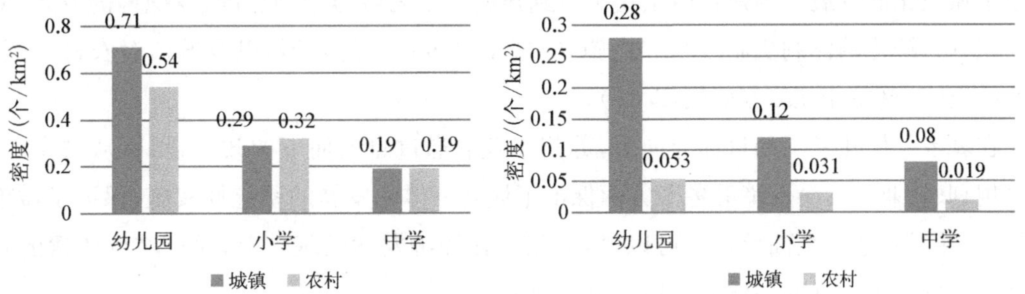

(a) 建设用地内分布密度　　(b) 行政范围内分布密度

图 5-13　苏州教育机构 POI 城乡密度分布

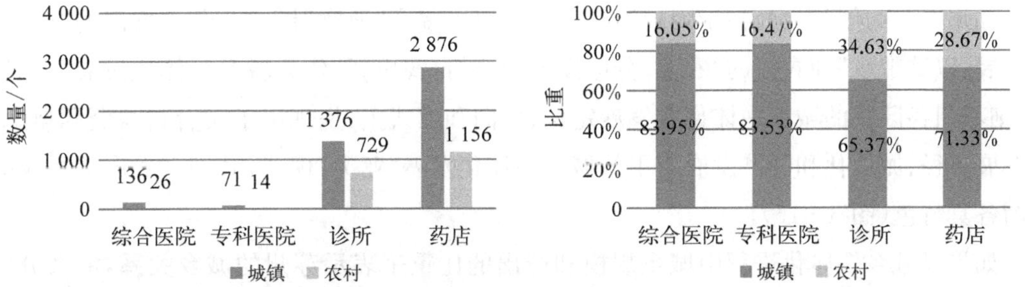

(a) 数量分布　　(b) 结构分布

图 5-14　苏州医疗设施 POI 城乡分布

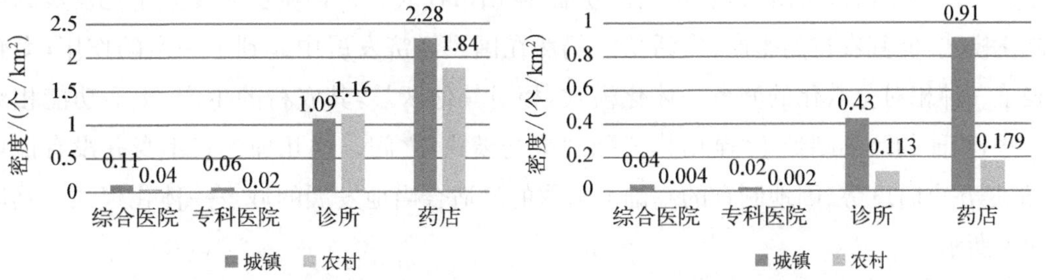

(a) 建设用地内分布密度　　(b) 行政范围内分布密度

图 5-15　苏州医疗设施 POI 城乡密度分布

5.1.5 小结：苏州的城乡互动模式

苏州的城乡一体化发展较好地响应了国家的改革开放和城乡统筹政策，在全国处于领先水平。其早期通过乡镇企业的发展，实现了农村资源在一定范围内的流动，最大化地利用了农村的劳动力资源；后来通过土地要素的集中实现了工业化、城镇化发展的初期积累（1998—2014 年，苏州建成区面积增加了 2 466 km^2，总面积约为 1998 年的 4.75 倍），其背后则是汲取了城乡土地价格的剪刀差。

苏州在招商引资和第二产业发展方面的成效卓著，堪称“世界工厂”。产业经济的发展带动了城镇化的发展。苏州在城镇化率达到很高水平之后，开始通过城乡统筹的方式，采取了一系列系统化的体制机制改革和措施，实现了以城带乡的发展，以及城市对农村、工业对农业的反哺（赵民、陈晨、方辰晨，2016）。

在城乡一体化发展的目标导向下，苏州市政府通过自上而下的政策设计，从城乡产业、城乡规划、就业与社会保障等各个方面保证了城乡一体化发展的系统性实施，保证了城市对乡村、工业对农业的全面反哺。可以说，苏州是在经济发达的基础上，通过城乡要素的有效流动和配置而走上城乡一体化发展道路的典型。

本书将苏州的城乡互动模式总结为以城带乡，倚重土地要素完成早期积累，在工业化、城镇化较为充分发展的基础上，实现城乡要素有效配置的模式。

苏州模式的创新之处在于因地制宜地发展出了多个“亚类”模式。若将城区的“工业、集中发展、以城带乡”和农村的“农业、分散发展、乡村自我更新”作为城乡一体化发展的两端目标，则苏州各区县的城乡一体化在发展定位、导向和模式上，呈现出了契合自身资源禀赋、历史发展路径、城镇化和经济发展水平的城乡一体化发展“亚类”模式，其城乡发展关系及导向可谓各具特色（图 5 - 16）。

如果以城乡一体化进程中城乡规模和产出的比重来表示苏州的城乡关系，那么分区县（及两大园区）来看，苏州工业园区代表了“城乡一体”的“终极”模式——城市经济高度发展，农村仅存一些“微缩的农业景观”被保护了起来；苏州高新区则正在成为“下一个工业园区”，处于大力发展城市经济阶段，农村大幅收缩；昆山市代表了一种城乡高度集中化发展的城乡一体化模式，但其农村的生产、生活功能仍然在国民经济发展中起到了一定的作用；太仓市代表了一种相对分散化的城乡一体化模式，相对其他区县，其农村的生产、生活功能相对重要一些；其他的区县则处于“昆山模式”和“太仓模式”之间。这几种模式本身并没有优劣之分，都是在审时度势、因地制宜的基础上采取的最适合当地发展的城乡一体化模式。具体分析如下所示。

苏州工业园区实际已实现 100％城镇化，作为国家级高新园区，其发展路径不可复制；其农业可谓就剩下“微型盆景”，已经被“养起来”了。因此，对于工业园区的城乡一体化进程，首先应借鉴其历史发展过程中处理农村问题的经验和教训；其次要考虑园区发展对整个苏州城乡一体化的作用，即它的高度发达的城市经济对整个苏州城乡一体化发展的带动作用。

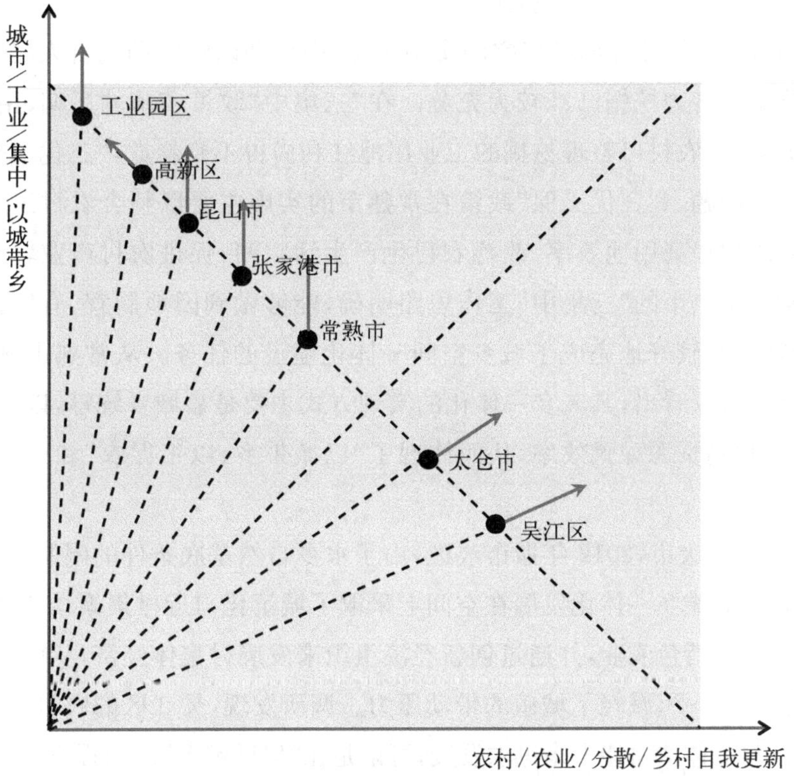

图5-16　苏州市各区、县级市城乡发展关系及其发展导向示意

苏州高新区作为苏州市区的重要组成部分，其耕地保护、粮食生产的作用并不明显，目前最重要的是发展城市经济。高新区目前也正实行着一种“城市偏向”的发展思路；相比之下，农业、农村的发展则较为弱势，农村地区正在收缩。今后一段时间应根据规划，首先有序引导农村“精明收缩”，做好果蔬等经济作物产销和体验农业；其次通过城区的精明发展，将有限的农村地区维系下去。值得肯定的是，高新区目前立足于生态、科技两大品牌发展城市经济，对农村人居空间实行“精明收缩”的思路非常好，是一种值得肯定的“城乡一体化发展”渐进进程。

昆山市已通过前期的城乡统筹模式较早就整合了城乡资源，由于抓住了先机，城乡统筹的成本较低，极大地推进了城镇化进程，促进了城市经济的发展。因而，其“以城带乡”的压力较轻，能够较好地实现城市和工业对农村和农业的反哺，并能基于城乡资源的有序配置，较快走向了城乡一体、城乡共生阶段。

张家港市城乡统筹的推进时间也较早，动作较快，在苏州几个县级市中仅次于昆山市。

其农村社区建设起步较早，在稳定后已开始重视农村的社区管理、文化传播和生态文明建设；对农业发展的认识从满足生活需要转向注重农业空间在生态保护方面的作用；对新市民的认识和发展思路也开始转变。张家港市的城乡关系与昆山市类似，均是抓住先机促进集约发展，然后采取“以城带乡”模式推进一体化发展。

常熟市的城乡一体化在前期以空间集中为主，中后期以整治和完善人居空间为主，人居空间的优化整合潜力挖掘已经较为充分。在“三集中”政策实施的后期，由于城市土地指标和空间的限制，农村可整理挖掘的工业用地红利尚得不到释放，“三优三保”试点的推进则可解决这一问题。“三优三保”政策在常熟市的实施主要以整合农村工业用地为主，通过整合工业用地提高用地效率，改善农村生产生活空间、促进农村产业转型升级、调节农村社会结构。常熟市的“三集中”工作思路明确，能够做到因地制宜、有序推进，逐步释放了农村土地红利，较好地完成了城乡空间一体化建设的任务。从常熟市城乡一体化的工作进程和重点可以看出，其城乡一体化的实现方式主要是靠城乡统筹，以实现资源要素的合理化配置，提高资源配置效率，从而体现了“以城带乡、以工促农”和一体化的可持续发展。

吴江区(原为县级市，2012 年撤市改区)由于水乡自然基底条件的限制，农村地区集中居住的难度较大，其城乡一体化发展在空间上采取了城镇化与近村集聚结合的方式。在农业方面，吴江区发展特色农业，并通过创新经济组织来发展村集体经济，从而提升了农村基础设施和服务供给水平，减轻了城镇的带动压力。调研发现，吴江区的农村通过特色定位、错位发展、增强村集体造血能力来谋求发展，可谓是在“以城带乡”的前提下，因地制宜、发挥特色和自身优势的城乡一体化模式。

太仓市的城乡一体化模式也体现了因地制宜的特点，抓住了当地城乡关系的本质。其在空间上“两条腿走路”：集中上楼和自拆自建，以顺应民意为原则，以建设田园城市为目标，不强求集中。其现代农业的表现也很突出，通过“四化经营五大合作”促发展。太仓市在现代农业和农村合作制度改革中取得的优越成就，极大地促进了城乡一体化的可持续发展，减轻了城市、工业对农村、农业的带动压力。总括而言，太仓市的城乡一体化是建立在高效农业、农村健康发展基础上的，是一种健康和谐、城乡共生的关系。

以城乡一体化发展过程中的城乡互动关系为分类依据，可将苏州下辖区市(园区)的城乡发展一体化模式划分为以下五大亚类：① “以城带乡、快速城镇化”模式，以昆山市和张家港市为代表；② “城乡共生、中速城镇化”模式，以太仓市和常熟市为代表；③ “乡村复兴、低速城镇化”模式，以吴江区为代表；④ “城乡融合、高新技术产业与环境发展互动”模式，以高新区为代表；⑤ “以城养乡、全盘城镇化”模式，以工业园区为代表。2015 年各区市城乡发展代表性指标比较如表 5 - 6、表 5 - 7、表 5 - 8 所示。

表 5－6　2015 年各区市集中指标的比较

	城市化率	农民向居住社区集中的比例	工业企业集中的比例	农业用地规模化经营的比重
昆山市	71.21%	79%	—	94%
张家港市	65.99%	60%	95%	92%
常熟市	66.03%	62%	70%	90%
太仓市	65.34%	60%	90%	90%
吴江区	66.27%	58%	—	89%
高新区	85.63%	81%	92%	88%
工业园区	97.77%	100%	100%	—

资料来源：《苏州统计年鉴—2016》、苏州乡村调研。

表 5－7　2015 年各区县地区生产总值相关指标比较

项　目		市区		常熟市	张家港市	昆山市	太仓市
			#吴江区				
GDP 绝对值/亿元		7 493.58	1 540.09	2 044.88	2 229.82	3 080.01	1 100.08
第一产业/亿元		78.51	41.40	40.76	30.34	28.88	37.21
第二产业/亿元		3 569.55	804.11	1 064.27	1 190.76	1 695.68	564.53
#工业/亿元		3 254.72	753.95	1 011.88	1 132.68	1 597.62	529.25
第三产业/亿元		3 845.52	694.58	939.85	1 008.72	1 355.45	498.34
人均地区生产总值(户籍人口)/元		220 805	188 699	191 374	242 033	395 691	229 911
人均地区生产总值(常住人口)/元		136 556	118 784	135 431	177 987	186 582	155 159
GDP 构成/%	第一产业/%	1.1	2.7	2.0	1.4	0.9	3.4
	第二产业/%	47.6	52.2	52	53.4	55.1	51.3
	#工业/%	43.4	49.0	49.5	50.8	51.9	48.1
	第三产业/%	51.3	45.1	46	45.2	44.0	45.3

注：高新区、工业园区农业相关产值在统计年鉴中未作单独统计。
资料来源：《苏州统计年鉴—2016》。

表 5-8 2015 年各区市农业相关指标的比较

	农业总产值/万元	农业/万元	林业/万元	牧业/万元	渔业/万元	农林牧渔服务业/万元	总人口/万人	总面积/km²
昆山市	476 111	136 173	44 671	19 658	249 126	26 483	165.03	864.9
张家港市	548 973	310 403	67 839	43 125	52 198	75 408	125.25	772.4
常熟市	701 336	388 445	25 949	66 173	138 411	82 358	150.97	1 094.0
太仓市	648 392	277 915	29 149	144 615	135 492	61 221	70.85	620.0
市区	1 442 734	457 307	68 975	114 040	616 029	186 383	548.30	2 742.6
#吴江区	670 148	285 233	22 684	61 226	272 951	28 054	129.63	1 092.9

注：高新区、工业园区农业相关产值在统计年鉴中未作单独统计。
资料来源：《苏州统计年鉴—2016》。

5.2 遵义的城乡互动模式

5.2.1 市域概况

1. 概况

遵义位于我国西南地区的贵州省北部，是黔川渝三省市接合部的地区性中心城市，也是西南地区重要的交通枢纽城市，以及黔中经济区的重要组成部分，与成渝经济区关系密切。遵义是贵州省第二大城市，属于国家规划的长江中上游综合开发建设的主要区域。中心城区南距贵阳 153 公里、北距重庆 308 公里。产业结构以农业、制造业(烟酒茶叶生产)、能源开采为主。截至 2016 年年底，全市辖 3 个区、9 个县，代管 2 个县级市，面积约为 30 762 平方公里，约占贵州省域总面积的 17.46%。2017 年常住人口为 624.83 万，市域人口密度为 203 人/平方公里；实现 GDP 约为 2 748.59 亿元，人均 GDP 约为 4.41 万元；城镇化率为 52.25%。

2. 资源禀赋

遵义处于云贵高原向湖南丘陵和四川盆地过渡的斜坡地带，地形起伏大，地貌类型复杂。其海拔高度一般为 800～1 300 米，处于全国地势第二级阶梯上。全市平坝及河谷盆地面积占比约为 6.57%，丘陵约为 28.35%，山地约为 65.08%。大娄山山脉自西南向东北横亘其间，成为天然屏障，是市内南北水系的分水岭，在地貌上明显地把遵义划分为两大片：山南是贵州高原的主体之一，以低中山丘陵和宽谷盆地为主，耕地比较集中连片，土地利用率较高，是粮食、油料作物的主要产地；山北以中山峡谷为主，山高谷深，山地垂直差异明显，耕地比较分散。山南占遵义总面积的 37.6%，山北占 62.4%。

贵州是我国相对较为贫困落后的省份，城镇化程度仅高于西藏。长期以来其农村的经济社会发展较为滞后。农业生产条件较差，原因主要是山区比重很大：贵州是我国唯一没有平原支撑的省份，人均耕地面积仅为 0.67 亩，相当于全国人均的 45%。

遵义的耕地面积为 84 万公顷①，占省域面积的 27.3%，其农业在贵州省具有一定优势，素有“黔北粮仓”之称。其各种农产品占全省比重大致为粮食 25%、茶叶 30%、肉类 30%、蚕桑 30%。遵义的烟叶质量优良，是全国四大优质烟区之一；毛竹为全国七大产区之一；盛产名贵中药材，其中杜仲、黄连、天麻、黄柏、吴萸为贵州五大著名药材；楠竹、杜仲、棕片多年来产量居全省之首，乌桕籽占全省五分之三，五倍子占全省二分之一，油桐籽占全省三分之一；竹笋、蘑菇、木耳均为贵州省内主产区。其农产品产量和质量均在省内具有一定优势。

遵义的生态资源丰富，全市已建成自然保护区 23 个，其中国家级自然保护区 2 个；有风景名胜区 5 个，其中国家级风景名胜区 1 个；有国家级生态示范区 4 个；建成森林公园 5 个，其中国家级森林公园 2 个。其森林面积达 149.37 万公顷，森林总蓄积量约为 5 598.15 万立方米，森林覆盖率达 48.56%。

5.2.2　发展历程及政策回顾

遵义处于我国西部地区，受自然资源条件限制，城乡经济发展的起点较低。20 世纪 60—70 年代，国家曾在贵州及遵义进行了“大三线”建设，但与本地经济社会的联系较少。

改革开放以后，遵义的经济社会发展及城镇化建设取得了很大成就，尽管仍滞后于全国水平，但农村建设和城乡统筹的步伐能紧跟国家政策的节奏。2006 年国家提出了社会主义新农村建设的政策导向，贵州省积极响应国家号召实施新农村建设(表 5 - 9)，遵义市也行动了起来。当时遵义市的城镇化率为 29.3%，人均 GDP 为 6 929 元(图 5 - 17)，远低于同期全国平均水平的 44.3%和 1.67 万元。2008 年，遵义市出台了《中共遵义市委关于统筹城乡经济社会发展促进城乡一体化试验试点的指导意见》，当时的城镇化率刚超过 30%，人均 GDP 则刚突破万元大关。该意见提出要在几个试点地区对农村土地管理、户籍制度、公共服务、劳动就业、社会保障、金融等方面进行探索和试验。

表 5 - 9　遵义涉及城乡一体化发展的主要政策节点

时　间	主　要　政　策
20 世纪 60 年代	国家在贵州进行“大三线”建设
1978 年改革开放初期	国有企业改革
1997 年	国务院批准撤销原县级遵义市，建立红花岗区，市区范围扩大

① 1 公顷＝0.01 平方千米。

（续表）

时间	主要政策
2006年	贵州省建设厅印发《贵州省社会主义新农村建设村庄整治试点工作指导意见》的通知
	《贵州省社会主义新农村建设"百村试点"实施意见》
2008年	遵义市率先提出《中共遵义市委关于统筹城乡经济社会发展促进城乡一体化试验试点的指导意见》
	组织编制完成《贵州省社会主义新农村建设发展规划(2007—2020)》
2010年	成为贵州省休闲农业与乡村旅游示范点
2012年	国务院出台《国务院关于进一步促进贵州经济社会又好又快发展的若干意见》
2013年	播州区出台《以农村为重点全面推进统筹城乡综合配套改革的实施意见(试行)》
	国务院出台《全国老工业基地改造调整规划(2013—2022)》，将遵义列为示范试点
	贵州省出台"四在农家、美丽乡村"基础设施建设六项行动计划；100个示范小城镇
	贵州省"5个100工程"
2014年	全国"国保省保单位集中成片传统村落"整体保护利用
2016年	遵义市播州区、湄潭县成为第二批国家新型城镇化综合试点；湄潭县成为全国14个农村土地制度改革试点之一
	贵州省委、省政府制定《关于在全省开展农村资源变资产资金变股金农民变股东改革试点工作方案(试行)》
2018年	贵州省出台《中共贵州省委 贵州省人民政府关于乡村振兴战略的实施意见》
	贵州省民政厅会同省财政厅、省扶贫办联合印发《贵州省2018年城乡低保提标方案》
	贵州省启动县域内城乡义务教育一体化改革发展省级试点工作

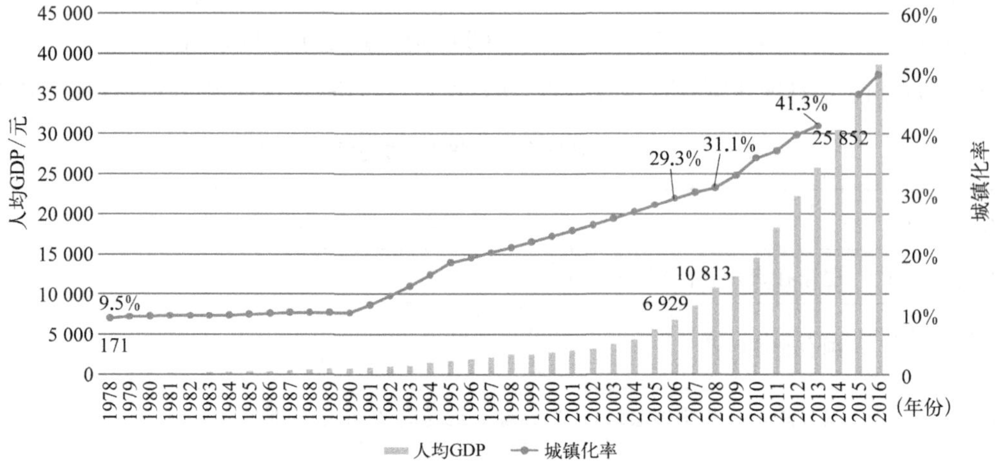

图5-17 遵义1978年以来人均GDP和城镇化率

资料来源：《遵义统计年鉴—2017》。

2012 年，国务院出台了《国务院关于进一步促进贵州经济社会又好又快发展的若干意见》，为贵州省城乡统筹发展、社会主义新农村建设提供了政策依据和资金扶持。2013 年，在贵州省“四在农家、美丽乡村”基础设施建设六项行动计划的支持下（图 5－18），遵义的农村基础设施建设得到了极大改善。此后，贵州省的城乡一体化发展措施更加全方位和多样化，涉及农村土地制度改革、农村资源改革、社会保障、义务教育一体化等多个方面。

5~8年　3个阶段　1 510.68亿元　建成生活宜居、环境优美、设施完善的美丽乡村

	小康路	小康水	小康电	小康讯	小康房	小康寨
分项目标	结构合理 功能完善 畅通美化 安全便捷	安全有效 保障有力	安全可靠 智能绿色	宽带融合 普遍服务	安全适用 经济美观	功能齐全 设施完善 环境优美
牵头部门	省交通运输厅 省财政厅 (省农村综合改革领导小组办公室)	省水利厅	省发展改革委 贵州电网公司	省通信管理局 省邮政管理局	省住建厅	省财政厅 (省农村综合改革领导小组办公室)
目标任务	通村沥青（水泥）路 建制村通畅率、县乡道改造 乡道泥路改沥青(水泥)路 新建已硬化通村公路桥梁 通组(寨)公路、人行步道 乡镇客运站、建制村招呼站 农村公路安保工程 危桥改造、油路大中修 建制村通客运率	农村饮水安全 农村耕地灌溉	新建/扩建110千伏和35千伏变电站、线路 新增主变及容量 新建/改造10千伏及以下线路 新增配变及容量 新增及改造一户一表 新增无功补偿设备 新增便民电费代收网点	新增自然村通电话 新增行政村通宽带 乡镇邮政局所补建 农村危旧网点实施局房改造和设备更新 村级邮件接收场所 乡镇邮政网点覆盖	农村危房改造 小康房建设	“三改”及庭院硬化工程 乡镇垃圾收集处理 行政村集中式饮用水源地保护 行政村公共厕所 行政文体活动场所、农家书屋、村务宣传栏等便民服务设施 自然村寨污水处理设施全覆盖 自然村寨照明设施全覆盖
资金规模	1 068.62亿元	429.0亿元	165.6亿元	至2017年 28.75亿元	205.71亿元	至2017年 100.5亿元
组织管理	省府统筹协调，州市组织实施，县乡镇具体实施					

图 5－18　贵州省“四在农家、美丽乡村”基础设施建设六项行动计划具体内容

资料来源：遵义市城乡统筹发展专题研究，同济大学，中国城市规划设计研究院，2017 年。

5.2.3　遵义乡村发展的特殊性

参考赵民等学者的研究观点，截至 2016 年，遵义的城镇化率为 53%，刚进入城乡统筹发展的阶段（图 5－19），亦即“小城市大农村格局没有根本性改变，区域发展不平衡”①。然而遵义市城乡发展特别是农村发展具有其特殊性，决定其提早进入了“城乡统筹”推进阶段，城乡统筹的相关工作很早就提上了日程（2008 年遵义的城镇化率为 30%，当时就已经提出了统筹城乡经济社会发展的政策目标）。

其特殊性具体表现在三个方面：第一，受自然地形条件制约，人口集中进程缓慢，相当一部分农村聚落分布在广大山区；第二，以经济作物为主的农业结构，劳动密集型的种植结构需要一定密度的农村劳动力；第三，相对较多的国家转移支付，一定程度上弥补了本地工

① 引自《遵义市国民经济和社会发展第十三个五年规划纲要》。

业化、城镇化对农村反哺的不足。从城镇化进程的“推拉”理论(Push-pull Models)来看,这三个方面的因素共同作用,减缓了农村的推力和城市的拉力。因此,遵义相比其他城市,其城镇化进程(图 5-20)在数量上具有“天然”的“延后性”;与此相对应,城乡统筹发展阶段相应“提前”(体现在城乡收入差距的缩小,图 5-21)。

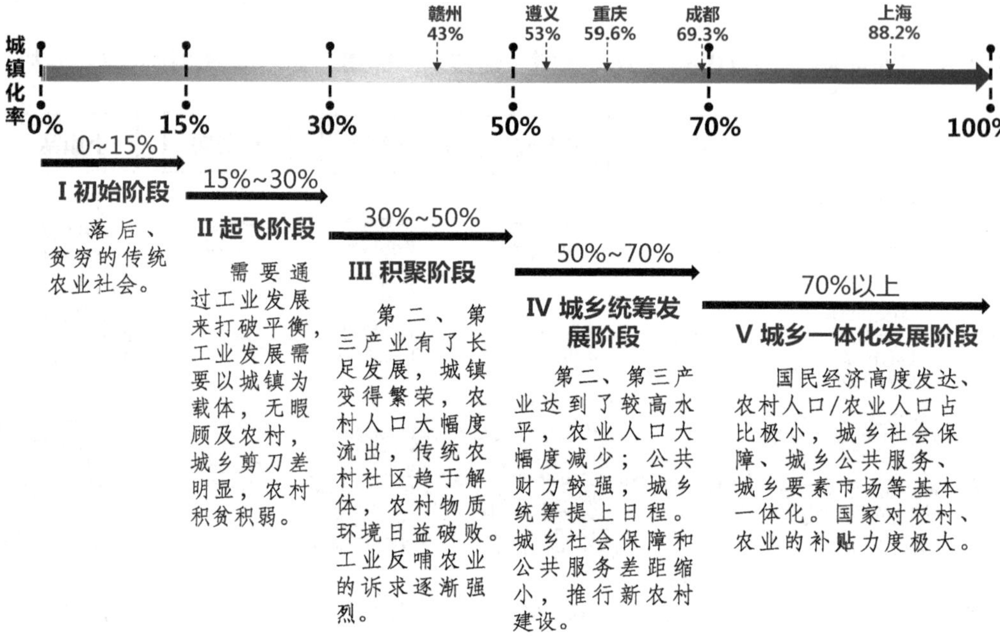

图 5-19 关于城镇化发展不同阶段的主要任务的认识

资料来源:赵民、陈晨、方辰昊,2016。

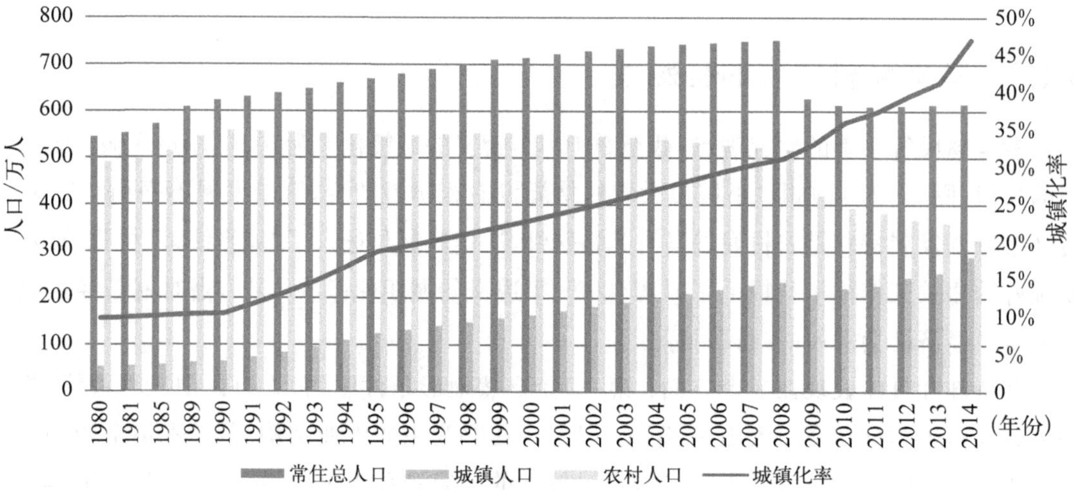

图 5-20 1980—2014 年遵义市城乡人口及城镇化率

资料来源:《遵义统计年鉴—2015》。

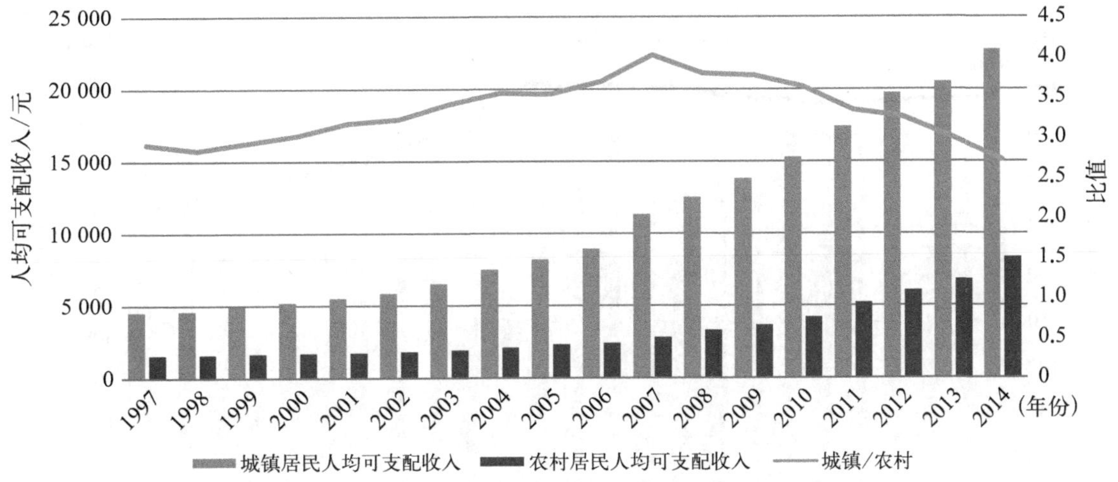

图5-21　1997—2014年遵义市城乡居民人均可支配收入及差距

资料来源：《遵义统计年鉴—2015》。

此外，遵义市的城乡发展还具有地域性、阶段性特征。

1. 区位特征：地处两大中心城市之间，经济发展受“挤压”

遵义地处贵阳和重庆两大中心城市之间，经济发展腹地被大大挤压，成为资源和劳动力供给输出地。其作为西南地区、黔北经济区的节点城市，虽然具有良好的对外联系通道，但是地处两大生产要素吸纳和整合能力较强的经济区之间，农村的资源和劳动力以流出为主。并且，遵义市区经济实力不强，缺乏对周边城镇群的影响力，也难以辐射带动广大农村地区。以上种种原因，决定了一般性的“以工哺农、以城带乡”为主的城乡统筹模式并不符合遵义的实际。

2. 城乡产业特征：城市产业吸收就业能力不强，乡村种养结构需要大量劳动力

遵义的城市产业发展规模较小、层次不高，加之第二产业以重工业为主导，因而吸纳就业的能力较为有限(图5-22)。农村则为劳动密集型种植和养殖结构(畜牧业、烤烟、蔬菜、茶叶、干鲜果、中药材)，以原料和初级生产为主，相对粮食种植地区，每亩用工量大(表5-10)，也就是说农业对劳动力的需求较大。因此，仅从城乡产业对劳动力的需求来看，遵义也不能复制东部地区的“工业化”“城镇化”路径，以及沿用通常意义上的“以工哺农、以城带乡”城乡统筹模式。

表5-10　2015年全国平均主要农产品每亩用工量对比

	稻谷	小麦	玉米	大豆	花生	棉花	苹果	烤烟	茶叶
每亩用工量/日	6.23	4.65	5.95	2.68	8.89	17.05	37.39	28.22	23～36

资料来源：《中国农村统计年鉴—2016》，茶叶用工量为浙江省2010年调研经验数据。

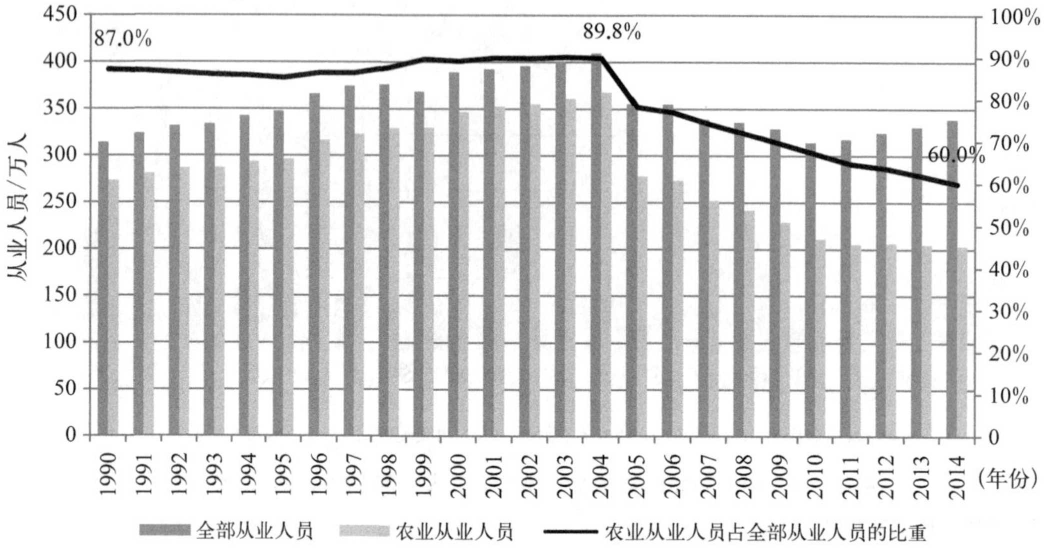

图 5-22 1990—2014 年遵义市农业从业人员情况

数据来源:《遵义统计年鉴—2015》。

3. 政策优势:为遵义农村地区保持为一个相对独立的主体提供了保障

遵义市同时拥有针对“少数民族地区”和“扶贫开发”等国家赋予的政策优势。政策性扶持主要集中在重大基础设施建设、资金保障、政策试点等方面。例如,“十二五”规划以来,在国家、省级有关部委的大力支持下,交通建设决战攻坚,长期以来为山所困的交通不便状况得到了极大改善。依靠国家强农惠农政策的资金投入,在县级财政有限的背景下,尽可能为农业产业化项目提供支持。

比较而言,我国东部发达地区以城镇化、工业化方式建设和发展农村地区,强调城市范围内城乡发展的自我平衡,付出的代价往往是造成农村传统社区和文化等的消解;在鼓励村镇自由自主发展的同时,使得“半城镇化”“半工业化”向农村地区蔓延,农村地区的受侵蚀程度很高,后期恢复的成本则会更高。而在发展缓慢及政策优势的双重条件下,包括遵义在内的一些西部地区的情形则有很大不同。

4. 自然资源禀赋:劣势与优势并存

遵义在农村城镇化、农村工业化方面的滞后,使得绿色发展的资源禀赋得到了延续,反而为农村地区保全了新常态下的后发优势。

遵义市地貌形态大致可以概括为盆地及河谷坝子、丘陵、山地三大类。其山地面积约为 19 797.96 平方公里,占全市土地总面积的 64.3%;丘陵面积约为 9 053.38 平方公里,占全市土地总面积的 29.4%;盆地及河谷坝子面积约为 1 929.39 公顷,占全市土地总面积的 6.3%。广大的农村分布在丘陵和山地,这种分布为农村地区的大规模集中居住和建设带来了不便,同时也正是这种不便保留了农村的生活、文化生态和空间结构。

各项政策优势，包括中央和省的资金扶持，使得在为遵义农村地区提供基础性生产、生活设施和基本公共服务的基础上，保留原生态的村寨及其环境成为可能。其深刻意义在于，农村地域作为一个独立主体地位得到了保全及维系，而不是沦为城市的附庸。农村地域的存在，提供了优质农产品生产、生态环境保育，以及农村文化寻根等的载体条件，对保证城乡居民的物质和精神生活品质具有重要意义。由此，遵义农村地区的生态生活和空间结构的保留，使其成为区别于其他地方的农村的一个重要优势。

5. 遵义市农村作为“社会发展稳定器”意义重大

在新常态下，发达地区出现经济增速下降和实施“机器换人”——大幅减少低端劳动力需求(游猎、陈晨、赵民，2017)的现象，在今后的几十年里，遵义这类处于中西部地区的“城市-区域”作为当代农民工回流“蓄水池”的作用极为重要，其农村活力的提升、功能的活化具有尤为重要的社会意义。

总之，遵义市城乡发展较早就已进入城乡统筹阶段。其城乡关系更趋向于一种乡城互补的关系，“乡”不仅仅是城市的附属，而是可作为一个相对独立的功能单元而存在(图 5-23)。对其独特的区位特征、政策优势、城乡产业特征、自然资源禀赋分析可共同支持这一判断。

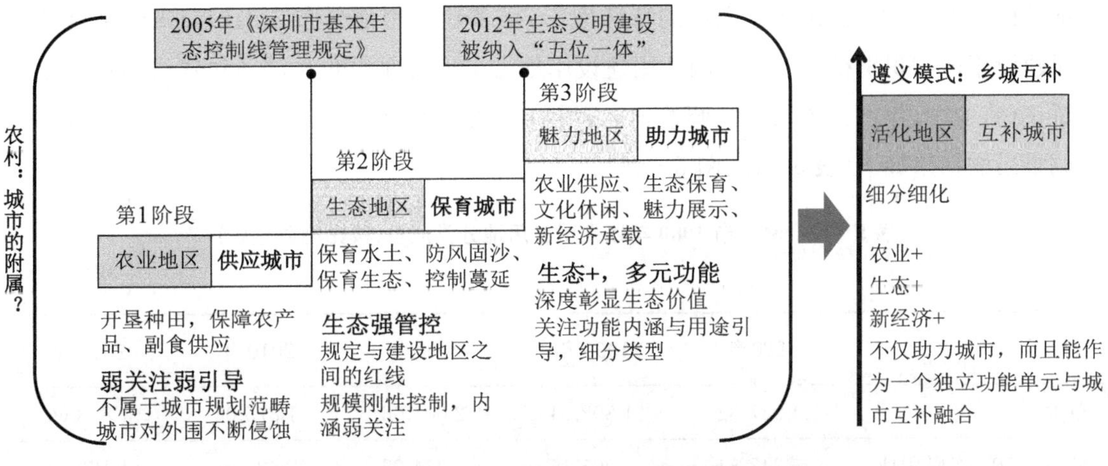

图 5-23　乡城互补的遵义模式和其他城乡模式的对比

资料来源：参考微信公众号“申客思享会”，张一凡：《特大城市总体规划中非集中建设区规划研究探索：以武汉为例》，2017 年 4 月。“遵义模式”为作者自绘。

5.2.4　城乡要素配置及流动特征

1. 土地利用及变化

遵义的土地利用呈现为“大集中(城市)+小分散(农村)”模式。其自然地形限制了农村聚落空间上的大规模集中，迄今相当一部分农村聚落仍然较为分散地分布在广大山区中。

根据地理国情监测云平台的土地利用数据，整理遵义市 1980 年、1990 年、2000 年、2010

年、2015 年的土地利用分类数据，得出结果如表 5-11 所示。

表 5-11 遵义市 1980 年以来城乡用地分类汇总

单位：km^2

	1980 年	1990 年	2000 年	2010 年	2015 年
草地	1 937.82	1 892.04	2 005.66	1 875.04	1 873.66
城乡、工矿、居民用地	61.19	64.24	65.83	74.83	205.19
耕地	8 997.13	9 227.23	8 987.96	8 922.05	8 849.78
林地	19 733.87	19 545.77	19 669.69	19 856.91	19 785.44
水域	46.38	45.45	47.07	47.07	61.83
汇总	30 776.39	30 774.73	30 776.21	30 775.90	30 775.90

资料来源：根据地理国情监测云平台 1 km 精度地形资料整理。

根据遵义市自然资源局的资料，2014 年遵义全市建设用地面积为 1 167.16 平方公里，占土地总面积的 3.79%。由于遵义市的特殊地形，很多建设用地分布在山区，1 km 精度的影像对建设用地的识别精度较差。因此用建设用地占土地总面积的 3.79%对建设用地总量进行矫正（将 2015 年占比的 0.67%调整到 3.79%，增加的土地从占比最大的林地中扣减），得到调整后的结果如下（表 5-12、图 5-24）。

表 5-12 遵义市 1980 年以来城乡用地分类汇总（按比例调整后）

单位：km^2

	1980 年	1990 年	2000 年	2010 年	2015 年
草地	1 937.82	1 892.04	2 005.66	1 875.04	1 873.66
城乡、工矿、居民用地	347.84	365.15	374.22	425.38	1 166.41
耕地	8 997.13	9 227.23	8 987.96	8 922.05	8 849.78
林地	19 447.22	19 244.86	19 361.30	19 506.36	18 824.22
水域	46.38	45.45	47.07	47.07	61.83
汇总	30 776.39	30 774.73	30 776.21	30 775.90	30 775.90

根据调整后的数据，遵义市 1980 年以来年均各类用地增量如表 5-13 所示。从数量和构成看，1980—1990 年，耕地和建设用地增加，林地和草地减少；1990—2010 年，建设用地略有增加，林地也在增加，耕地和草地减少；2010 年之后，建设用地增加迅猛，主要由

林地转化而来。2010—2015 年的建设用地快速扩张，甚至和之前的增长数据相差了不止一个数量级，这一方面，可能是数字影像读取的误差造成的；另一方面，由于 2004 年之后城市框架快速拉开，汇川区（2003 年遵义经济技术开发区经国务院正式批复设立遵义市汇川区，2004 年汇川区正式挂牌成立）、新蒲新区（2009 年正式挂牌成立）快速建设发展（图 5－25）。

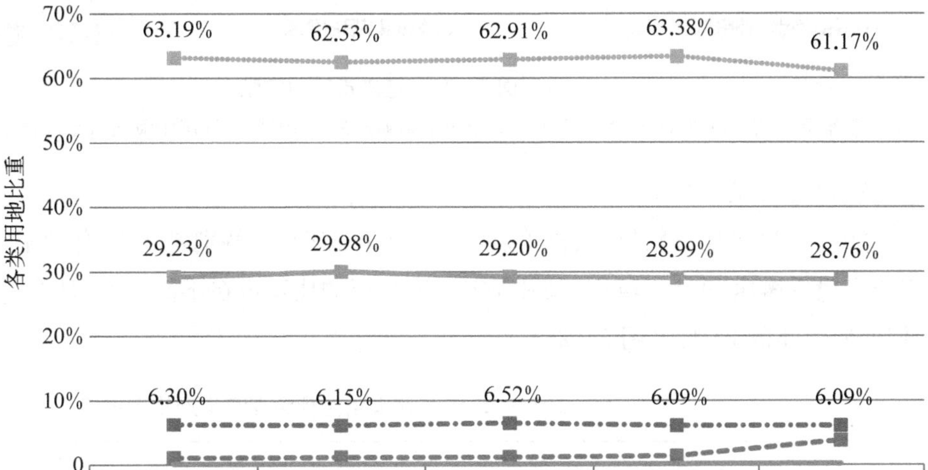

	1980年	1990年	2000年	2010年	2015年
草地	6.30%	6.15%	6.52%	6.09%	6.09%
城乡、工矿、居民用地	1.13%	1.19%	1.22%	1.38%	3.79%
耕地	29.23%	29.98%	29.20%	28.99%	28.76%
林地	63.19%	62.53%	62.91%	63.38%	61.17%
水域	0.15%	0.15%	0.15%	0.15%	0.20%

图 5－24　遵义市 1980 年以来土地利用结构变化

表 5－13　遵义市 1980 年以来年均各类用地增量

单位：km^2

	1980—1990 年	1990—2000 年	2000—2010 年	2010—2015 年
草地	−4.58	11.36	−13.06	−0.28
城乡、工矿、居民用地	1.73	0.91	5.12	148.20
耕地	23.01	−23.93	−6.59	−14.45
林地	−20.23	11.64	14.51	−136.43
水域	−0.09	0.16	0.00	2.95
汇总	−0.16	0.14	−0.02	−0.01

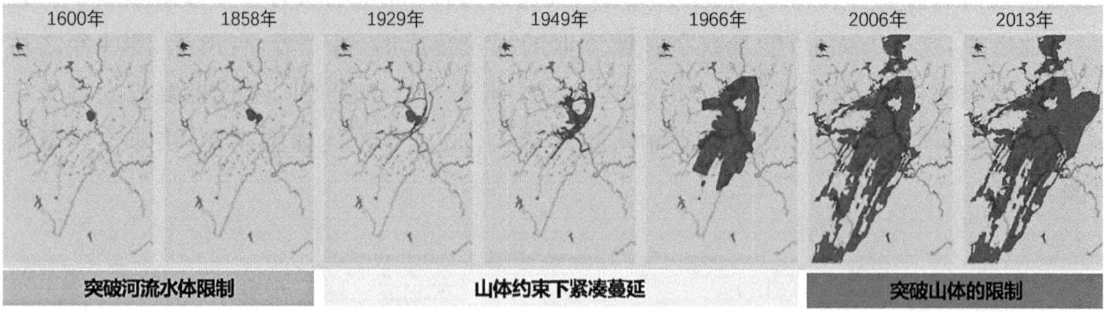

图 5-25 遵义市区的扩张

资料来源：《遵义市城市总体规划(2017—2035 年)》调研成果，中国城市规划设计研究院重庆分院，2017 年 4 月。

2. 投资的城乡分布

2010—2015 年，遵义市农村固定资产投资增速明显，特别是 2012 年之后，远高于城镇固定资产投资增速(表 5-14)。农村固定资产投资的比重也在不断上升，从 2010 年的 9.8%上升到 2015 年的 26.1%(图 5-26)。

表 5-14 2011—2015 年遵义市全社会固定资产投资增速

	2010—2011 年	2011—2012 年	2012—2013 年	2013—2014 年	2014—2015 年
城 镇	51.4%	47.9%	29.9%	32.9%	24.5%
农 村	11.4%	218.8%	63.5%	100.0%	33.8%

资料来源：根据遵义市 2010—2015 年全社会固定资产投资数据计算。

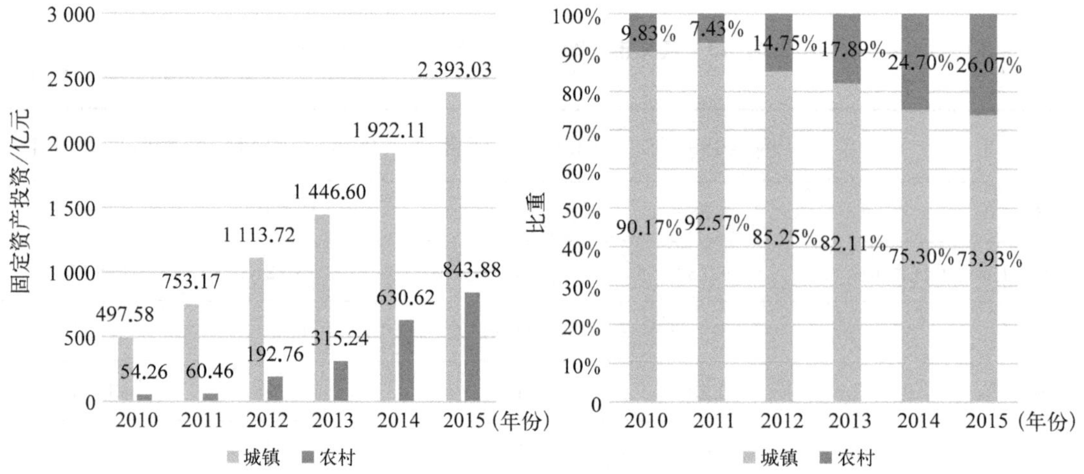

图 5-26 2010—2015 年遵义市全社会固定资产投资城乡构成

资料来源：《遵义统计年鉴—2016》。

为了进一步分析城乡投资分布，以下运用企业 POI 数据和城乡建设用地分布数据对城乡资本投资的分布进行了地理计算（图 5－27、图 5－28）。运用的软件为 ArcGIS 10.2，其中企业 POI 行业分类包括厂矿、公司、农林园艺、其他和园区。

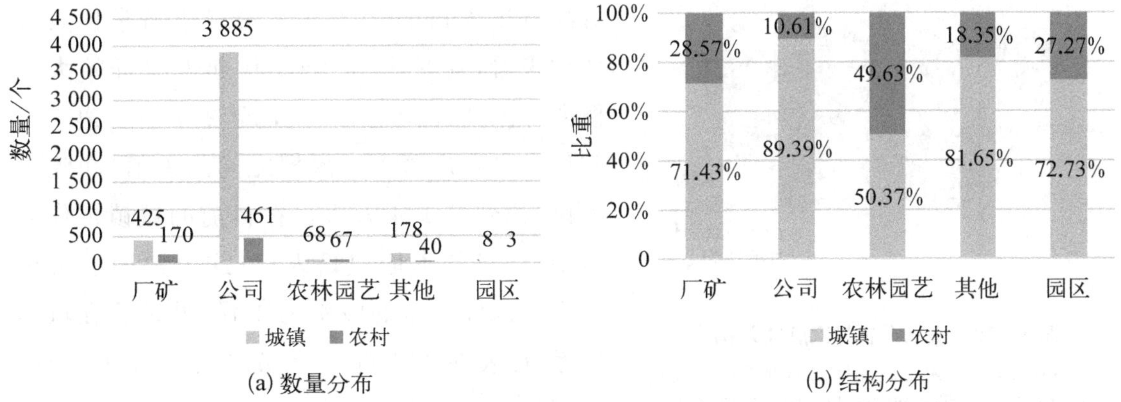

图 5－27　遵义企业 POI 城乡分布

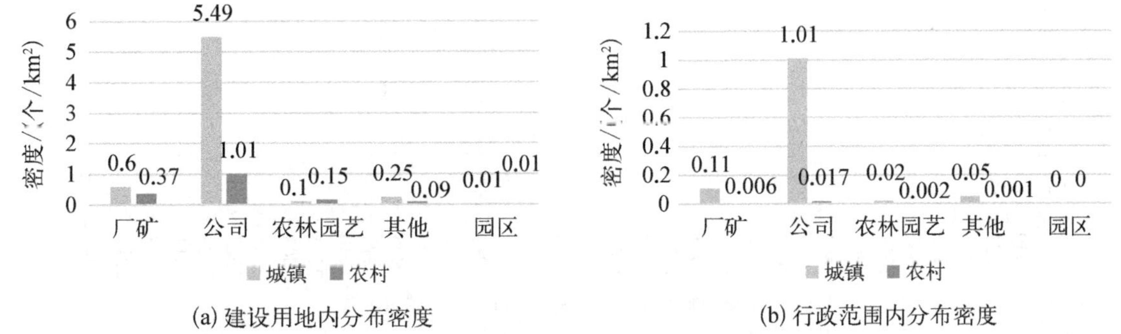

图 5－28　遵义企业 POI 城乡密度分布

计算结果表明，遵义企业的城乡分布差距较大，尤其是公司小类，89.39％分布在城镇，城镇公司数量是乡村的约 8 倍；厂矿和园区也主要分布在城镇；农林园艺小类在城乡分布较为平均。在建设用地内分布密度上，除农林园艺在乡村建设用地内的分布密度高于城镇，其他小类在城镇的分布都明显密度较大。

3. *劳动力流动*

遵义靠近省会城市贵阳，有一部分流出人口会进入贵阳。从其自身的人口城乡流动来看，由于地形和种植条件的限制，农村人口本身居住就较为分散，也没有过大规模的集中化进程，人口由农村向城镇的集聚过程较为缓慢。如今国家政策对农村地区的生态保护力度加大，农村人口的分布更加顺应了自然形态。

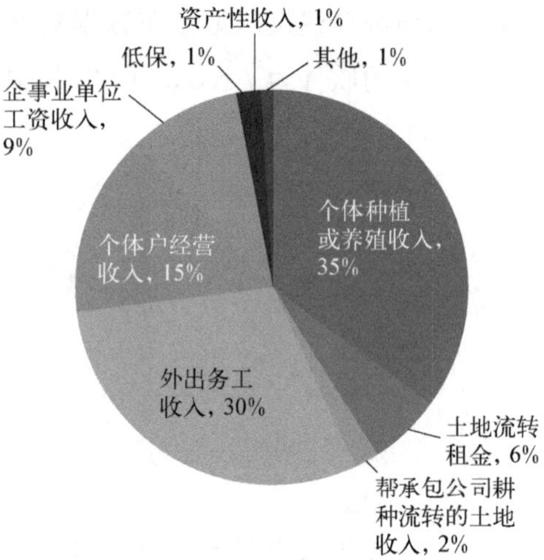

图 5－29 遵义市农村家庭收入构成

资料来源：广州市城市规划勘测设计研究院，《2014 年遵义市市域空间发展战略规划》调研资料。

遵义市是典型的人口高流出地区，劳务经济较为发达，农村家庭外出务工和个体户经营收入占了家庭收入的较大比重（图 5－29）。2015 年净流出人口约为 174.14 万人，占贵州省净流出人口的 20%。从遵义市域常住人口变动来看，遵义市自 2009 年起人口开始大规模向外流动（图 5－30）。截至 2015 年，遵义市常住人口和户籍人口规模之间的差值（净流出人口）达到了 174 万人。在目前的城镇常住人口中，84%是本地户籍人口，这也说明遵义市对市域以外人口的吸引力不强，城镇化在城镇体系上表现出“重心下沉”的特征（王理，2017）。

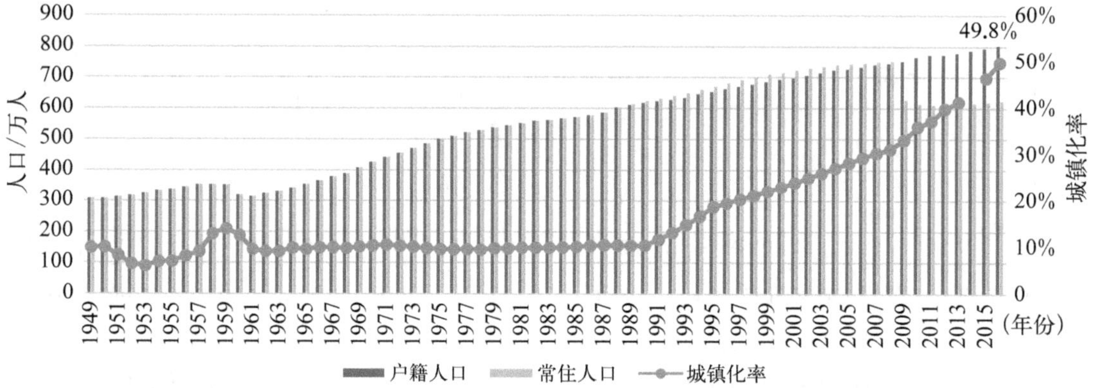

图 5－30 遵义市 1949—2015 年户籍人口、常住人口和城镇化率

注：2009 年以后为常住半年人口。

资料来源：《遵义 60 年（1949—2009）》《遵义统计年鉴—2017》。

4. 城乡要素配置及流动的特征

遵义市城乡要素流动特征包括：建设用地和投资（市场性）呈“大集中（城镇）”特征，人口分布呈“小分散（农村）”模式，有较强的“重心下沉”特征。本地城镇产业发展吸纳就业能力不强，以重工业为主的第二产业发展特征导致第二产业对就业贡献有限，第三产业发展层次不高。农村为劳动密集型种植和养殖结构（畜牧业、烤烟、蔬菜、茶叶、干鲜果、中药材），以原料和初级生产为主，相对粮食种植地区每亩用工量大，因而农业对劳动力的需求较大。由于地形和种植条件的限制，农村居住模式一直较为分散，人口由农村向城镇的集聚过程较为缓慢。在本地经济发展受限的背景下，大量人口外流，劳务经济较为发达。

5.2.5　城乡公共资源配置特征

为了分析城乡基本公共服务设施的分布，以下运用 ArcGIS10.2 对城乡公共资源中的教育机构和医疗设施配置状况作统计分析。

基于统计分析（图 5－31、图 5－32、图 5－33、图 5－34），并综合考虑遵义市的城镇化发展水平（2016 年年底为 49.8%），可以认为遵义市的义务教育机构城乡分布较为均衡，中小

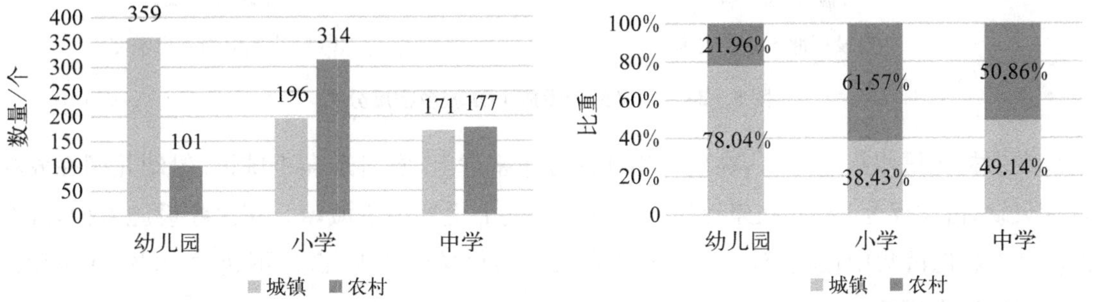

(a) 数量分布　　(b) 结构分布

图 5－31　遵义教育机构 POI 城乡分布

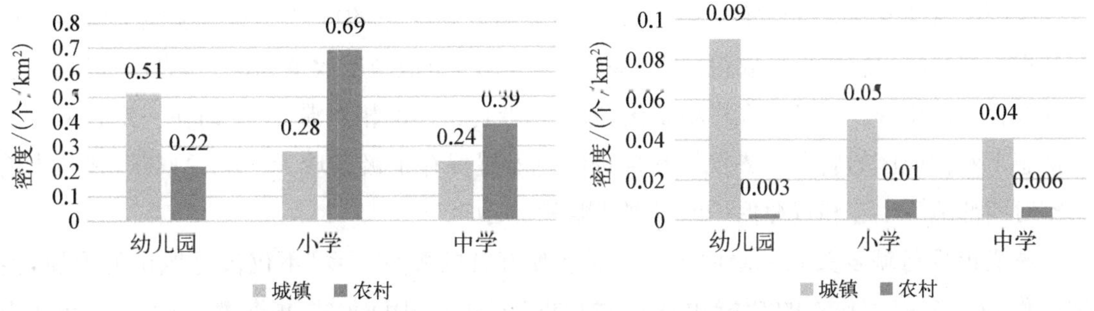

(a) 建设用地内分布密度　　(b) 行政范围内分布密度

图 5－32　遵义教育机构 POI 城乡密度分布

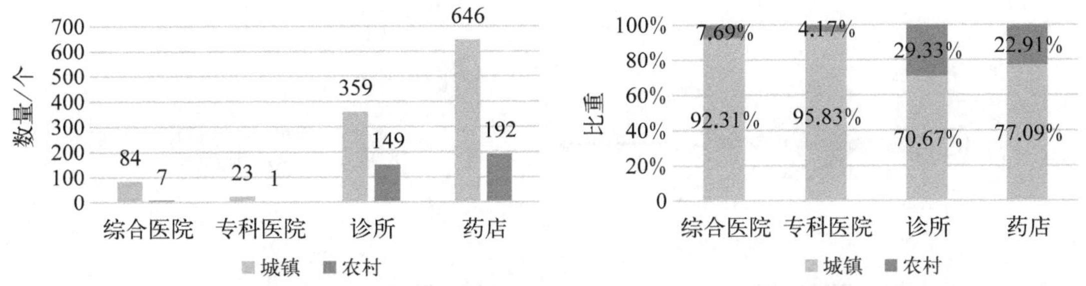

(a) 数量分布　　(b) 结构分布

图 5－33　遵义医疗设施 POI 城乡分布

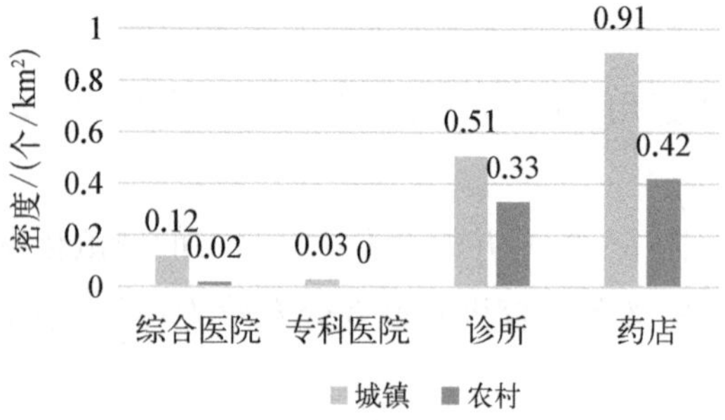

(a) 建设用地内分布密度

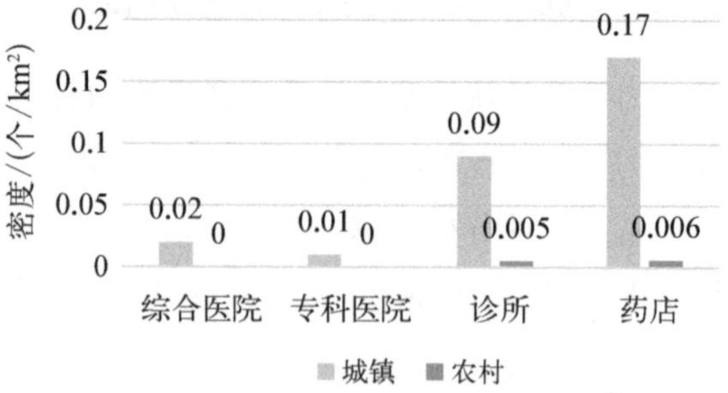

(b) 行政范围内分布密度

图 5－34　遵义医疗设施 POI 城乡密度分布

学校在农村比重均超过 50％，在建设用地内分布密度上，农村远高于城镇；但幼儿园在农村较为欠缺，占比仅为 22％，在建设用地内分布密度上也远小于城镇。在医疗设施方面，综合医院和专科医院集中在城镇，诊所和药店在农村的数量也较少，占比不超过 30％，建设用地内分布密度也较低。

5.2.6　小结：遵义的城乡互动模式

在国家对西部地区的政策支持背景下，贵州省及遵义市的城乡统筹系统性工作早已提上日程。涉及的内容包括新农村建设、基础设施建设、土地制度改革、农村和农民资源管理、城乡教育一体化等。遵义在农村城镇化、农村工业化方面的相对滞后，反而在一定程度上为新常态下农村地区的后发优势发挥和推进绿色发展保存了极其珍贵的资源禀赋，并与当前国家对西部地区生态和资源保护的发展战略相契合。

遵义市现行城乡关系更趋向于是一种乡城互补的关系，“乡”不仅仅是城市的附属，而是可作为一个相对独立的功能单元存在（图 5－35）。因而，本书将遵义的城乡互动模式总结为乡城互补，倚重外源输入（国家转移支付及劳务经济）和合理配置乡村资源的模式。

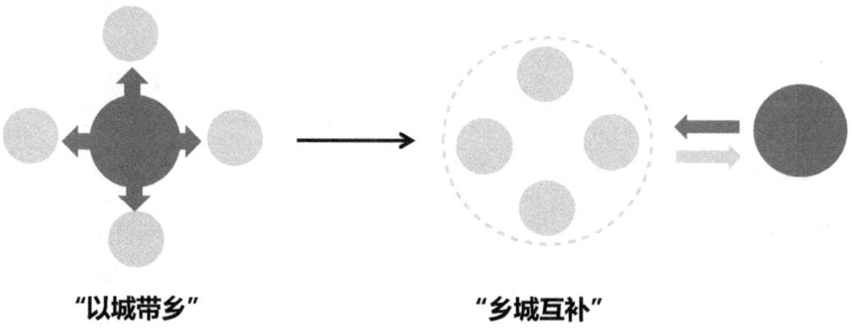

图 5－35　发达地区（左）和遵义（右）城乡关系对比

5.3 平顶山的城乡互动模式

5.3.1 市域概况

1. 概况

平顶山市位于我国中部地区河南省的中部，北临许昌，南接南阳。因市区建在“山顶平坦如削”的平顶山下而得名。平顶山市是中原经济区重要的能源和重工业基地，豫中地区的中心城市；距省会郑州市铁路里程为218公里，公路里程为135公里；南距南阳市铁路里程为151公里，公路里程为149公里；西距洛阳市铁路里程为163公里，公路里程为167公里。截至2016年年底，全市辖4个区、4个县，2个县级市，面积为7 882平方公里。2016年其常住人口为404.8万人，市域人口密度为513人/平方公里；实现GDP为1 425.88亿元，人均GDP为3.52万元；城镇化率为52.53%。市辖区建成区面积为73平方公里。

2. 资源禀赋

平顶山市处于豫西山地和淮河平原的过渡地带。其西部以山地为主，最高山峰位于鲁山县西部边界的尧山，海拔为2 153.1米；东部以平原为主；在低山和平原之间，分布着高低起伏的丘陵。平顶山市的海拔高度大多为300～700米，具有西高东低的特征。在全市域7 882平方公里内，山区为1 025平方公里，丘陵为4 965平方公里，平原为1 892平方公里。

市域自然资源丰富，已探明各类矿产资源57种，其中原煤储量约为103亿吨，是中南地区最大的煤田；曾被中国矿业协会授予“中国页岩之都”；还是中国十大优质铁矿区之一。

平顶山市境内河流众多，均属淮河水系。河川年径流总量为6.93亿立方米，当年水资源总量为10.77亿立方米。由于其地处淮河流域上游，水资源总量严重不足，人均水资源量仅为364立方米，低于河南省人均406立方米的水平，相当于全国人均2 100立方米的1/6，世界人均水平的1/20，为极度缺水地区。

与周边市地比较，平顶山与郑州、洛阳、漯河相似，农业基础较为薄弱，农业经济在全省位于中下水平。2015年年底，其农业人口为310.3万人，占总人口的50.42%。2015年，其粮食播种面积达到487.6万亩，粮食总产达到163.9万吨，粮食亩产达到336千克，其中小麦产量为86.8万吨、棉花产量为1 638吨、油料产量为10.6万吨、蔬菜产量为189.47万吨。

5.3.2 发展历程及政策回顾

近代的平顶山，是中国重要的煤炭产地，在中华人民共和国成立以后，成为一座因煤而立、因煤而兴的新兴能源型工业城市，是重要的能源原材料工业基地。作为一个典型的靠资源型国企支撑起来的资源型城市，其“因煤而兴”，却也曾“因煤而衰”：在不到十年的时间内，在河南省内的GDP排序，已经从以往的第三、四位，降到了现在的第十一、十二位。

中华人民共和国成立至今，平顶山的发展历程大致可以分为五个阶段①。

(1) 单一产业发展阶段(1949—1970年)

中华人民共和国成立后至1957年，平顶山地区先后属洛阳专区、许昌专区。1957年3月，经国务院批准，设立平顶山市，属省辖市。1953年，平顶山矿区开始建设；至1966年，煤炭业占全市工业总产值比重达74%，煤炭生产基地初步形成。之后逐步形成了勘探、基建、洗选、焦化、运输、机械修造等配套生产体系，煤炭作为主体产业仍占有绝对优势，矿山的开发建设是全市经济工作的中心。

(2) 配套关联产业多门类发展阶段(1971—1982年)

1971—1982年，平顶山初步形成了煤炭—电力—冶金—其他关联产业的产业链，在1982年的全市工业总产值中，煤炭工业占37.4%，电力、冶金分别占15%和7.5%。

重工业的发展加快了平顶山市的工业化进程和经济振兴，但产生了重工业城市常见的产业结构失调、环境污染、就业比重失衡等一系列经济社会问题。从1980年开始，针对这些问题，平顶山逐步确立了“以能源工业为主体，煤、电、钢、轻、化、纺织协调发展”的方针。

(3) 相对综合协调发展阶段(1983—1993年)

早在1980年，国家就将锦纶帘子布项目布局在平顶山市，1982年建成投产，带动了化纤纺织工业的崛起，改善了全市的工业经济结构。1983年以后，形成了一定规模的啤酒、白酒、卷烟生产能力，食品、制革、农副产品加工和木器制造等产业也有较快发展。1986年轻重工业比重由1978年的22.3∶77.7调整为31.8∶68.2。同时，城市主导产业——能源生产和输出能力也得到了强化。

(4) 以化工突破为开端的产业升级和城乡一体化推进阶段(1994—2017年)

随着内外环境的变化，平顶山根据国家和省的战略部署，在制定“九五”计划和城市总体规划时，确立了新的发展目标，产业结构升级被提上了议程。除了巩固能源工业的战略地位外，还提出了加速发展化工产业的战略目标，并要积极培育机械、信息等新的支柱工业。在城乡发展方面，2009年后平顶山市曾提出和启动了建设产业集聚区和城乡一体化示范区，并大规模推进新型农村社区建设。

(5) 多元转型时代(2018年至今)

随着经济的不断发展，平顶山的城镇化率也逐步提高(图5-36)。2017年年底，河南省出台《河南省资源型城市转型发展规划(2017—2020年)》，提出推进“成熟型城市跨越发

① 河南省统计局，国家统计局河南调查总队.发展历程的总结参考：六十年鹰城平顶山起宏图[M]//河南六十年(1949—2009).中国统计出版社，2009.

展”，要求平顶山市打造中国尼龙城、中部能源城、中原电气城和全国重要的不锈钢产业基地，培育壮大尼龙新材料、智能电力装备、新一代智能终端等产业，打造以煤炭、冷链、电商等为重点的区域性物流枢纽和集山、佛、汤、寺、衙、湖为一体的海内外知名旅游目的地，并加快重点区域治理改造。平顶山的发展模式要向提升资源型产业技术水平、加快发展壮大支柱性接续替代产业、探索形成“多元产业体系健全、转型活力和内生动力充分激发”的发展模式转型。

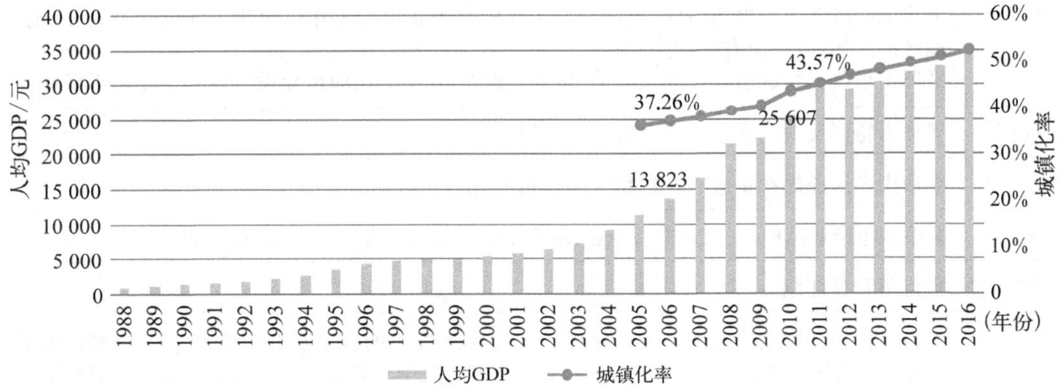

图 5 - 36　1988 年以来平顶山人均 GDP 和部分年份城镇化率

资料来源：历年平顶山统计年鉴、《河南六十年(1949—2009)》。

对各项政策的实施状况做梳理(表 5 - 15)，可以发现 2009 年之前平顶山市基本是以煤矿产业发展和城市建设为导向，其后建设产业集聚区、新型农村社区和城乡一体化示范区，在政策导向和实践中实际仍以城市建设为重心，所谓“城乡一体化示范区”在执行中变成了郊区的城市化过程。在作为城镇化范畴的“新型农村社区”建设方面，以推行农民的集中居住为主，基本公共服务设施配套不足，诸如农民身份、就业、社会保障等方面的制度配套建设也较滞后。可见，强干预政策只能产生“形集中而神散”的后果，改变不了城乡分治的实质。

表 5 - 15　平顶山市关于城乡发展的重要政策节点

年　份	重　要　政　策
1949 年	中华人民共和国成立后，各级人民政府和中国人民解放军对资本家、窑头开办的煤矿实行接管或监督经营
1952 年	平顶山煤田的发展被列入国家第一个五年计划的重大建设项目
1954 年	平顶山矿区委员会成立，次年建成投产
1956 年	国家建设委员会批准平顶山煤矿的近期建设总体规划，决定将平顶山建成我国重要的煤炭生产基地

（续表）

年 份	重 要 政 策
1957 年	国务院全体会议第 43 次会议决定，设置平顶山市，由河南省直接领导
1958 年	经国务院批准，将平顶山市划归许昌地区领导
1964 年	平顶山市改为平顶山矿区，试行“政企合一”体制，矿区享受省辖市待遇，由煤炭工业部和河南省共同领导
	平顶山矿区改为平顶山特区，特区政府工作中有关企业的工作以煤炭工业部领导为主，有关地区的工作，以河南省领导为主； 平顶山市改为特区后，以“煤炭会战”为主，提出“10 年不搞城市建设”，规划工作陷于停顿
1968 年	平顶山特区又改为平顶山市，属河南省领导
1975 年	平顶山矿区原煤产量进入全国特大型矿区行列
1981 年	调整城市产业结构，一批大中型企业、地方工业和第三产业开始发展，城市建设也进一步发展
1983 年	实行市管县体制
2009 年	河南省住房和城乡建设厅要求：针对省人大代表提出的新农村建设应该加强规划的建议，2009 年全省全面启动县（市）域村镇体系规划编制工作，推动村庄整治的实施，从而逐步实现县（市）域公共设施的共建共享和城乡布局的优化
	《中共河南省委河南省人民政府关于规划建设科学发展示范区的指导意见》（豫发〔2009〕29 号）
	《中共河南省委河南省人民政府关于推进产业集聚区科学规划科学发展的指导意见》（豫发〔2009〕14 号）
	《河南省人民政府印发关于加快产业集聚区科学发展若干政策（试行）的通知》
2010 年	《河南省人民政府关于推进城乡建设加快城镇化进程的指导意见》中强调要稳步推进新型农村社区建设
2011 年	《国务院关于支持河南省加快建设中原经济区的指导意见》
	《河南省人民政府关于建立完善产业集聚区推进工作机制的通知》
2014 年	《河南省人民政府关于深化户籍制度改革的实施意见》提出取消农业户口与非农业户口性质区分，统一登记为居民户口，全面实施居住证制度
2015 年	《中共河南省委河南省人民政府关于加快城乡一体化示范区建设的指导意见》提出加强城市功能区、建制镇和新农村社区规划衔接，构建以城市功能区、中心镇、新农村社区为节点的新型城乡体系
2016 年	中央纪委监察部网站发布《中共河南省委关于巡视整改情况的通报》，其中特别提到，针对解决新型农村社区建设遗留问题不力的问题，出台关于新型农村社区遗留问题的整改实施方案，召开全省新型农村社区遗留问题整改工作会议，建立省新型农村社区遗留问题整改工作联席会议制度
2017 年	平顶山入选首批国家农业可持续发展试验示范区
2018 年	《河南省资源型城市转型发展规划（2017—2020 年）》出台，平顶山作为“成熟型城市”推进跨越式发展

5.3.3　城乡要素配置及流动特征

1. 土地利用变化

平顶山市的土地利用总体呈现出“大集中＋大集中”模式。市域地形较为特殊，一半是山区，一半是平地。平地的农村聚落已经历较多的人为干预，空间形态发生了很大变化，大部分已经被整合为规模巨大的“新型农村社区”；山区的农村聚落一部分被集中了（但许多被集中的聚落的居民仍然居住在原来的村子里），一部分保持原有的空间形态。

根据地理国情监测云平台的土地利用数据，整理了平顶山市 1980 年、1990 年、2000 年、2010 年、2015 年的土地利用分类数据（表 5－16）。从数量和构成看，35 年间，耕地比重基本保持不变，2000 年之后总量在缓慢减少。城乡建设用地一直在增加，1990—2000 年、2000—2015 年增速较快（表 5－17、图 5－37）。

表 5－16　平顶山 1980 年以来城乡用地分类汇总

单位：km^2

	1980 年	1990 年	2000 年	2010 年	2015 年
草地	723.73	736.80	525.40	519.76	512.43
城乡、工矿、居民用地	513.41	539.69	608.72	659.83	689.32
耕地	5 257.44	5 177.76	5 290.66	5 229.84	5 213.24
林地	1 203.56	1 220.91	1 271.25	1 270.81	1 267.30
水域	234.35	257.27	236.46	252.23	250.19
未利用土地	0.64	0.68	0.64	0.64	0.64
汇总	7 933.12	7 933.11	7 933.13	7 933.11	7 933.12

表 5－17　平顶山 1980 年以来年均建设用地增量

单位：km^2

	1980—1990 年	1990—2000 年	2000—2010 年	2000—2015 年
草地	1.31	−21.14	−0.56	−1.47
城乡、工矿、居民用地	2.63	6.90	5.11	5.90
耕地	−7.97	11.29	−6.08	−3.32
林地	1.73	5.03	−0.04	−0.70
水域	2.29	−2.08	1.58	−0.41
未利用土地	0.00	0.00	0.00	0.00
汇总	−0.01	0.00	0.01	0.00

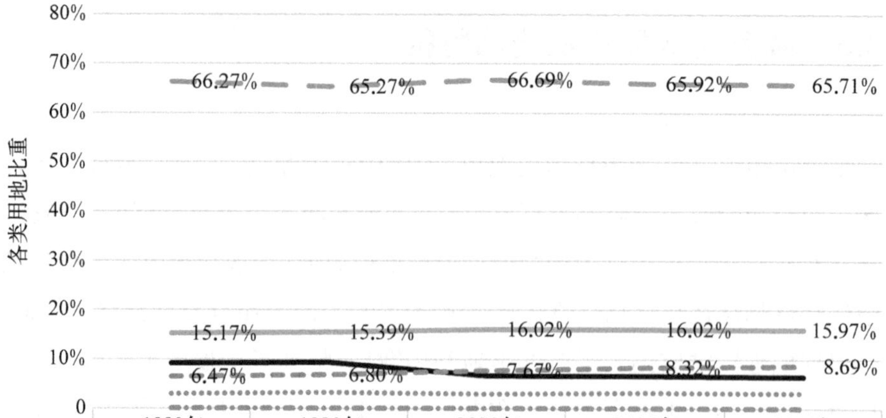

	1980年	1990年	2000年	2010年	2015年
草地	9.12%	9.29%	6.62%	6.55%	6.46%
城乡、工矿、居民用地	6.47%	6.80%	7.67%	8.32%	8.69%
耕地	66.27%	65.27%	66.69%	65.92%	65.71%
林地	15.17%	15.39%	16.02%	16.02%	15.97%
水域	2.95%	3.24%	2.98%	3.18%	3.15%
未利用土地	0.01%	0.01%	0.01%	0.01%	0.01%

图 5-37 平顶山 1980 年以来土地利用结构变化

2. 投资的城乡分布

为了分析城乡投资分布，以下运用企业 POI 数据和城乡建设用地分布数据对城乡资本投资的分布进行了地理计算(图 5-38、图 5-39)。运用的软件为 ArcGIS 10.2，其中企业 POI 行业分类包括厂矿、公司、农林园艺、其他和园区。

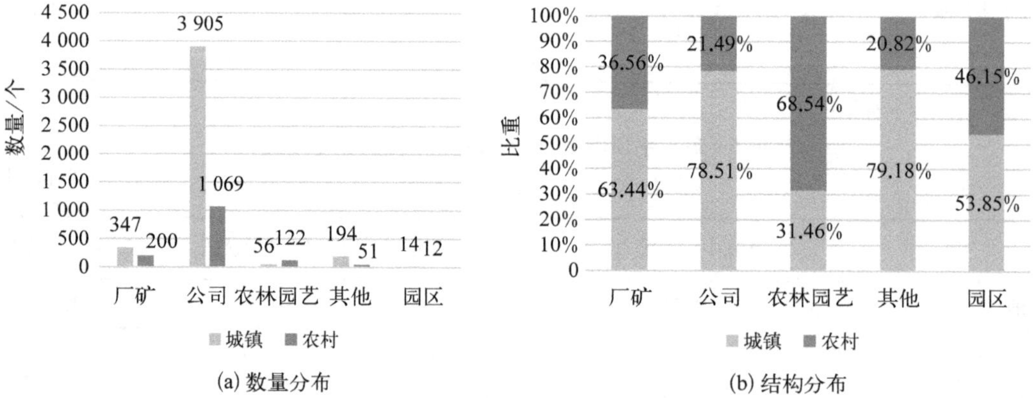

图 5-38 平顶山企业 POI 城乡分布

计算结果表明，平顶山企业的城乡分布差距较大，尤其是公司小类，78.51%分布在城镇，城镇公司数量是农村的约 4 倍。农林园艺小类则主要分布在农村。在建设用地内分布密度上，除农林园艺小类城乡分布较均等，其他小类都是在城镇的分布明显较密。

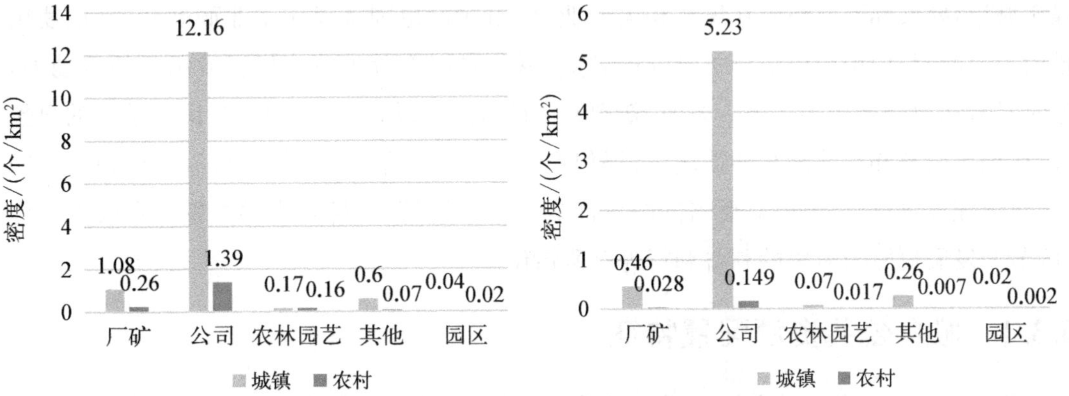

图 5－39　平顶山企业 POI 城乡密度分布

3. *劳动力流动*

河南省人口外流量很大，也是一个劳务大省。2010 年以来，平顶山市域的常住人口大幅减少(图 5－40)，其背后原因是劳务性外出。此外，平顶山所在的河南省经历了一轮人为的大规模农村居民点的撤并(建设新型农村社区)，大大加快了人口在空间上的集中，即人口的集中化进程；但由于缺乏相关服务配套和产业配套，“集中化”并不等同于“城镇化”。

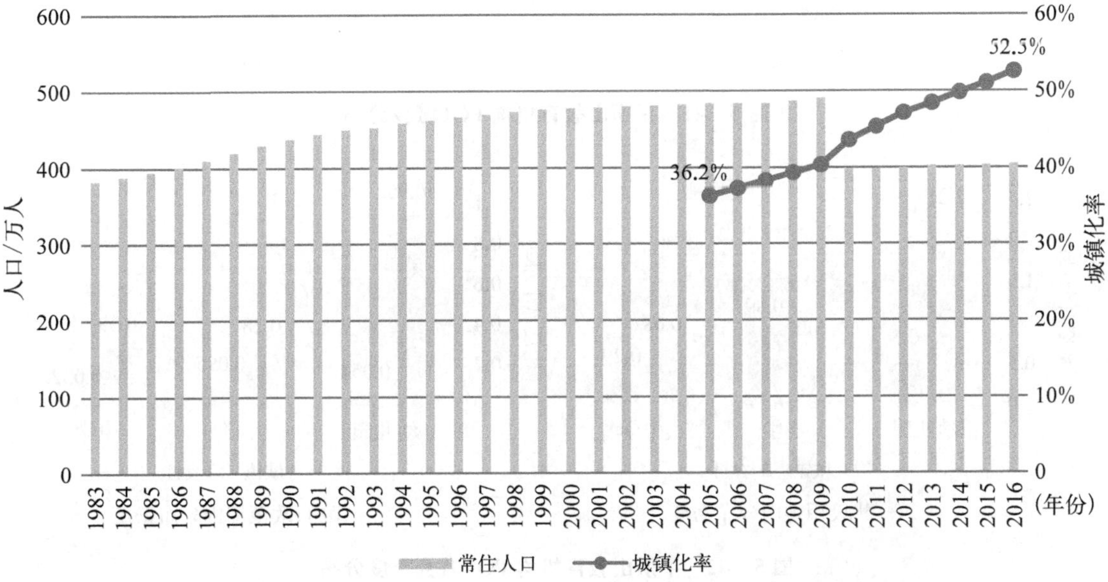

图 5－40　平顶山市 1983—2016 年常住人口和 2005 年以来的城镇化率

资料来源：历年平顶山统计年鉴。

4. *城乡要素配置及流动的特征*

平顶山的城乡要素流动受“政策干预”的影响明显。一方面，由于历史原因，平顶山作为煤矿城市，要素和资源集中在煤矿相关产业，城市建设也围绕煤矿主业而展开，土地使用和投资与之配套；但由于煤炭相关产业的就业特征，难以充分吸收农村释放出来的劳动力，本地农村劳动力外流较多。另一方面，新型农村社区的建设，人为干预了农民城镇化的自然进程；在缺乏服务和产业配套的情况下，提倡形式上的集中居住，使得人口流动呈现出空间上的“政策配置”特征。政府对要素的配置尚缺乏合理统筹，三种要素的配置存在较大程度的“脱节”，发展目标与居民的利益和行为有所错位。

5.3.4 城乡公共资源配置特征

为了分析城乡基本公共服务设施的分布，以下运用 ArcGIS 10.2 对城乡公共资源中的教育机构和医疗设施配置状况作了统计分析（图 5 - 41、图 5 - 42、图 5 - 43、图 5 - 44）。

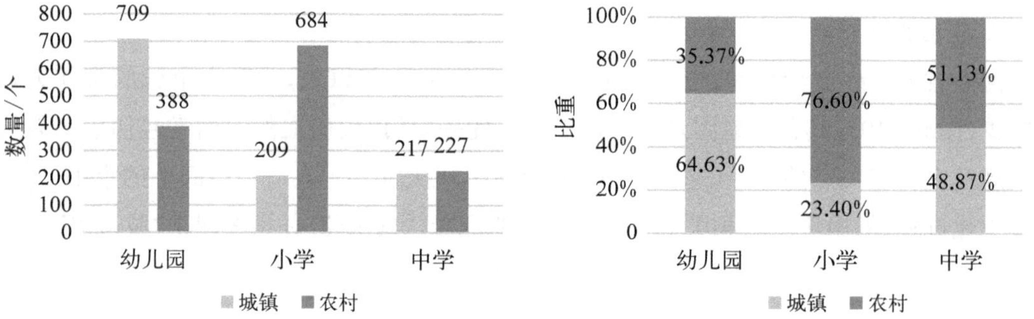

(a) 数量分布　　(b) 结构分布

图 5 - 41　平顶山教育机构 POI 城乡分布

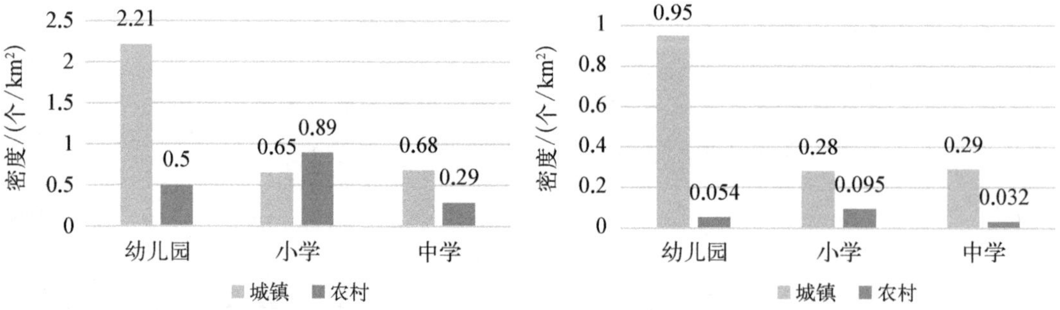

(a) 建设用地内分布密度　　(b) 行政范围内分布密度

图 5 - 42　平顶山教育机构 POI 城乡密度分布

综合考虑平顶山的城镇化率（2016 年年底为 52.5%），教育机构方面，小学和中学的城乡分布较为均衡，小学的数量在农村比重甚至远超城镇，城乡建设用地内分布密度上也是农村多于城镇；农村幼儿园较为缺乏，幼儿园数量占 35.37%。医疗设施方面，城乡分布较不均衡，除了综合医院和专科医院，诊所和药店也都主要分布在城镇；城乡密度分布差异也较大。

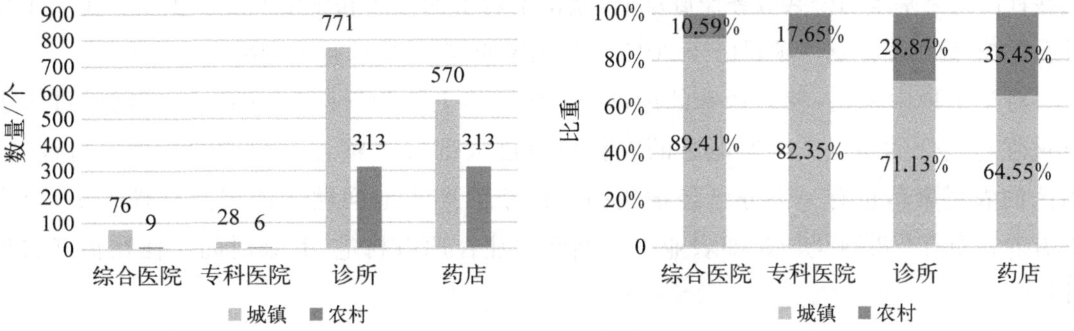

(a) 数量分布　　(b) 结构分布

图 5－43　平顶山医疗设施 POI 城乡分布

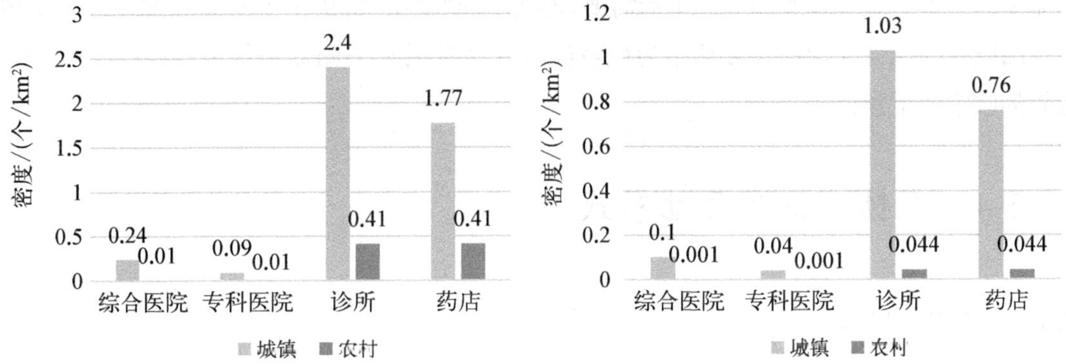

(a) 建设用地内分布密度　　(b) 行政范围内分布密度

图 5－44　平顶山医疗设施 POI 城乡密度分布

5.3.5　小结：平顶山的城乡互动模式

随着经济发展模式的转型，平顶山作为一个典型靠资源型国企撑起来的资源型城市，“因煤而兴，也必然因煤而衰”，当年国企形成的“小社会”模式，曾经在城市经济和建设方面发挥过重要作用，但在如今的城乡发展一体化时代背景下已难以为继；某种程度上，由于“资源赋存的城市与开发资源的企业在发展目标和利益行为上双向错位，政府难以统筹规划所辖区域内的生产要素配置”①。

在经济发展相对落后、农民就业非农化程度还不高、城乡二元结构尚未被有效打破的情况下，河南省曾推出了一系列的“城乡一体化”项目。例如，要求各地实施以城镇化为导向的“城乡一体化示范区建设”，以及轰轰烈烈但最终遭到严厉批评的“新型农村社区”建设。特别是于 2010 年开始启动的“新型农村社区”建设项目，农民被集中到规模巨大的农村社区，

① 引用自河南省某版总规对其发展模式的评价。

这些社区缺乏基本的公共服务设施配套，遗留下棘手的生产和生活问题。由于产生了不良社会影响，河南省的这一项目已于2016年被国家叫停，并要求整改和反思。

对于平顶山来说，较为特殊的地形(近75%的土地为丘陵和山地)也未能使村庄逃过被强行整合的命运。平原地区的农村聚落已大部分被整合为所谓的新型农村社区，山区的农村聚落也有一部分已经被集中。由于前期土地问题未能得到合理解决，至今仍有农民处于“两栖”状态，即农业生产期间居住在原有村宅，其余时间居住在新型农村社区。

总体而言，平顶山的城乡经济社会发展水平还不高，城乡二元和分治状况尚未根本改观。在经济发展和城镇化进程并未达到一定水准的条件下，自上而下的政府强行干预行为，并不能有效改变现有的城乡关系和实现可持续发展；经济社会发展的客观条件决定这一时期需要综合考虑农民现实的生产生活需要，形式上的“集中”解决不了本质问题。综上所述，平顶山既往的城乡互动模式可总结为城乡经济社会发展水平偏低条件下，城乡二元运行和低效的政策强干预模式。

5.4 玉林的城乡互动模式

5.4.1 市域概况

1. 概况

玉林市位于我国广西东南部，紧邻北部湾经济区，属于沿海经济开放区范畴；距深圳636公里，距广州470公里，距珠海572公里。玉林市是广西东南部地区的政治、经济、文化中心；由于地理位置和行政地位的边缘性，玉林市产业发展的重要特征是内源型发展，尤其是第二产业，基本以本地资源和本地资本为依托。玉林是世界上最大的日用陶瓷生产出口基地，有“世界牛仔裤之都”“南方药材之都”之称，是中国最大的内燃机生产基地，也是“中国最佳管理城市”之一和中国优秀旅游城市。

截至2016年年底，全市辖2个区、4个县，1个县级市，行政辖区面积为12 838平方公里；2016年常住人口为575.6万人，市域人口密度为448人/平方公里；实现GDP为1 553.91亿元，人均GDP为2.71万元；城镇化率为47.27%。玉林是广西最大的侨乡，也是全国著名的侨乡，全市有海外华侨及港澳台同胞达200多万人。

2. 资源禀赋

玉林市属于桂东南丘陵盆地，平原盆地占全市面积的17.4%，丘陵占全市面积的49.4%，山地占全市面积的33.2%。2014年，玉林市域总面积为12 824平方公里，其中耕地为2 387平方公里，林地为6 746平方公里，园地为1 444平方公里，牧草地为332平方公里；

建设用地为 1 205 平方公里；水域及水利设施用地为 457 平方公里①。

玉林市位于珠江流域的南流江、北流江、九洲江上游，是这三条河流的发源地。玉林市本地多年平均水资源总量为 111 亿立方米，其中地下水资源为 21.28 亿立方米。全市水能资源理论蕴藏量为 40.91 万千瓦，可开发量为 29.25 万千瓦，全部属于中小河流水能蕴藏量。

玉林市农作物种植条件较为优越，长期以来农业比重很大，是传统的农业地区；气候条件优越，开发历史悠久，历史上是广西粮食主要产地。玉林市除稻谷等粮食产量在广西名列前茅外，经济作物如甘蔗、油料、木薯、麻类、烟叶，以及畜产品、水果、干鲜蔬菜等在广西均占有重要地位。其农副产品和加工产品大量出口和销往区外，是玉林外向型经济的主导产品。

玉林市近年来农村的主要工作为精准扶贫、土地产权制度改革（农地确权）、水利工程等。农村土地产权制度改革为农村劳动力的进一步释放提供了契机。玉林是广西唯一被列为全国第二批农村改革试验区的地级城市，成立了广西首家市级农村产权交易中心。截至 2017 年 4 月，玉林市农村土地承包经营权流转面积为 146 万亩，流转率达 55.1%。

5.4.2　发展历程及政策回顾

玉林市的城乡经济社会发展历程大致分为四个阶段②。

1. 缓慢积累阶段（1950—1985 年）

“一五”计划时期，国家的产业政策是优先发展重工业，但当时国家没有在广西安排重点投资项目，广西以发展农业和交通建设为区内经济建设的重点。这一时期，黎湛铁路的通车对玉林经济的发展具有重要意义。1958—1978 年，玉林市总体上实行以“以粮为纲”的农业政策和“以钢为纲”的“重重工业、轻轻工业”的工业政策，且重生产、轻消费，忽视第三产业发展。1978 年以后，广西与全国一样实施了改革开放政策，玉林市经济社会发展形势开始好转。

2. 急剧增长阶段（1986—2001 年）

这一时期，玉林市经济社会发展明显受到以下政策的影响：一是广西在“七五”计划期间提出的“东西两大地带的划分”和“发挥中心城市的作用”的思想，位于东部地区的玉林以侧重于发展粮食、水果、经济作物和消费品工业为政策导向；二是 1988 年 3 月国务院批准将玉林市纳入沿海经济开放地区，实行对外开放政策，由于被赋予了开放地区的特殊政策，这段时间玉林的对外贸易和引进外资趋于活跃。

3. 快速增长阶段（2002—2008 年）

2002 年，玉林市提出了“工业化、城镇化、农业企业化”的发展战略。2003 年，玉林在加

---

① 《玉林统计年鉴—2015》。

② 参考《玉林市社会经济发展战略主报告 2004》和《玉林市经济和城镇化发展战略规划》。

快工业化进程的基础上进一步提出了“振兴工业，服务工业”的战略口号，着力打造“工业玉林”。产业结构上以当地资源加工型为特色，企业结构上以少数企业“独大”为特色。依托地方资源优势，其建立了以机械、建材、陶瓷、食品、制药、糖纸、化工、卷烟为支柱的工业体系，培养出以玉柴机器、玉林制药、广西运美为代表的一大批大型企业集团。这一时期的主要特点是，具有特色的几个产业部门在产业经济发展中一枝独大，其余部门表现平平，主要原因是没有形成产业集群。

2002 年以前，玉林市城镇建设发展较慢，建设规模小，城镇化水平长期在低位徘徊。由于工业在经济总量中的比重不超过 30%，处于工业化初期阶段，农业和农村在全市经济社会发展中的比重较大。2002 年之后，玉林市加大了对城市基础设施建设的投入，城市空间不断外扩，城市环境质量不断提高，城市功能不断完善，进入了城镇加速发展阶段。

4. 统筹城乡发展阶段(2009 年以来)

玉林在城乡统筹发展方面的重要政策始于 2009 年，即在广西先行先试进行统筹城乡综合配套改革(表 5 - 18)。此时玉林的城镇化率为 36.6%，人均 GDP 为 11 975 元(图 5 - 45)。统筹城乡综合配套改革的政策设计涉及多个方面，主要包括农村改革试验、新型农业经营体系、公共基础设施建设和城乡环境综合整治等方面(表 5 - 19)，但在具体实施中侧重于农村改革试验，主要负责部门是玉林市农业委员会。2009 年玉林市成立了“玉林市统筹城乡工作部”，工作任务主要是对接各“条块”，没有自己的行政职权。此外，为了加快城乡一体化发展，玉林市分别于 2009 年和 2013 年成立了城乡接合的玉东新区和福绵区。

表 5 - 18 玉林市涉及城乡发展的重要政策回顾

时间	重要政策
1983 年	撤销玉林县，设立玉林市
“七五”计划时期	广西强调改革开放和发展社会主义商品经济，并提出加速发展沿海和桂东南的发展方针，使玉林的经济实现了爆炸性的增长
	广西在“七五”计划期间提出“东西两大地带的划分”和“发挥中心城市的作用”的思想，而位于东部地区的玉林以侧重于发展粮食、水果、经济作物和消费品工业为指导政策
1988 年	国务院批准玉林市为沿海经济开放区，实行对外开放
1997 年	撤销玉林地区和县级玉林市，设立地级玉林市
2009 年	新增玉东新区，规划用地面积为 112.53 平方公里
	玉林在广西先行先试进行统筹城乡综合配套改革

（续表）

时间	重要政策
2012 年	广西壮族自治区住房和城乡建设厅召开全区城乡风貌改造、特色名镇名村建设、农村危房改造工作分析会
2013 年	设立福绵区
2014 年	玉林市委、市政府提出建设“五彩田园”
	农业农村部批复玉林市为全国第二批农村改革试验区（广西唯一）

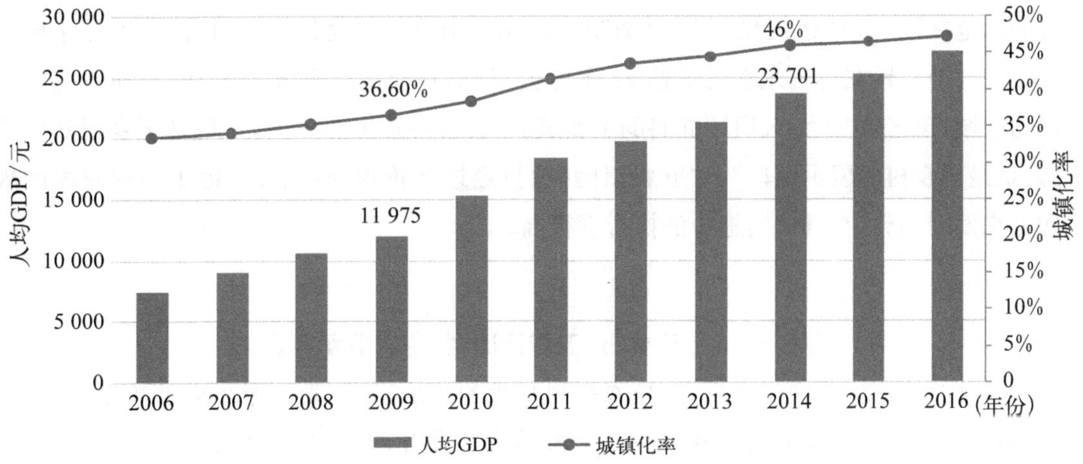

图 5-45　2006—2016 年玉林市人均 GDP 和城镇化率

资料来源：历年玉林统计年鉴。

表 5-19　玉林市统筹城乡综合配套改革中的措施

配套项目	配套措施
农村改革试验	逐步建立健全农村产权流转交易市场体系
	开展“交易—鉴证—抵押”于一体的农村金融配套改革
	探索农村土地承包经营权、农民房屋财产权、林权等抵押贷款方式
新型农业经营体系	3 个 100 示范工程，新增培育农业龙头企业、农民专业合作社示范社、示范性家庭农场
	推进农村土地经营流转，发展土地股份合作、土地信托等现代经营模式
公共基础设施建设	推进城市主干道、铁路、民用机场、高速公路等一批基础设施建设
	农村公路交通网络继续完善

（续表）

配套项目	配套措施
城乡环境综合整治	“美丽玉林”乡村建设
	“百村示范千村整治提升工程”
	绿化、流域污染整治

2014年，农业农村部批复玉林市为全国第二批农村改革试验区。作为改革试验的举措，玉林市委、市政府提出了建设“五彩田园”的设想，希望将其建设成农村“一二三产业融合发展的示范区”。玉林市规划局组织编制了《“五彩田园”现代特色农业示范区总体规划(2014—2020)》，旨在将玉东新区下辖52平方公里(后扩至100平方公里)的土地打造为五彩田园区域，该区域“作为大田园战略的主要展示区，有一条生态廊道；并规划了乡村建设艺术园，是最美乡村的展示窗口”。“五彩田园”项目经过几轮规划，充分考虑了当地农民的现状和未来发展期望，在具体实施中的执行度很高。

专栏5-2 玉林市“五彩田园”特色农业示范区

“作为城乡统筹的示范区，政府在规划建设和土地流转、产业等方面做出了很多努力。‘五彩田园’里的农民收入要比外围的多，(每月)大概几千块，主要是租金、工资、劳务、农家乐等收入，除此之外，政府给的支持更多，比如信用社给‘五彩田园’中的村庄贷款政策更宽松。目前的问题是农民的手艺特色不够突出，姜糖、客家饼、枫糖等特色本地食品和手工艺品需要进一步挖掘。”

——玉东新区(“五彩田园”项目所在地)领导访谈摘要

5.4.3 城乡要素配置及流动特征

1. 土地利用及变化

玉林市建设用地呈现“集中＋小分散”的模式，农村地区空间形态较为原始，未经过大规模的政策干预。另外，由于农村地区基础设施较为匮乏，目前农村的建设空间增长较多发生在道路沿线。玉林市城镇建设用地存在的问题包括：城镇、工业用地盲目扩张现象依然存在，容积率较低的原有工矿和老城区低层建筑长期得不到很好的改造，农村建房长期缺乏统一规划，超标违规建房现象比较严重，土地利用粗放低效。特别是由于历史原因，农村建设用地规模过大，布局分散，超标严重，多数村庄存在低效、闲置利用宅基地等问题，“空心村”现象突出，部分村庄沿公路扩张，违法违规建设时有发生，2014 年全市人均农村居民点用地达到 233 平方米，造成较大的资源浪费。据《玉林市土地利用总体规划(2006—2020 年)》的相关分析，2005 年的建设用地中，农村居民点用地比重过大，而“工业用地、交通用地、水利设施用地的规模却不能满足经济建设的需求”；至 2016 年，农村地区的交通等基础设施仍然匮乏。

根据地理国情监测云平台的土地利用数据，以下整理了玉林市 1980 年、1990 年、2000 年、2010 年、2015 年的土地利用分类数据，结果如表 5－20 所示。

表 5－20　玉林市 1980 年以来城乡用地分类汇总

单位：km^2

	1980 年	1990 年	2000 年	2010 年	2015 年
草地	571.25	527.40	458.03	449.52	477.70
城乡、工矿、居民用地	257.65	254.26	314.11	322.52	392.71
耕地	3 115.32	3 171.89	3 059.93	3 060.42	3 031.79
林地	8 744.53	8 715.66	8 853.13	8 852.34	8 780.39
水域	1 64.01	181.70	169.55	169.96	172.16
未利用土地	4.00	2.12	2.00	2.00	2.00
汇总	12 856.76	12 853.03	12 856.75	12 856.76	12 856.75

根据玉林市自然资源局提供的资料，2010 年玉林全市建设用地面积为 957.29 平方公里。受限于玉林市的特殊地形，很多建设用地分布在山区，1 km 精度的影像对建设用地的识别精度较差；因此用 2010 年建设用地为 957.29 平方公里对建设用地总量进行矫正(其他年份建设用地按照地理国情检测云平台比例数据同比例调整，增加的土地从占比最大的林地中扣减)，得到调整后的结果如表 5－21、表 5－22、图 5－46 所示。

表 5－21　玉林 1980 年以来城乡用地分类汇总(按比例调整后)

单位：km^2

	1980 年	1990 年	2000 年	2010 年	2015 年
草地	571.25	527.40	458.03	449.52	477.70
城乡、工矿、居民用地	764.75	754.68	932.34	957.29	1 165.62
耕地	3 115.32	3 171.89	3 059.93	3 060.42	3 031.79
林地	8 237.43	8 215.24	8 234.90	8 217.57	8 007.48
水域	164.01	181.70	169.55	169.96	172.16

(续表)

	1980 年	1990 年	2000 年	2010 年	2015 年
未利用土地	4.00	2.12	2.00	2.00	2.00
汇总	12 856.76	12 853.03	12 856.75	12 856.76	12 856.75

资料来源：根据地理国情监测云平台数据整理，按照玉林市 2010 年建设用地数据进行了同比例调整。建设用地增加的部分在比例最大的林地部分扣减。

表 5-22 玉林 1980 年以来年均建设用地增量

单位：km^2

	1980—1990 年	1990—2000 年	2000—2010 年	2010—2015 年
草地	−4.38	−6.94	−0.85	5.64
城乡、工矿、居民用地	−1.01	17.77	2.49	41.67
耕地	5.66	−11.20	0.05	−5.73
林地	−2.22	1.97	−1.73	−42.02
水域	1.77	−1.21	0.04	0.44
未利用土地	−0.19	−0.01	0.00	0.00
汇总	−0.37	0.38	0.00	0.00

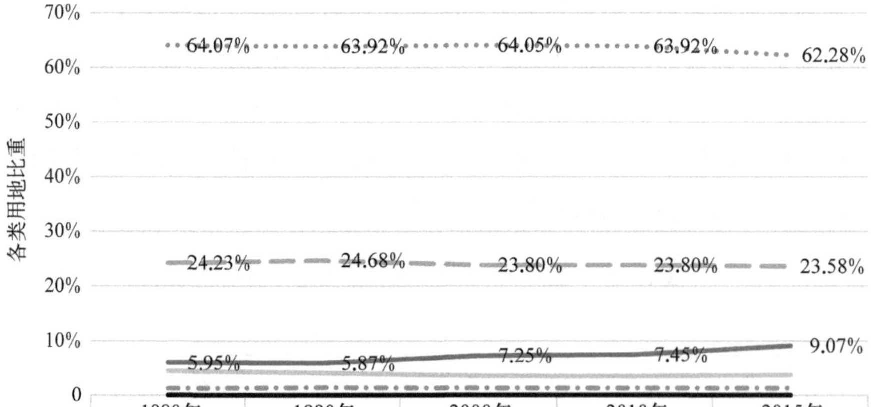

	1980年	1990年	2000年	2010年	2015年
草地	4.44%	4.10%	3.56%	3.50%	3.72%
城乡、工矿、居民用地	5.95%	5.87%	7.25%	7.45%	9.07%
耕地	24.23%	24.68%	23.80%	23.80%	23.58%
林地	64.07%	63.92%	64.05%	63.92%	62.28%
水域	1.28%	1.41%	1.32%	1.32%	1.34%
未利用土地	0.03%	0.02%	0.02%	0.02%	0.02%

图 5-46 玉林市 1980 年以来土地利用结构变化

从数量和构成看，35 年间，玉林市耕地比重基本保持不变，1990 年之后总量在缓慢减少。城乡、工矿、居民用地 1990 年之后一直在增加，1990—2000 年、2000—2015 年的增速均非常快。

2. 投资的城乡分布

为了进一步分析城乡投资分布，以下运用企业 POI 数据和城乡建设用地分布数据对城乡资本投资的分布进行了地理计算。运用的软件为 ArcGIS 10.2，POI 数据来自百度，其中企业 POI 行业分类包括厂矿、公司、农林园艺、其他和园区。

计算结果表明，玉林企业的城乡分布差距较大，尤其是公司小类，83.68%分布在城镇，数量上是农村的约 5 倍(图 5－47)。农林园艺小类则主要分布在农村，总量上是城市的约 5 倍。在分布密度上，除农林园艺小类在农村的分布密度大于城镇，其他小类在城镇的分布都较为密集(图 5－48)。

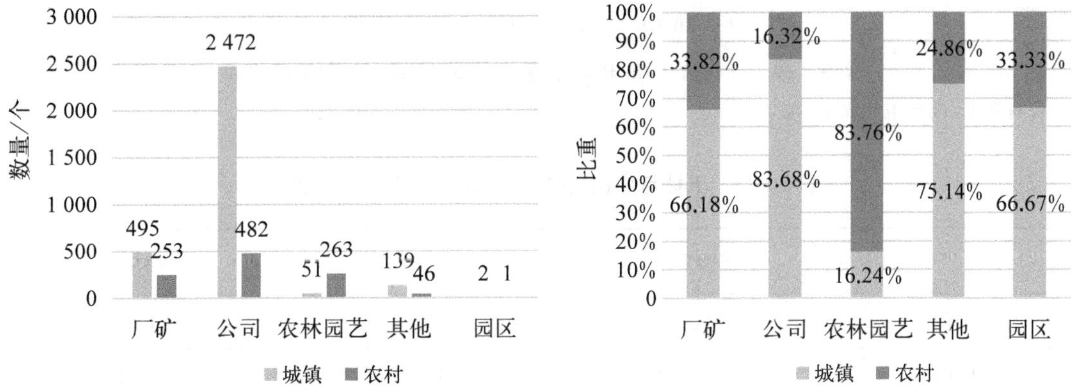

(a) 数量分布　　(b) 结构分布

图 5－47　玉林企业 POI 城乡分布

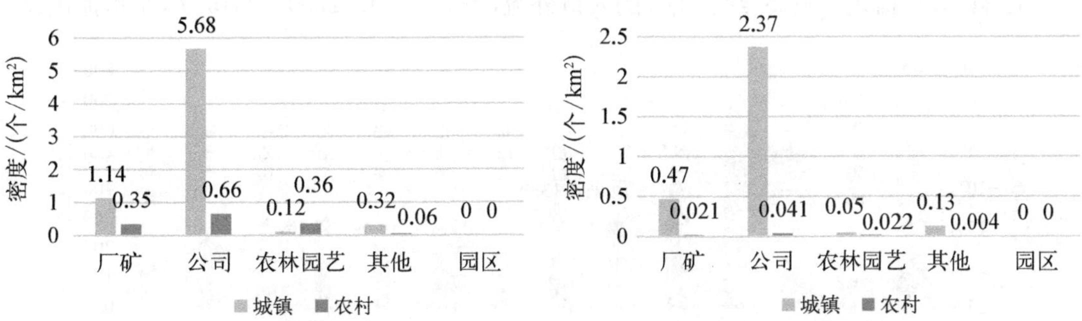

(a) 建设用地内分布密度　　(b) 行政范围内分布密度

图 5－48　玉林企业 POI 城乡密度分布

3. *劳动力流动*

玉林由于经济发展相对滞后，国家对其农村发展也并未有什么大的政策倾斜，所以城镇化进程较为平稳，城镇人口增长也较为缓慢（图5－49）。横向比较来看，玉林城镇化水平低于广西和全国；城镇化率增速则与全国、广西的平均水平基本持平（表5－23）。

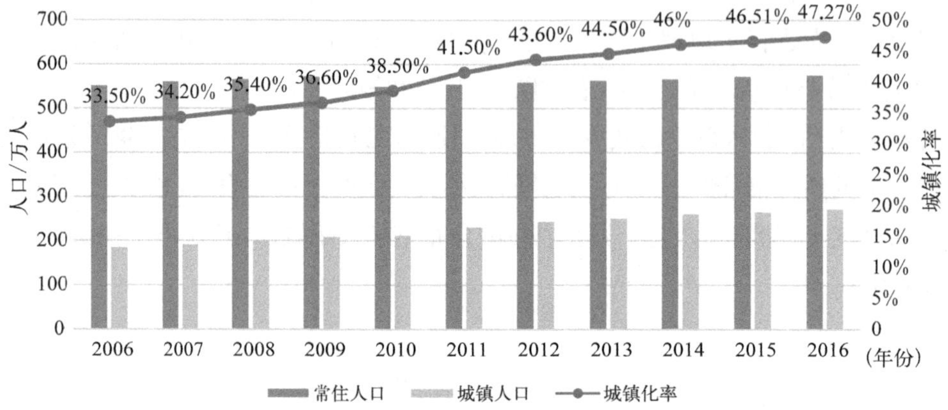

图5－49 玉林市2006年以来常住人口、城镇人口和城镇化率

资料来源：历年玉林统计年鉴。

表5－23 玉林与广西、全国的城镇化率及增长率比较

	2005年	2015年	年均增长率
全国	42.99%	56.10%	1.3%
广西	33.60%	47.10%	1.4%
玉林	32.30%	46.51%	1.4%

资料来源：历年广西统计年鉴、中国统计年鉴。

玉林的人口流出率较高，约有1/5的人口外流（图5－50）。2000—2015年，全市流出总人

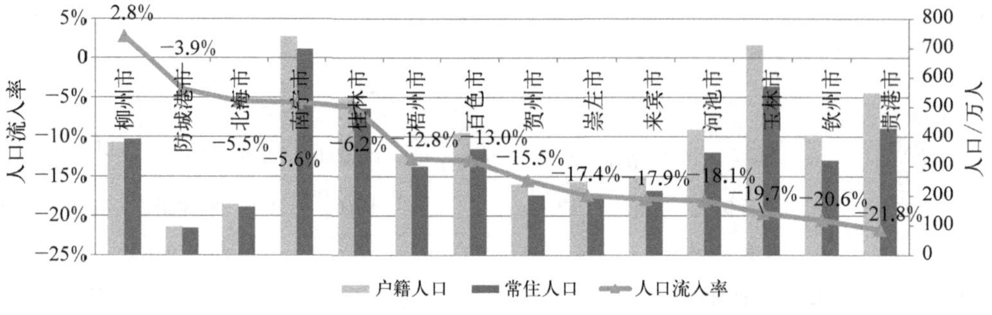

图5－50 2015年广西地级市户籍人口、常住人口和人口流入率比较

资料来源：《广西统计年鉴—2016》。

口为150万左右。2013年之前基本为单向流出，2014年开始有小规模的人口回流现象出现，估算每年回流2万人左右。其主要人口流向为南宁市及广东各市。据调查，农村70%的家庭有成员外出务工，到乡镇、县城就近务工占43%，出省务工占29%，在玉林市区务工占19%(图5-51)。出省务工地主要为广东(深圳、广州、东莞、佛山、中山等城市)、海南。自治区内其他务工地主要有柳州、南宁、桂林、北海、东兴等城市。市辖区对本市农村流出人口的吸引力相对较弱(图5-52)。

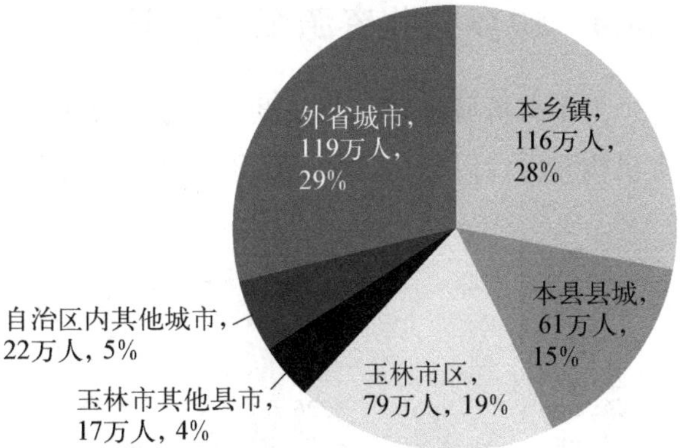

图5-51　玉林市镇村居民家庭中外出务工者流向

资料来源：《玉林市城市总体规划修编(2017—2035)》，人口与城镇化发展专题问卷调研。

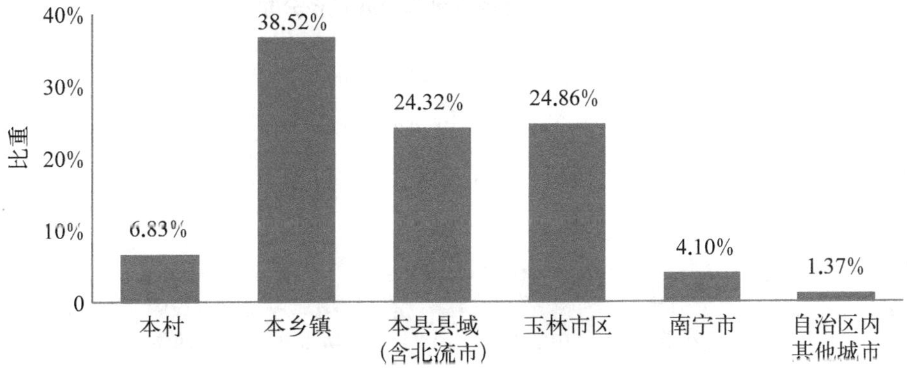

图5-52　玉林市外出务工者期望的回流地点

资料来源：《玉林市城市总体规划修编(2017—2035)》，人口与城镇化发展专题问卷调研。

4. 城乡要素配置及流动特征

玉林市城乡要素配置及流动总体呈“市场化”+“弱干预”的特征。在用地方面，建设用地的利用较为粗放低效；城镇、工业用地盲目扩张现象依然存在；农村建设用地规模过大，布局分散，超标严重。多数村庄存在低效、闲置利用宅基地等问题，部分村庄沿公路扩张。城乡投资以市场化为导向，企业主要分布在城镇，公共投资方面也以城镇为主，对农村的投资较少。在人口流动方面，外出人口绝对数量较大，异地就业和劳务经济具有重要地位，市区的就业吸收能力不足。农村仍保有一半以上的农业劳动力，农业现代化、规模化发展应加快推进，从而可进一步释放农业劳动力，并为乡镇、县城和城市的发展提供更多人力资源。要素配置以市场化导向为主，政府未进行大规模、系统性的干预，仅在局部地区结合城乡统筹做了初步探索(如上文提到的“五彩田园”试点项目)。

5.4.4 城乡公共资源配置特征

为了分析城乡基本公共服务设施的分布，以下运用 ArcGIS10.2 对城乡公共资源中的教育机构和医疗设施配置状况做了统计分析（图 5－53、图 5－54、图 5－55、图 5－56）。

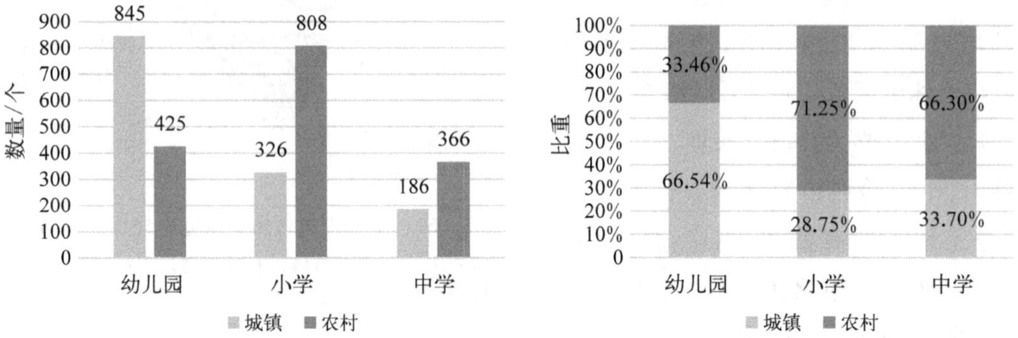

(a) 数量分布　　(b) 结构分布

图 5－53　玉林教育机构 POI 城乡分布

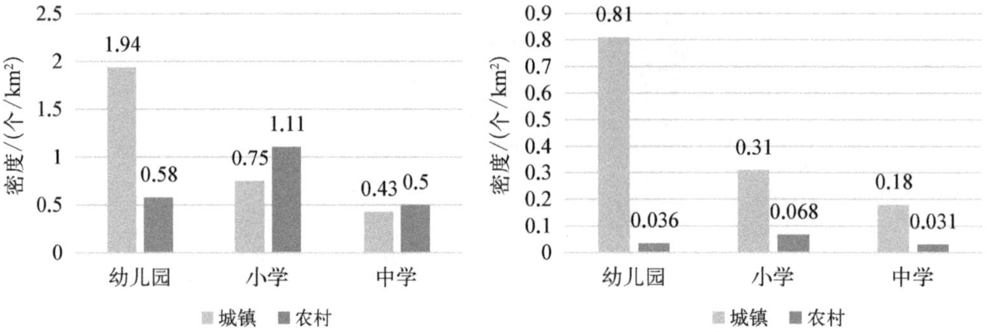

(a) 建设用地内分布密度　　(b) 行政范围内分布密度

图 5－54　玉林教育机构 POI 城乡密度分布

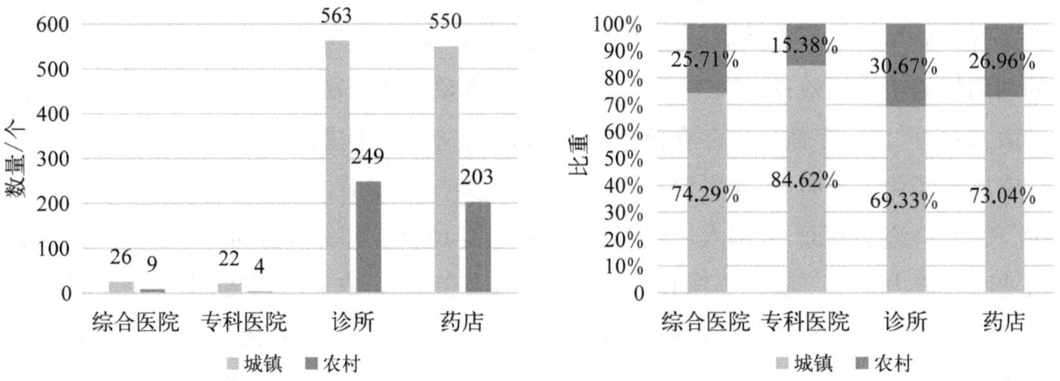

(a) 数量分布　　(b) 结构分布

图 5－55　玉林医疗设施 POI 城乡分布

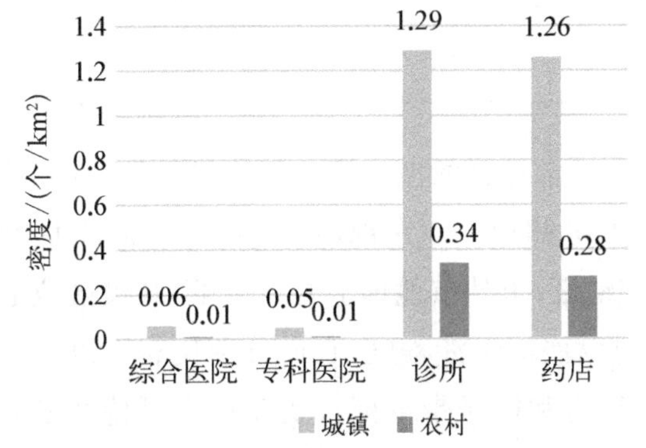

(a) 建设用地内分布密度

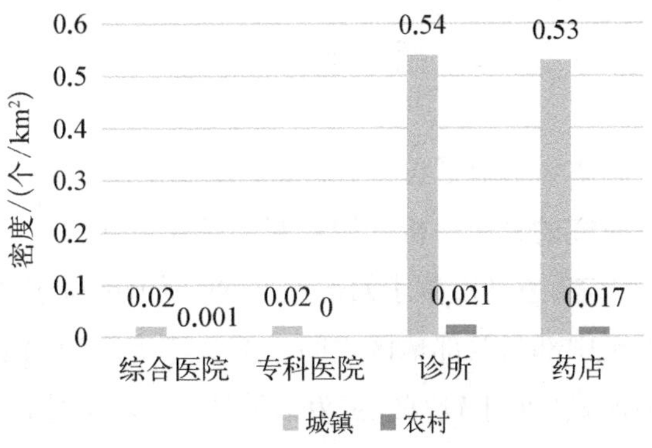

(b) 行政范围内分布密度

图 5-56　玉林医疗设施 POI 城乡密度分布

综合考虑玉林的城镇化率(2016 年年底为 47.3%)，可以认为玉林市教育机构中的小学和中学的城乡分布较为均衡；幼儿园在农村占比为 33.46%，略有不足。从城乡建设用地内分布密度来看，中学小学在农村建设用地上的密度甚至高于城镇，幼儿园的分布密度则农村略低于城镇。在医疗设施方面，城乡分布则较不均衡，综合医院、专科医院、诊所和药店都主要分布在城镇，城乡密度分布的差异也较大。

相对于城区，玉林市的农村建设管理有较大差距，特别是农村住房建设无序扩张；交通、住建等部门各自为政现象比较普遍，建设规划与实际需求不够匹配。道路硬化工程、风貌整治、环境整治等措施虽有所实施，但覆盖面窄、实施效果不佳。总括而言，农村基础设施建设还有很大改善空间，建设和管理水平均亟待提升。

5.4.5　小结：玉林的城乡互动模式

玉林市处在沿海开放地区，城乡经济社会发展已经取得一定成就，但总体水平还较低。其城镇化进程较为平稳，城市建设和管理水平较高，但农村空间形态则较为散乱，农村建房沿道路无序蔓延的情况较为严重，农村基础设施发展不平衡，总体上仍显匮乏。

总之，玉林在城乡互动模式上有以下两个特征。首先，由于城市经济发展程度尚不高，农民本地就业的非农化程度也不高，地方政府并未通过系统的顶层设计来对农村发展进行干预，而只是做一些“力所能及”的事情，如基础设施的建设和环境治理等。其次，政府选择了若干特定地区，先行开展城乡统筹试点，如在城市近郊区建设“五彩田园”项目，在局部先做探索性实践，取得经验后再进行推广。

综上所述，玉林的城乡互动模式可总结为经济社会发展尚不发达，城乡二元和分治仍在延续状况下的政府弱干预加政策试点模式。

5.5 本章小结

本章选取了位于我国的东部地区、中部地区和西部地区的四个案例城市，以历时性和比较研究的方法解析其城乡互动关系和模式。其中，苏州市位于东部沿海，是发达城市-区域的代表；遵义市位于西部地区；平顶山市位于中部地区；玉林市地理上处于南部，政策区位上处于中部与西部地区之间。综合考虑政府对农村发展的干涉程度，它们分别代表了以下四种模式：处于较高经济发展阶段，可以通过自身财力和以城带乡模式实现城乡可持续发展的苏州模式；处于中等经济发展阶段，可以通过自身资源禀赋和外源输入实现乡城互补的遵义模式；处于较低经济发展阶段，城乡二元分治状况仍在继续且呈现出较为低效的政府强干预的平顶山模式；政府弱干预＋政策试点、城乡相对自由发展的玉林模式。

本章通过以下四个方面的解析来实证四个案例城市的城乡关系和互动模式：① 在其城乡发展历程中，政府在何时采取哪些手段以促进农村的发展和城乡的互动；② 当地的资源禀赋是否影响了城乡互动的模式；③ 要素如何在城市和农村之间配置、流动；④ 公共资源在城乡之间的配置状况如何。

具体而言，苏州的城乡互动模式可总结为以城带乡，倚重土地要素完成早期积累，在工业化、城镇化较为充分发展的基础上，实现城乡要素有效配置的模式。苏州还因地制宜地发展出了多个“亚类”模式，即各区县（园区）的城乡一体化在发展定位、导向和模式上，呈现出一个契合各自的资源禀赋、历史发展路径及城镇化和经济发展水平的城乡一体化发展“亚类”模式，其城乡发展关系及导向各具特色。

遵义市现行城乡关系更趋向于是一种乡城互补的关系，“乡”不仅是城市的附属，而且可作为一个相对独立的功能单元而存在。遵义的城乡互动模式总结为乡城互补，倚重外源输入（国家转移支付及劳务经济）和合理配置乡村资源的模式。

相对而言，平顶山的城乡经济社会发展水平还不高，城乡二元和分治状况尚未得到根本改观。在经济发展和城镇化进程并未达到一定水准的条件下，自上而下的政府强行干预，并不能有效改变现有的城乡关系和实现可持续发展。平顶山的城乡互动模式可总结为城乡经济社会发展水平偏低条件下，城乡二元运行和低效的政策强干预模式。

玉林市的城乡经济社会发展已经取得了一定成就，但总体水平还较低。玉林在城乡互动模式上有以下两个特征。首先，由于城市经济发展程度尚不高，农民本地就业的非农化程度也不高，地方政府并未通过系统的顶层设计来对农村发展进行干预。其次，政府选择了若干特定地区，先行开展城乡统筹试点，如在城市近郊区建设“五彩田园”项目，在局部先做探索性实践，取得经验后再进行推广。玉林的城乡互动模式可总结为经济社会发展尚不发达，城乡二元和分治仍在延续状况下的政府弱干预加政策试点模式。

第6章 案例城市的城乡发展一体化绩效评价

上一章解析了四个案例地区城乡互动关系和模式，回答了“是什么”的问题，至于“怎么样”的评价和“为什么”的解释，主要在本章展开。我国不同地区的城市-区域在实现城乡发展一体化目标的过程中，城乡互动关系和模式各有其特色，政府在何时以及应该采取哪些手段以促进农村的发展和城乡的互动？当地的资源禀赋是否影响了城乡互动的模式？公共资源在城乡之间的配置效果如何？这些“怎么样”（评价）和“为什么”（解释）的问题均须得到解答。本章首先建立指标体系，以评价四个案例城市的城乡发展一体化绩效，然后结合评价结果作进一步分析和解释。

6.1 评价指标体系的建构

相关的指标体系研究已有很多，如完世伟(2008)、段禄峰(2012)、胡碧涵(2014)等都曾对城乡发展一体化绩效进行了量化研究。他们通过设置城乡发展一体化绩效评估体系，综合测度和分析城乡发展一体化水平。既有研究的区别在于指标体系的因子选取和权重确定方法。在他们提出的这些指标体系中，城乡发展一体化分为空间、经济、社会、人口、文化、生态等维度，其中完世伟的指标体系分为5个方面、20个评价指标，段禄峰的指标体系分为5个方面、21个指标因子，胡碧涵的指标体系分为5个方面、36个基础指标，罗敬成(2015)的指标体系分为6个方面、31个基础指标。在权重的确定方法上，完世伟和段禄峰都通过层次分析法确定指标权重，完世伟在层次分析的过程中运用了专家评分法；胡碧涵、罗敬成运用了主成分分析法确定权重。

这些研究的共性在于都认识到城乡发展一体化绩效评价应当包含经济、社会、空间、生态、政策等多个方面；同时，城乡发展一体化的目标应是城乡差距的缩小。由于指标权重的确定对城乡发展一体化绩效的评价结果影响很大，指标权重的确定方法若差异很大，评价的结果可能迥异。笔者对用客观的方法（如用主成分分析法确定权重）有着不同看法：用反映数据客观规律的主成分分析法来确定权重，与城乡发展一体化的主观目标之间并不存在一致性关系，因而不一定能真实反映指标对综合评价的贡献。

赵民等的研究认为，城乡发展一体化中各个方面的特征指标并不具备相互替代关系，某一指标的突出并不能弥补另一指标的不足，并且指标体系建构的目的更多是解析城乡发展一体化的具体状态，总得分的高低并不是最终目的（赵民、方辰昊、陈晨，2018）。因此他们对评价体系中的分类指标不做加权归并，而是从“提升城市经济和城市功能”“缩小城乡发展差距”“发挥乡村地域的主体功能”三个方面建构评价指标体系，并结合国情和国际及地区经验，针对某些指标设置了目标值。

借鉴上述研究的思路，本书从“城市发展阶段和效率”“城乡发展差距”“乡村地域主体功能”“居民满意度”四个方面来考察四个案例城市的城乡发展一体化绩效。指标体系的建立基于以下前提认识：① 城市发展效率越高，城市经济越发达，越有可能实现“以城带乡”，实现城市和工业对农村和农业的反哺，从而实现城乡发展一体化；② 城乡发展一体化的本质在于城乡基础设施和公共服务的水平趋于一致，同时也表现为现代生活方式和契约观等在城乡的传播和普及（徐素，2018），城乡发展一体化的目标是缩小城乡居民生活水平的差距，实现城乡“有差异、无差距”的状态（赵民、方辰昊、陈晨，2018）；③ 城乡发展一体化对农村的要求，并不是要农村成为城市的附属，而是要彰显农村作为一个地域主体的功能，其在农业生产、居住、生态和文化等方面功能要得以保全和传承；④ 城乡发展一体化政策的实施效果，不仅涉及客观指标的数值，城乡居民满意度也是实施结果的重要组成部分。基于以上分析，对四个案例城市从“城市发展阶段和效率”“城乡发展差距”“乡村地域主体功能”和“居民满意度”四个方面的基本目标，按“目标层—准则层—指标层”演绎，建构评价的指标体系（表6－1），进而对城乡发展一体化的绩效加以评价。

表6－1　城乡发展一体化绩效指标体系

目标层	准则层	指标层	注释
城市发展阶段和效率	城镇化水平	城镇化率	高城镇化率代表着城市发展到一定阶段
		非农就业比重	非农就业比重高是农村劳动力要素流动的基础
		第二、第三产业产出比重	反映非农产业比重，考量城市发展阶段
		城镇建设用地占城乡建设用地比重	考量土地城镇化进程
	生产效率	人均GDP	高效的生产效率代表城市发展到一定阶段
		建设用地地均GDP	

（续表）

目标层	准则层	指标层	注释
城乡发展差距	生活水平	城乡人均可支配收入比	反映城乡居民收入和生活水平差距
		城乡人均消费支出比	
	公共服务	城乡幼儿园密度分布比	反映城乡公共服务差距
		城乡幼儿园生均公共财政预算教育经费支出比	
		城乡小学密度分布比	
		城乡小学生均公共财政预算教育经费支出比	
		城乡初中生均公共财政预算教育经费支出比	
		城乡诊所密度分布比	
		平均每千农村人口村卫生室人员	
	生产力水平	城乡公司企业密度分布比	反映资本城乡分布差距
		非农从业人员人均增加值/农业从业人员人均增加值	反映非农和农业生产力水平差距
乡村地域主体功能	城乡建设集约化程度	农村建设用地/农村行政区面积	建设用地比重越低、越集约，则对农村地区生态冲击越小
		人均建设用地面积	
	农业生产状况	农业人均 GDP	反映农业生产功能
		粮食作物单产	
		农业综合机械化水平	
	乡村生态环境质量	达到或优于三类水质的断面比例	考察农村地区水环境质量、空气质量
		劣五类水质的断面比例	
		全市空气质量达标率	
	乡村多元化发展	农村第三产业就业比重	一定程度上反映农村多元化发展情况，如旅游、文化等功能
居民满意度	城乡居民生活满意度	幸福感	主观幸福感也是城乡发展一体化的追求目标
		社会公平	

6.2 城乡发展一体化绩效评价

根据上文建立的城乡发展一体化绩效指标体系，可对四个案例城市进行评价。首先形成定量评价的总表，然后以客观和具可比性为原则，对“城市发展阶段和效率”“城乡发展差距”“乡村地域主体功能”这三项目标作详细分析评价①。

6.2.1 城乡发展一体化绩效评价体系

对四个案例城市的城乡发展一体化绩效作定量评价，数据整理如下(表 6-2)。

表 6-2 案例城市城乡发展一体化绩效评价

目标层	准则层	指标层	苏州	遵义	平顶山	玉林
城市发展阶段和效率	城镇化水平	城镇化率	74.90%	46.50%	51.00%	46.50%
		非农就业比重	96.6%	41.5%	53.2%	48.3%
		第二、第三产业产出比重	98.51%	83.89%	90.18%	82.08%
		城镇建设用地占城乡建设用地比重*	66.74%	60.70%	29.43%	37.36%
	生产效率	人均 GDP/元	136 702	35 123	32 842	25 440
		建设用地地均 GDP* /(亿元/km^2)	7.68	1.86	1.21	1.24
城乡发展差距	生活水平	城乡人均可支配收入比	1.97	2.70	2.45	2.80
		城乡人均消费支出比	1.86	1.96	2.91	2.83
	公共服务	城乡幼儿园密度分布比#	1.32	2.30	4.38	3.33
		城乡幼儿园生均公共财政预算教育经费支出比&	1.49	1.18	1.35	1.45
		城乡小学密度分布比#	0.93	0.40	0.73	0.68
		城乡小学生均公共财政预算教育经费支出比&	1.06	0.99	1.01	1.01
		城乡初中生均公共财政预算教育经费支出比&	1.03	1.02	1.03	1.08

① 关于“居民满意度”，尽管可以反映民众的获得感，但这项评价为主观评价，其评价结果既取决于真实的发展水平，亦与人们的期望值及媒体引导有关，因而不同地区之间的可比性不强。

（续表）

目标层	准则层	指标层	苏州	遵义	平顶山	玉林
城乡发展差距	公共服务	城乡诊所密度分布比#	0.94	1.56	5.91	3.79
		平均每千农村人口村卫生室人员/人&	1.38	1.12	1.78	1.04
	生产力水平	城乡公司企业密度分布比	0.97	4.00	7.49	5.07
		非农从业人员人均增加值/农业从业人员人均增加值	2.36	7.33	8.07	4.90
乡村地域主体功能	城乡建设集约化程度	农村建设用地/农村行政区面积*	9.74%	1.70%	10.75%	6.19%
		人均建设用地面积*/(m^2/人)	178	188	271	204
	农业生产状况	农业人均 GDP/(万元/人)	9.06	1.73	0.86	1.37
		粮食作物单产/(千克/公顷)	7 321	2 337	3 870	5 853
		农业综合机械化水平	88%	35%	80%	52%
	乡村生态环境质量	达到或优于三类水质的断面比例	49.10%	94.40%	55.60%	66.70%
		劣五类水质的断面比例	9.40%	0	0	0
		全市空气质量优良达标率	68.20%	91%	36.40%	87.90%
	乡村多元发展	农村第三产业就业比重	21.18%	43.88%	—	—
居民满意度	城乡居民生活满意度	幸福感&	82.00%	75.50%	85.10%	64.60%
		社会公平&	45.70%	42.60%	51.70%	56.50%

资料来源：

(1) 标 * 的指标数据源自第 5 章按照卫星读取和修正的建设用地数据；标 # 的指标数据源自前文 POI 密度分布分析；标 & 的指标数据采用省一级数据代替。

(2) 为了与建设用地指标及 POI 数据相一致，全表使用数据为 2015 年数据；玉林三大产业从业人员为 2011 年数据。

(3) 居民满意度指标采用中国综合社会调查(CGSS)的 2015 年调查数据(公开数据只公布到省一级，具体题目对应 A35、A36、B16 和 B17)。此处数值只作示意，不作具体分析。

(4) 其他数据来源：各地市、各地市所在省 2016 年年鉴、统计年鉴；各地市 2016 年政府工作报告；各地市 2015 年国民经济与社会发展统计公报；CGSS 调查数据。环境数据来自各地市 2015 年度环境状况公报。

6.2.2　城市发展阶段和效率评价

对于绩效评价目标层的“城市发展阶段和效率”，分准则层列出各项具体评价指标，进而比较人口、产业和土地的城镇化和非农化程度。

可以发现，就人口城镇化进程来看，苏州处于城镇化发展的较成熟阶段，城镇化率为

74.90%；其次为平顶山，城镇化率为51.00%；遵义和玉林的城镇化率均为46.50%，远低于全国同期水平，处在初步发育阶段。非农就业比重的规律类似，苏州最高，达96.6%，对应了其高度发达的城市型经济及城镇化阶段；其次为平顶山和玉林，非农就业吸收了本地约五成就业人口；遵义的非农就业比重只占约四成，亦即仍有近六成劳动力从事第一产业。

若用城镇建设用地占城乡建设用地比重来测度"土地城镇化"程度，再将其与以常住人口衡量的"城镇化率"作比较，可以发现平顶山、玉林和苏州的人口城镇化率都高于土地城镇化率，亦即城镇建设用地上的人口密度高于农村建设用地上的人口密度，因而可判断为处于正常状态。而遵义的人口城镇化率则低于土地城镇化率，亦即城镇建设用地上的人口密度低于农村建设用地上的人口密度；对应于现实状况，则是遵义的城镇建设用地拓展过大，超越了现阶段的实际需求(图6-1、表6-3)。

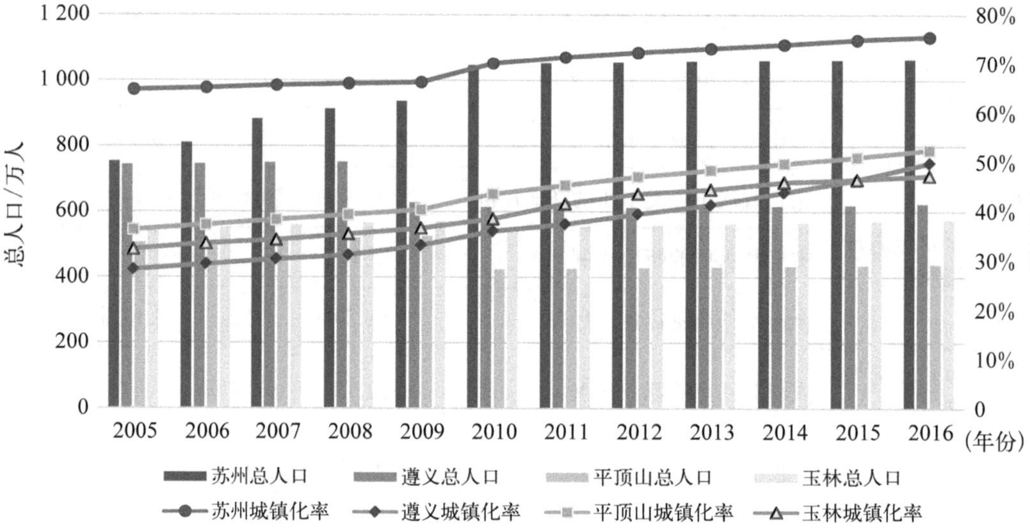

图6-1 四个案例城市的总人口和城镇化率

资料来源：苏州、遵义、平顶山、玉林统计年鉴(2016)。

表6-3 2015年四个案例城市ArcGIS中读取的行政区面积和建设用地面积城乡分布

	行政区城乡比重(A)		建设用地城乡比重(B)		城镇化率(C)	建设用地城镇化比重和人口城镇化率差值($C-B_1$)
	城(A_1)	乡(A_2)	城(B_1)	乡(B_2)		
苏　州	33.0%	67.0%	66.7%	33.3%	74.9%	8.2%
遵　义	12.5%	87.5%	60.7%	39.3%	46.5%	−14.2%
平顶山	9.4%	90.6%	29.4%	70.6%	51.0%	21.6%
玉　林	8.1%	91.9%	37.4%	62.6%	46.5%	9.1%

关于效率评价，从人均 GDP 产出和建设用地地均产出来看，苏州占有绝对优势，两者均远高于其他城市；在遵义、玉林和平顶山三市中，遵义的人均 GDP 产出和建设用地地均产出均相对要高一些。

综合来看，苏州已进入城市发展的较高阶段，城市产出效率也很高；尤其是极高的非农就业比重表明，绝大部分农民已经不再从事农业生产。平顶山在产业结构上也已经呈现出明显的非农结构，但就业、居住和建设上仍然处于城乡五五开的状态，可谓尚处于城镇化发展的中期阶段。遵义和玉林的城镇化进程与苏州和平顶山相比略有滞后，但遵义的产出效率略高于平顶山。

从"以城带乡"的角度看，苏州属于"大城带小乡"，遵义属于"中城带大乡"，平顶山和玉林属于"小城带大乡"。对遵义、平顶山和玉林的城乡差距将在下文做进一步考察。

6.2.3　城乡发展差距评价

对于绩效评价目标层的"城乡发展差距"，分准则层面列出各项具体评价指标，进而分析四个案例城市的城乡生活水平、公共服务和生产力水平差距。可以发现：① 苏州的城乡发展差距相对最小，体现在城乡人均收支、城乡公共服务供给和城乡生产差距都比其他城市小；② 平顶山的城乡发展差距相对较大，体现在部分城乡公共服务设施(幼儿园、诊所)的差距较大，城乡生产力水平相差较大；③ 玉林的城乡发展差距主要体现在城乡居民生活水平的差距上，城乡收入和支出的比值相对较高；④ 遵义的城乡发展差距比平顶山和玉林要小，城乡公共服务水平差距较小，但城乡居民收入和城乡生产力水平差距较大，农业从业人员人均产出较低。分析案例城市 2016 年城乡居民人均可支配收入及比值，以及各类设施的 POI 城乡密度对比，也可得出基本相同的结论(图 6－2、图 6－3、表 6－4)。

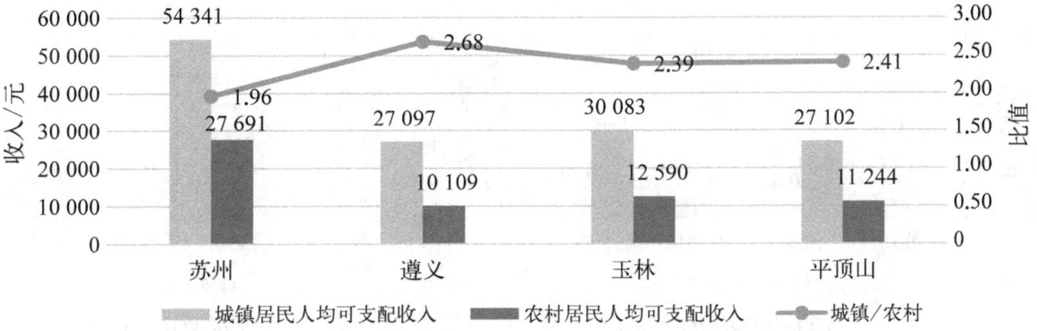

图 6－2　2016 年四个案例城市城乡居民人均可支配收入及比值

资料来源：苏州、遵义、玉林、平顶山统计年鉴(2017)。

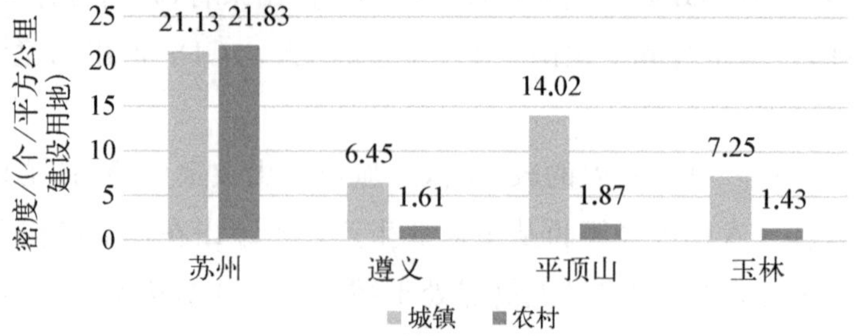

(a) 企业POI密度

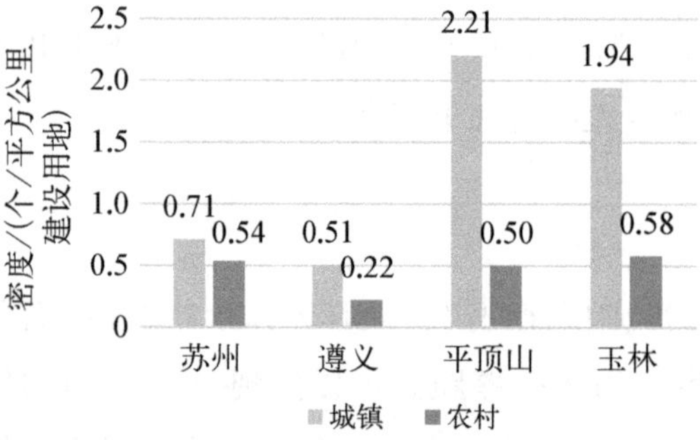

(b) 幼儿园POI密度

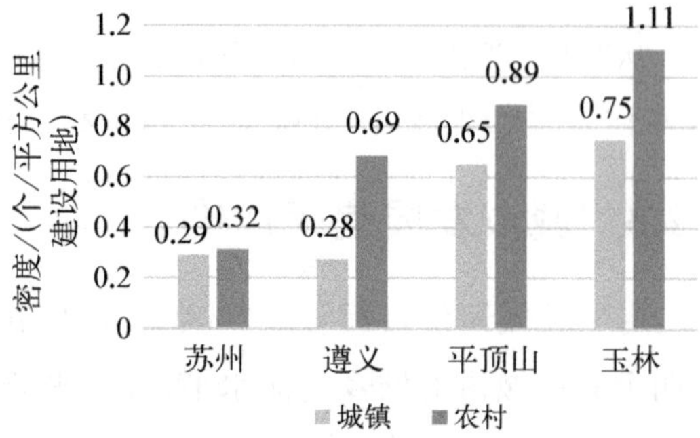

(c) 小学POI密度

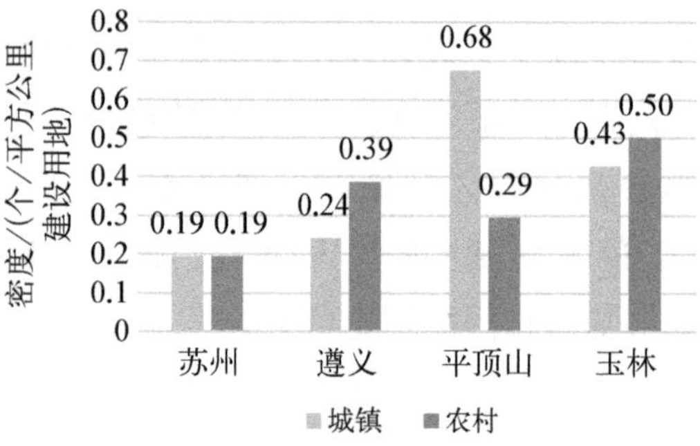

(d) 中学POI密度

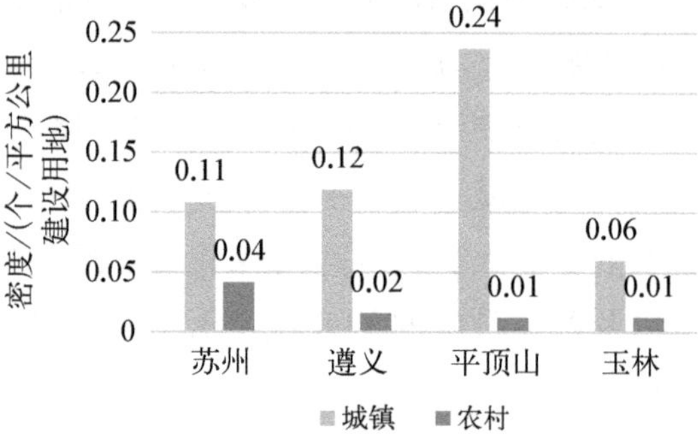

(e) 综合医院POI密度

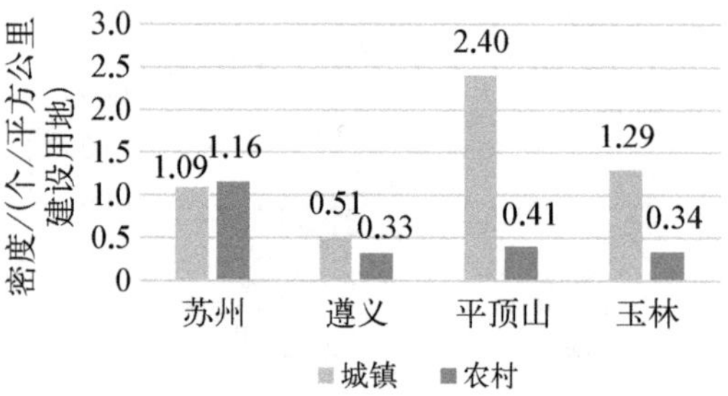

(f) 诊所POI密度

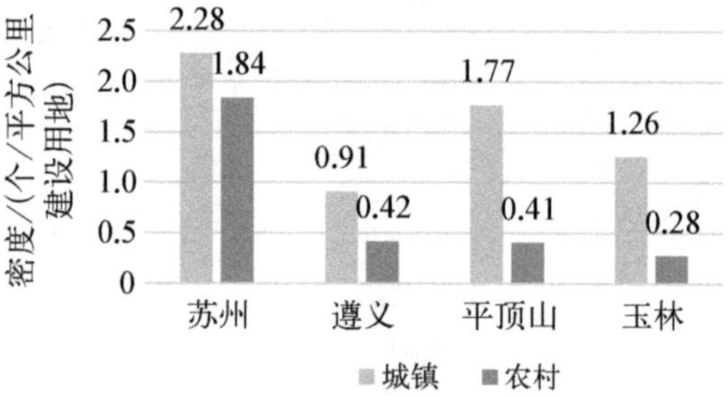

(g) 药店POI密度

图 6-3　四个案例城市各类 POI 城乡密度对比

表 6-4　四个案例城市 POI 密度的城乡比值

	企业	幼儿园	小学	中学	综合医院	诊所	药店
苏　州	1.0	1.3	0.9	1.0	2.8	0.9	1.2
遵　义	4.0	2.3	0.4	0.6	6.0	1.5	2.2
平顶山	7.5	4.4	0.7	2.3	24.0	5.9	4.3
玉　林	5.1	3.3	0.7	0.9	6.0	3.8	4.5

6.2.4　乡村地域主体功能评价

对于绩效评价目标层的“乡村地域主体功能”，分准则层面列出各项具体评价指标，进而从城乡建设集约化程度、农业生产状况、乡村生态环境质量和乡村多元发展四个角度考察四个案例城市的乡村地域主体功能。

可以发现，在四个案例城市中，遵义的农村作为一个独立地域主体的功能较为健全，除粮食产量较低(这与遵义的地形和农业种植结构有关)，遵义农村在建设集约化、生态保育、多元化发展等方面的表现都较好。苏州农村生产功能良好，但在生态保护方面压力较大，文旅、游憩功能仍然有提升空间；此外，农村建设用地占行政区面积比重较大，对农村地区的生态冲击比较大。玉林的各方面表现尚可，城乡建设集约化程度、农业生产状况均处于中等水平，乡村生态环境质量较好。平顶山的建设对农村的生态冲击最大，农业生产、乡村生态环境质量、乡村多元化发展方面的情况也不容乐观。从乡村地域主体功能的总体状况看，遵义相对最优，其次是苏州和玉林，平顶山处在末位。

6.3　城乡发展一体化的绩效、发展模式和影响因素

基于上述指标体系的评价，并结合实地调研和访谈所获得的信息及感性认识，本研究认为苏州的城乡发展一体化绩效较大，所形成的一体化发展模式是符合苏州实际条件的；遵义城乡发展一体化也取得了较好成效，证明了遵义所选择的发展模式亦是成功的；玉林和平顶山迄今在城乡发展一体化方面的效率尚不高，目前的状况虽有其客观成因，但在城乡发展一体化的模式选择方面也应进行反思。

在国家提倡城乡发展一体化的大背景下，四个案例城市的城乡发展一体化道路和绩效各不相同。它们与城乡发展模式选择有什么关系？其背后是哪些因素造成了这种不同？下面从发展阶段、资源禀赋、政策区位以及地级市的控制能力等方面分别展开讨论。

6.3.1 发展模式要与发展阶段相适应

城乡发展一体化模式的选择要与发展阶段相适应，其本质是城乡如何互动。若对案例城市按照经济和城镇化发展水平排序(图 6－4、图 6－5、表 6－5、表 6－6)，大致为苏州、遵义、平顶山和玉林，其各自所处的发展阶段有很大不同。其中，苏州处于"强城小乡(仅指农业规模)"阶段，政府有条件去强力推进城乡一体化发展，可以较轻松地实现城乡福祉均等化的目标。遵义处于"中城大乡"阶段，其城市本身未发展到有足够能力反哺农村的阶段，但依赖其政策区位，在发展模式上顺应了生态文明的政策导向，因而在国家和省级层面的政策扶持下，其城乡发展初步形成了良性互动局面。总体而言，苏州和遵义所采用的城乡发展一体化模式与其各自发展阶段或条件较为适应。

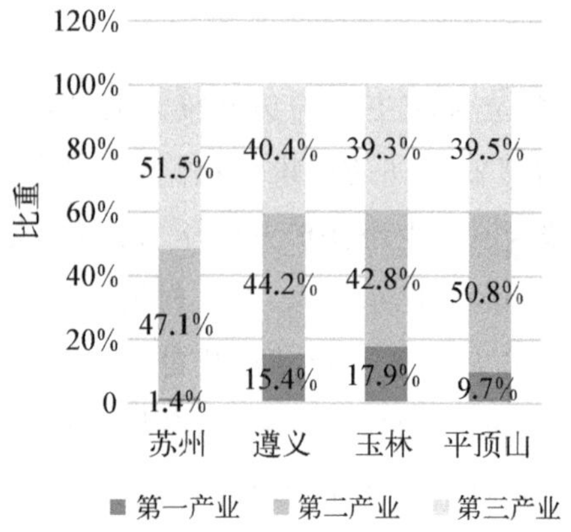

图 6－4 2016 年四个案例城市 GDP 构成

资料来源：苏州、遵义、玉林、平顶山统计年鉴。

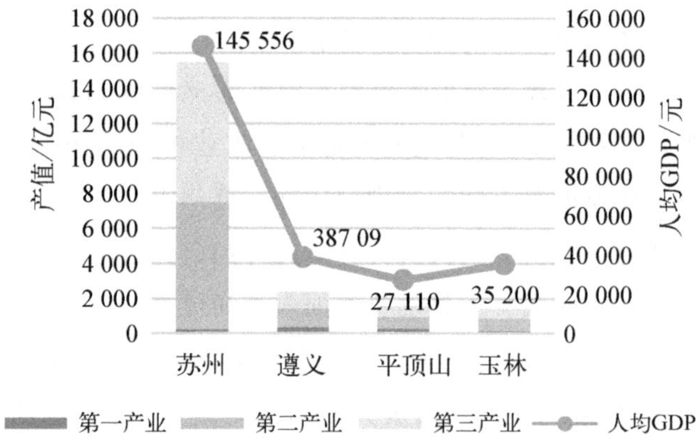

图 6－5 2016 年四个案例城市 GDP 和人均 GDP 情况

资料来源：苏州、遵义、玉林、平顶山统计年鉴。

表 6－5 2016 年四个案例城市固定资产投资情况

城　市	GDP/亿元	全社会固定资产投资/亿元	房地产开发投资/亿元	全社会固定资产投资占 GDP 比重	房地产开发投资占 GDP 比重
苏　州	15 475.09	5 648.49	2 163.24	36.5%	14.0%
遵　义	2 403.94	2 068.88	350.21	86.1%	14.6%
玉　林	1 553.83	1 467.1	136.16	94.4%	8.8%
平顶山	1 425.88	1 429	138.2	100.2%	9.7%

资料来源：苏州、遵义、玉林、平顶山统计年鉴。

表 6-6　2016 年四个案例城市城乡消费情况

城　市	GDP/亿元	消费品零售总额/亿元			城镇消费品零售总额/农村消费品零售总额	消费品零售总额占 GDP 比重
		总计	城镇	农村		
苏　州	15 475.09	4 937	4 313	624	6.9	31.9%
遵　义	2 403.94	723.43	630.58	92.85	6.8	30.1%
玉　林	1 553.83	660.43	593.71	66.72	8.9	42.5%
平顶山	1 425.88	638.80	559.20	79.60	7.0	44.8%

资料来源：苏州、遵义、玉林、平顶山统计年鉴。

平顶山属于“小城大乡”阶段，城市尚未具备足够带动乡村的实力，但却采用了强干预模式；平顶山市域农村人居空间模式的急剧改变既不对应农村自身的基础，也缺乏外力的支撑。玉林也属于“小城大乡”阶段，城市尚不具备全面扶持农村发展的实力，城乡发展一体化的政策实践限定在一个较小的范围内；其发展模式的特点是少干预，但明显力度不够。从实际绩效不佳来评判，平顶山和玉林的城乡发展一体化模式与其各自发展阶段均不够契合。

6.3.2　发展模式要与资源禀赋相适应

四个案例城市的经验均表明，地理条件和种植结构对农村发展状况有着很大影响。苏州的地形以平原为主，耕地易于整合，实施规模农业的可行性较大(目前 90%以上的耕地已经实现流转和规模化经营)，农民可以较顺利地从农地中解脱出来从事非农工作。其他三个城市则都拥有较多的丘陵和山地(表 6-7)，实施大规模农业和机械化种植的难度相对较高；特别是遵义，多为山地峡谷，目前农地流转量仅为总量的 1/6。农民为了获取更多的收益，在条件允许的情况下往往选择种植收益较高、劳动更加密集的经济作物(表 6-8、表 6-9)，客观上会影响农村劳动力的转移，以至生产生活方式的转型；同时也会徒增政府在农村建设基础设施和提供基本公共服务的成本和难度。在此状况下，其农村发展及城乡互动必然不同于平原地区。以上的政策启示意义为，城乡发展一体化的模式制定或采用还应充分考量市域的地理和种植条件，与农村的资源禀赋相适应。

表 6-7　四个案例城市的地形构成

	平　地	丘　陵	山　地	备　注
苏　州	54.8%	2.7%	—	水域占 42.5%
遵　义	6.6%	28.4%	65.0%	

(续表)

	平　地	丘　陵	山　地	备　注
玉　林	17.4%	49.4%	33.2%	
平顶山	24.0%	63.0%	13.0%	

资料来源：苏州、遵义、玉林、平顶山统计年鉴；自然资源部资料。

表 6-8　四个案例城市农作物播种面积构成

	粮食作物播种面积	主要经济作物播种面积				
		总计	油料	烟叶	药材	蔬菜、瓜类
苏　州	60.1%	36.2%	2.2%	—	0.0%	34.0%
遵　义	59.5%	32.7%	10.8%	—	2.7%	19.2%
玉　林	66.5%	33.5%	3.7%	—	7.0%	22.8%
平顶山	77.3%	22.2%	8.8%	2.7%	—	10.7%

资料来源：苏州、遵义、玉林、平顶山统计年鉴。

表 6-9　四个案例城市 2016 年农作物播种面积

单位：千公顷

	总播种面积	粮食作物播种面积	主要经济作物播种面积				
			总计	油料	烟叶	药材	蔬菜、瓜类
苏　州	241.40	145.01	87.37	5.40	—	0.04	81.93
遵　义	1 287.20	765.75	421.91	139.51	—	34.90	247.50
玉　林	473.60	314.80	158.80	17.50	—	33.30	108.00
平顶山	424.51	328.05	94.02	37.24	11.43	—	45.35

资料来源：苏州、遵义、玉林、平顶山统计年鉴。

6.3.3　政策区位及外源投入的影响

除了自身的发展阶段和农村资源禀赋，地级市的城乡互动模式还与其所处的政策区位及外源投入息息相关。例如，苏州地处我国东部沿海先发地区，政策区位优越，自 2008 年起就全面开始了城乡发展一体化综合配套改革，2014 年更是被国家发展改革委列为全国城乡发展一体化综合改革试点，拥有先行先试的政策优势。而遵义地处我国西部地区，同时拥有针对“少数民族地区”“扶贫开发”等政策优势，在重大基础设施建设、资金保障、政策试点等方面均享受国家的支持或扶持，其农村发展具有来自外部的政策资源和劳务经济回馈。

玉林所在的广西和平顶山所在的河南，从数据上看也获得了不少中央转移支付（表6-10、表6-11），但从实地调研的情况来看，用于农村发展的资金比重不大。相比之下，遵义来自外部的转移支付是实现城乡互补发展模式的重要因素。可见，在一定程度上，政策资源和外源投入可弥补本地发展的滞后，实现城乡互动发展或“跨越式发展”。

表6-10 2015年四个案例城市所在省份财政收支结构

		江苏	贵州	广西	河南
一般公共预算收入结构	地方财政一般公共预算收入	71.5%	32.5%	38.5%	48.0%
	税收	60.8%	26.0%	29.2%	36.8%
	非税	10.7%	6.5%	9.3%	11.2%
	其他	28.5%	67.5%	61.5%	52.0%
	中央补助	10.8%	40.5%	42.6%	42.3%
一般公共预算支出结构	地方一般公共预算支出	73.2%	68.0%	78.4%	83.0%
	一般公共服务	6.4%	7.4%	7.6%	8.5%
	外交国防公共安全	4.1%	3.8%	4.5%	3.7%
	文教体	17.5%	15.4%	17.7%	17.8%
	社会保障和就业	6.3%	5.9%	8.9%	11.5%
	医疗卫生	4.9%	6.2%	8.0%	8.8%
	节能环保	2.3%	1.7%	1.9%	2.2%
	城乡社区	11.6%	2.2%	6.1%	7.9%
	农林水	7.6%	9.2%	9.6%	9.7%
	交通运输	4.2%	6.8%	4.6%	4.5%
	其他	8.3%	9.4%	9.5%	8.4%
	其他	26.8%	32.0%	21.6%	17.0%
	上解中央支出	1.6%	0.1%	0.2%	0.4%
	地方政府债务还本	15.4%	21.9%	14.5%	9.6%

资料来源：《中国财政年鉴—2016》。

表 6-11　2017 年四个案例城市一般预算收支情况

	公共财政一般预算收入/亿元	公共财政一般预算支出/亿元	人均一般公共预算财政收入/万元	人均一般公共预算财政支出/万元	公共财政一般预算（收入—支出）/收入
苏　州	1 730.0	1 617.2	1.6	1.5	0.1
遵　义	187.5	522.7	0.3	0.8	−1.8
玉　林	104.8	317.6	0.2	0.6	−2.0
平顶山	124.5	275.7	0.3	0.7	−1.2

资料来源：苏州、遵义、玉林、平顶山政府财政预算执行情况年度报告。

6.3.4　市本级与县市区的“强弱”关系影响

从四个案例城市 GDP 的分布①和市本级财政收入情况来看（表 6-12、表 6-13、表 6-14），地级市区（市本级）对周边县市区的相对优势的排序为玉林、平顶山、遵义、苏州。数据显示，地级市市区相对周边县市区的优势越弱的地区，城乡一体化发展反而越可持续；地级市市区的经济发展首位度如很高，则可能是外围县市发展水平偏低，因而不利于面上的城乡一体化发展。

表 6-12　2016 年四个案例城市市区和其他县市区 GDP 总和对比

	市区 GDP 总和/亿元	其他县市区 GDP 总和/亿元	比值
苏　州	7 112.13	8 745.05	1∶1.2
遵　义	984.79	1 472.96	1∶1.5
玉　林	438.94	1 120.16	1∶2.6
平顶山	512.34	1 314.17	1∶2.6

资料来源：苏州、遵义、玉林、平顶山统计年鉴(2017)。

表 6-13　2016 年四个案例城市市区和其他县市区人均 GDP 对比

	市区人均 GDP/元	其他县市区人均 GDP/元	比值
苏　州	129 438.5	170 452.2	0.8∶1
遵　义	46 966.4	35 808.5	1.3∶1

① 此处暂且认为市辖区越强，市本级控制能力越强，财政数据也验证了这一点。

（续表）

	市区人均 GDP/元	其他县市区人均 GDP/元	比值
玉　林	39 475.1	24 247.9	1.6∶1
平顶山	47 383.3	33 776.9	1.4∶1

资料来源：苏州、遵义、玉林、平顶山统计年鉴(2017)。

表 6－14　2016 年四个案例城市本级财政收入情况

	全市一般预算收入/亿元	市本级一般预算收入/亿元	市本级一般预算收入占全市一般预算收入比重
苏　州	1 730.0	360.2	20.8%
遵　义	187.5	45.4	24.2%
玉　林	104.8	47.7	45.5%
平顶山	124.5	36.6	29.4%

资料来源：苏州、遵义、玉林、平顶山政府财政预算执行情况年度报告。

在现实中，我国一些经济发展较为落后的地区，往往仍处于集聚发展阶段，中心城市和地级市本级可能相对较强，但周边县市和农村地区仍然处于要素流失及相对落后的状态。唯有经济发展到较高阶段之后，市域内城镇体系发展才会趋于均衡，这时，地级市市区的优势就不再那么明显。苏州目前就是这个状况，苏州市区很强，但其下辖的昆山市、太仓市、常熟市、张家港市也都很强。可见，城乡互动发展的模式选择，必须考虑经济社会发展阶段以及地市与县市区的"强弱"关系。

6.4　本章小结

本章首先建立指标体系，并进一步从"城市发展阶段和效率""城乡发展差距""乡村地域主体功能"三个方面来考察四个案例城市的城乡发展一体化绩效。结合实地调研和访谈所获得的信息及感性认识，认为苏州城乡发展一体化绩效较好，所形成的一体化发展模式是符合苏州实际条件的；遵义城乡发展一体化也取得了较好成效，这背后有政策机遇，但同时也证明了遵义所选择的发展模式是较成功的；玉林和平顶山迄今在城乡发展一体化方面的效率尚不高，目前的状况虽有其客观成因，但在城乡发展一体化的模式选择方面也要进行反思。

本章还从发展阶段、资源禀赋、政策区位以及地级市的控制能力等方面分别展开分析，论述了不同的城乡发展一体化绩效与城乡发展模式选择的关系，以及其背后是哪些因素造成了这种不同，从而得出以下结论。① 地级市城乡互动模式是否符合城乡一体化发展的需要，最重要的决定因素为城乡互动模式要与城市本身的发展阶段相适应。总体而言，苏州和遵义所采用的城乡发展一体化模式与其各自发展阶段较为适应，平顶山和玉林的城乡发展一体化模式与其各自发展阶段均不够契合。② 城乡互动模式需要与农村资源禀赋相适应。四个案例城市的经验表明，地理条件和种植结构对农村发展状况有着很大影响。城乡发展一体化模式的制定或采用应充分考量市域城乡的地理和种植条件，与农村的资源禀赋相适应。③ 除了自身的发展阶段和农村资源禀赋，地级市的城乡互动模式还与其所处的政策区位以及外源投入息息相关。在一定程度上，政策资源和外源投入可弥补发展的滞后，实现城乡互动发展或“跨越式发展”。④ 城乡互动发展的模式选择，还必须考虑经济社会发展阶段以及地市与县市区的“强弱”关系。

政策制定和实施唯有综合考虑上述多种因素，才有可能实现可持续的城乡发展一体化目标。

第 7 章 国际经验：日本和韩国的研究和启示

日本和韩国的农耕文化及城乡关系的起点与我国具有相似性，均有“保持农村自然形态、传统小农经济”的基本特征(吴梦迪、陈晨、赵民，2017)。从城乡关系的本质看，日本和韩国的城乡发展已经进入一体化时期，体现为政府提供的城乡基本公共服务的全覆盖和均等化。因而，在我国当前的城乡发展实践及制度建设中要尤为关注东亚地区的经验(图 7－1)。本章以日本和韩国为例，梳理其城乡关系发展历程、相关的治理制度，以及具体的农村发展案例，以期为我国的城乡发展提供借鉴。

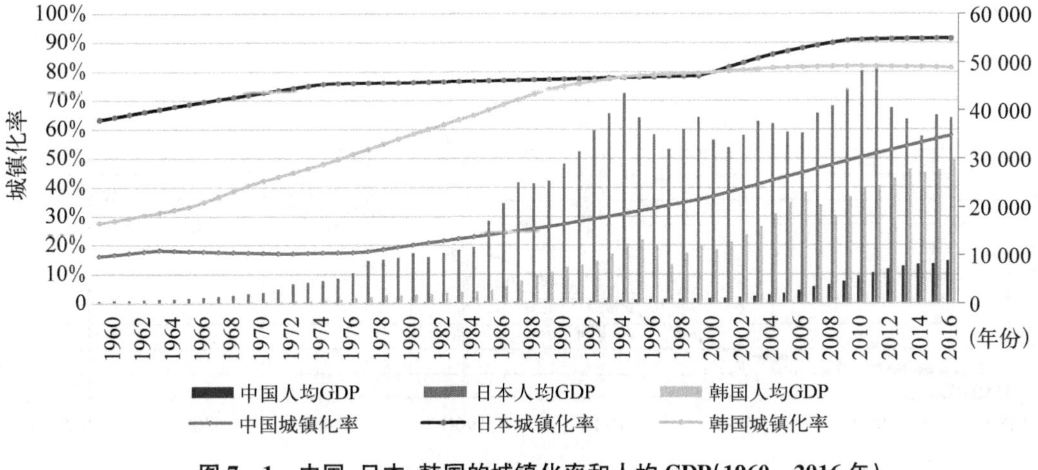

图 7－1　中国、日本、韩国的城镇化率和人均 GDP(1960—2016 年)

资料来源：世界银行。

7.1　日本：城乡发展演进和乡村治理状况

日本在 20 世纪 40 年代中后期开始致力于城乡基本公共服务的全覆盖，至 20 世纪 60 年代，形成了城乡一体化的国民教育体系、最低生活保障体系、公共医疗和养老保险体系，基本实现了城乡发展一体化的目标。20 世纪 60 年代之后，日本城镇化率达到 70%后继续上升，政府也出台了一系列政策，致力于发展农业、平衡地区发展以及缩小城乡差距。本节首先回顾日本城乡发展的演进历程，阐述其工农、城乡关系从“以农补工、以乡育城”“工农平等”“工农协调”“以工补农”“以工促农”到“以城养乡”的变化过程；然后对日本地方行政及治理方面的相关制度做梳理和介绍；最后以东京多摩地区的町村为例，介绍其乡村发展和治理状况。

7.1.1　日本城乡发展历程回顾

日本从一个较为落后的农业国家发展成为先进的工业化国家，其演进历程大致可分为六个阶段或时期：① 从农业国家向工业化国家转变的阶段；② 工业化带动城市化阶段；③ 工业化和城市化恢复、发展和主导期；④ 城乡差距扩大、过疏过密矛盾凸显期；⑤ 农业、农村复兴，“农工一体化”时期；⑥ 郊区化和新的过疏化现象出现时期(图 7－2)。一方面，其工农、城乡关系相应经历了从“以农补工、以乡育城”“工农平等”“工农协调”“以工补农”“以工促农”到“以城养乡”的变化。另一方面，其城乡人口分布的现实状况则是大都市圈的集中化和乡村的过疏化。日本政府在不同时期采取了不同的经济、空间等调节措施，以应对城乡发展的各种失衡(表 7－1)，取得了一定成效(表 7－2)。

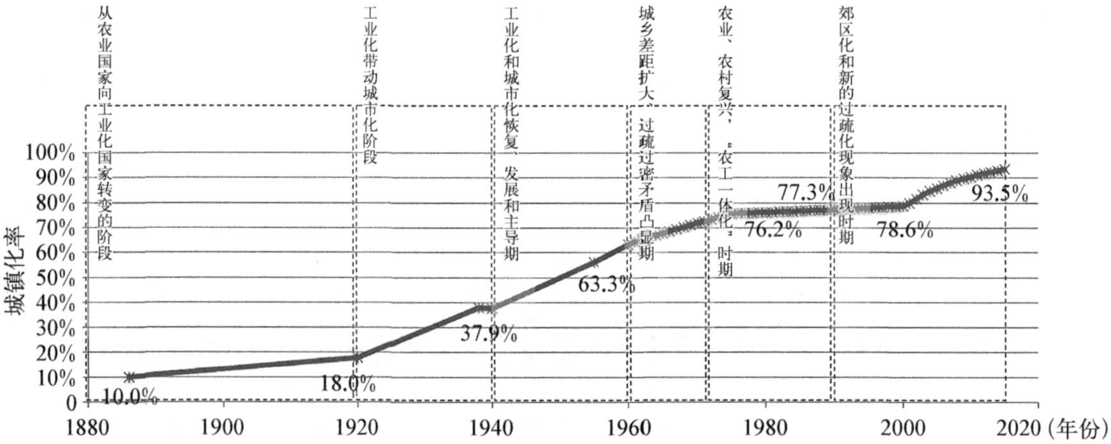

图 7－2　日本城乡发展阶段划分

资料来源：城镇化率数据来自世界银行和参考文献(郝寿义、王家庭、张换兆，2007)。

表 7－1　日本不同阶段的城乡发展特征及政府采取的重要措施

时间(期末城市化率)	阶段特征	城乡关系	时代背景	农村发展的关键措施
1920 年以前(18.0%)	从农业国家向工业化国家转变的阶段	以农补工、以乡育城	明治维新；以地主土地所有制和土地租佃制为主的封建土地制度	第一次町村大合并；进行耕地开发和整顿；推行“明治农法”

（续表）

时间(期末城市化率)	阶段特征	城乡关系	时代背景	农村发展的关键措施
1920—1940 年(37.9%)	工业化带动城市化阶段	工农平等	第一次世界大战后短暂和平期,工业化进入重化工业发展阶段,劳动力加速向重工业城市集中	农地改革,拉开了日本农业小农经营的序幕;减轻农业税;普及基本公共服务
1940—1960 年(63.3%)	工业化和城市化恢复、发展和主导期	工农协调	第二次世界大战后,迅猛的工业化和农村现代化同时实现	第二次町村大合并;城乡基本公共服务差距基本消除;扶持基层农协
1960—1970 年(71.9%)	城乡差距扩大、过疏过密矛盾凸显期	以工补农	对工业发展过度倾斜;日本成为继美国之后第二大经济体	谋求缩小城乡差距、努力实现城乡统筹发展等目标的综合措施;由经济增长社会向福利社会转换;通过价格支持实现工业剩余回流农业
1970—1990 年(77.3%)	农业、农村复兴,"农工一体化"时期	以工促农	两次石油危机;经济增长放缓,进入后工业时代	试图通过在农村发展工业等产业来克服过密化和过疏化问题,减小地区、城乡差异
1990 年至今(93.5%)	郊区化和新的过疏化现象出现时期	以城养乡	大规模城市化完成,三大都市圈发展出现分异	第三次町村大合并

表 7-2　日本不同阶段的城乡人口集聚特征及收入差距

阶　段	期末城市化率(年均增长绝对值)	期末三大都市圈①集中人口(占全国比重)	市町村数量	町村平均规模	城乡居民人均可支配收入比
1920 年以前	18%(—)	2 926 万(52.7%)	1888 年合并之前,町村总数为 71 314; 1888 年合并后,市为 39 个,町村为 15 820 个	合并前为 550 个;合并后为 2 400 个	1885 年:1.32 1920 年:2.6
1920—1940 年	37.9%(1.00%)		1922 年:市为 91 个,町为 1 242 个,村为 10 982 个		1930 年:3.13
1940—1960 年	63.3%(1.27%)	5 264 万(56.35%)	1956 年:市为 495 个,町为 1 870 个,村为 2 303 个	合并前为 1 400 个;合并后为 11 500 个	第二次世界大战后保持在 1.5 左右

① 此处都市圈采取广义的都市圈范围,具体见参考文献(许浩,2004)。

（续表）

阶 段	期末城市化率(年均增长绝对值)	期末三大都市圈①集中人口(占全国比重)	市町村数量	町村平均规模	城乡居民人均可支配收入比
1960—1970年	71.9% (0.86%)		1962年：市为556个，町为1 935个，村为981个		1961年：1.44 1969年：1.07
1970—1990年	77.3% (0.27%)		1985年：市为651个，町为2 001个，村为601个		1972年：0.97
1990至今	93.5% (0.65%)	2000年：8 229万 (64.84%)	2010年：市为786个，町为757个，村为184个	未设定明确的人口规模	1990—2008年：0.86～0.97

资料来源：(1) 城市化率数据来自世界银行；(2) 都市圈数据来自参考文献(许浩，2004)；(3) 市町村合并数据来自日本总务省，http://www.soumu.go.jp/kouiki/kouiki.html；(4) 城乡收入差距数据来自参考文献(曾国安、胡晶晶，2008)。

1. 1920年以前：从农业国家向工业化国家转变的阶段

这一阶段包括明治维新之前的纯农业经济体和明治维新之后向工业化国家转变两个时期。18世纪以前的日本是个较为落后的封建农业国家；自明治维新后便进入资本主义社会，迅速开启了向工业化国家转变的进程。这个阶段的城乡关系可称为“以农补工、以乡育城”，即其工业化、城市化是通过征收高额农业税、汲取农业剩余来获得发展的。例如，在1900年的政府全部间接税收中，农业税所占的份额高达67.9%；1920年有所降低，但仍达48.3%(施虹，1997)。

这段时间的农地制度仍然延续以地主土地所有制和土地租佃制为主的封建土地制度(郝寿义、王家庭、张换兆，2007)。日本政府在大力推进工业发展的同时，亦推出了“劝农政策”和创设了“明治农法”，进而实现了农业生产技术的改良，提高了长期以来相对落后的农业生产水平；通过耕地开发和整理，耕地面积大幅增加(贾绍凤、张军岩，2003)。至1920年前后，日本耕地总面积已增加至500万公顷(刘洋，2016)。

农业成长支持了工业化的发展，工业化的发展带动了城市化的初期发展。明治维新后日本的城市人口缓慢增加，城市化率从1889年的10%上升到了1920年的18%。同时，在乡村也开始了政治现代化及普及公共服务的进程。为了将“町”“村”转变为现代化的地方政体，日本中央政府于1888年开始主导第一次町村大合并，即史上的“明治大合并”。在明治大合并之前，町村的规模较小(100户以下的町村占70%左右)，以致难以提供基本公共服务；大规模的合并之后，之前属于自然共同体的町村被转换为一级行政体，基本可以行使征税、土木(基础设施建设)、小学义务教育等职能，从而也奠定了日本近代地方自治制度的基础。

2. 1920—1940年：工业化带动城市化阶段

1920—1940年是工业化带动城市化阶段。第一次世界大战期间日本经济得到飞速发

① 此处都市圈采取广义的都市圈范围，具体见参考文献(许浩，2004)。

展，产业结构也发生了变化，20世纪20年代更是开始进入重化工业发展阶段。工业对劳动力的吸纳导致人口向城市集中，特别是1937年后，劳动力加速向重工业城市集中，京滨、中京、阪神、北九州四大工业带形成，并快速发展（郝寿义、王家庭、张换兆，2007）。

这一时期耕地面积通过耕地整理继续增长。1922年，日本以府县制定的《用排水改良事业补助要领》为契机，以西日本为中心，推广"用排水改良事业"，补助各地"推广水田干田化作业，盐水选种，引进新式农具，大力发展灌溉事业"（贾绍凤、张军岩，2003）。这一阶段后期的农地改革拉开了日本农业小农经营的序幕。1938年日本出台《农地调整法》开始了农地改革，旨在废除以地主土地所有制和土地租佃制为基本框架的封建土地制度，创设自耕农，实行农地私有。这一改革为之后以家庭为单位的农业现代化的发展奠定了制度基础。

3. 1940—1960年：*工业化和城市化恢复、发展和主导期*

这一阶段的前期为战争破坏期，可分为1945—1949年的经济恢复期和1950—1960年的经济迅猛发展期。在第二次世界大战中，日本出现了耕地抛荒和城市发展停滞等现象。战后进入经济恢复期，由于海外市场萧条，国内赋税增加，工农业发展曾较艰难。1950年之后，随着国内外形势的变化，日本经济依靠出口迅速走上了扩大再生产和现代化之路，重化工业、商业和金融业等服务性行业在大城市和太平洋沿岸地区再次集聚。这一时期的日本不仅造就了城市化和工业化的奇迹，也实现了以家庭为主要经营单位的农业和农村现代化。

第二次世界大战后，日本先后进行了两次农地改革，政府收购地主的土地，将其卖给农民，在根本上实现了由封建土地制度向以自耕形态为主体的土地制度的转变。为了提高了农业生产率，1949年日本出台了《土地改良法》；通过利用和改造山区，增加可用农地面积；为了保护自耕农利益，在农地制度上严格限制土地产权流转。农地改革等一系列措施使农业生产率提高，农民收入增加；1955年之前，农民收入基本高于城市职工。但工业的迅猛发展使得工农从业者的收入水平发生了逆转；1960年之后，由于大米生产过剩，农民收入更是开始下降。

农业和农村的发展给町村发展带来新的机遇和瓶颈。在1946年的新宪法基础上，1947年颁布的《地方自治法》强化了市町村的自治地位，随后于1953年开展了第二次町村大合并，即"昭和大合并"。此次合并扩大了町村的治理规模，町村服务范围从明治大合并之后可有效经营小学义务教育扩大到有效经营新制初中，基本人口标准从300～500户扩大到8 000人。同时，消防、警察、基本社会福利与保健卫生事务等也被下放到了市町村这一层面的自治体。

4. 1960—1970年：*城乡差距扩大、过疏过密矛盾凸显期*

20世纪60年代以后的日本经济进一步高速发展，工农业差距进一步扩大，日本社会的"空间结构"发生巨变，城市"过密化"和乡村"过疏化"问题出现并加剧（田毅鹏，2012）。

经济的高速发展伴随着人口、产业向大城市集中的全国城市化进程，工业的迅猛发展导致工农收入、城乡差距的拉大，乡村迅速衰落（郭建军，2007）。根据1970年的人口普查，东京、大阪和名古屋50公里半径内居住了3 300万人，即32%的人口集中在日本1%的国土内。20世纪60年代，由农村转移出来就业的农村劳动力保持在年均75万～80万人的规模，其中40%～60%属于离土又离乡的"离村"型转移；甚至到1965年以后，负有家业继承任务的长子也开始流出（张玉林，2011）。此外，20世纪60年代末由于价格支持，出现了大米生产过剩的问题，随后耕地面积逐渐减少，农业人口进一步流向城市和非农产业。年轻人锐减、夫妇长期分居、老龄化等问题在日本农村可谓越发严重；过疏地区经济萎缩，财政能力下降，公共服务能力也下降，传统习俗和文化亦衰落甚至消失。

其间，日本政府认识到了工农差距和地域差异的问题，曾出台了一系列政策，以发展农业农村、平衡地区发展和缩小城乡差距（表7-3）。

表7-3 20世纪60年代日本政府针对农业农村发展、平衡地区发展和缩小城乡差距的政策措施

年份	主要措施	主要目标
1961年	出台《农业基本法》	缩减工农之间收入差距，通过转变传统小农生产与分散化经营，促进农业生产经营规模化，以财政补贴等方式（据相关研究，日本农户年收入的60%来自各种政府补贴），提高农业劳动者收入
1962年	修订《农地法》	废除土地保有面积的上限
1967年	制定"经济社会发展计划"	产业均衡发展，缩小城乡差距，实现城乡统筹；向福利社会转型
1968年	创设综合资金制度	振兴农业和农村
1969年	出台《农振法》	划定农业振兴区域，振兴农业和农村
1970年	再次修订《农地法》和《农协法》；出台《农业人养老金法》	撤销对地租和土地租用面积上限的限制；提高农民生活保障水平，初步建立农业从业人员养老金制度

5. 1970—1990年：农业、农村复兴，"农工一体化"时期

这一阶段因受到20世纪70年代两次石油危机的冲击，日本的经济增长速度放慢。鉴于城市地区的"过密化"和农村地区的"过疏化"现象同时出现，政府曾设想将工业引入农村地区，从而催生了一系列工业、农业发展政策和空间政策，以图克服过密化和过疏化问题，缩小地区之间和城乡之间的差距。

日本政府曾于1970年、1980年、1990年、2000年分别出台了《过疏地区对策紧急措施法》《过疏地区振兴特别措施法》《过疏地域活化特别措施法》和《过疏地域自立促进特别措施法》，试图通过实施一系列"过疏对策"来减缓过疏化进程。为了使那些想弃农外出的人可以

就地转向从事第二、第三产业，1971 年日本专门制定了《农村地区导入工业促进法》；1972 年出台的《工业重新布局促进法》，则是希冀将大规模工业等（工业、公路货运代理、仓储业、包装业和批发业）导入农村地区。日本在当时的全国 3 248 个市町村中，除了大城市周围、新兴产业城市和人口较多的城市外，将其余 2 596 个市町村划定为“农村地区”。中央政府对这些地区提出了发展工业的指标，即“到 1975 年产值约九万亿日元的工业企业迁入，需占地约一万五千公顷，新就业劳动力约一百万人，其中六十万人将从农业劳动力中抽调”（田中角荣，1972）。“农村工业化”分为两种类型：一种是有选择地重点开发，如在已有某些城市设施的地区建设工业区，对建厂作出全面安排；另一种是工厂分散在农村，所谓“一村一厂”制，作为过渡形式。

此外，政府仍继续推动发展现代农业。至 20 世纪 70 年代中期，日本的农业已基本实现了从耕作、插秧到收获的全面机械化（何平均，2012）。1980 年，日本政府在《农振法》的基础上制定了《增进农地利用法》，该法在将全国土地均作为“农业振兴地域”的基础上，进一步把土地产权转移范围拓展到开发用地、混木林地和设施用地，并逐渐放宽认定农业生产法人的条件。

6. 1990 年至今：郊区化和新的过疏化现象出现时期

伴随着产业结构的升级，日本的城市化进程放缓。相对上一时期的都市过密化和乡村过疏化现象，这一时期全国的城乡空间出现了一些新的特征和趋势，包括东京圈的集中化、都市圈的郊区化以及新的乡村过疏化现象。

20 世纪 60 年代开始的都市过密化现象主要是指第二次世界大战后大规模的人口向东京、大阪、名古屋三大都市圈的流动，都市的“过密”是与边远农村、山村和渔村的“过疏”相对而言的。20 世纪 90 年代，则出现了东京圈的“一极集中化”现象：1992 年，以东京为中心的一都三县构成的东京圈以国土全部面积的 3.6%承载了全国 25%的人口（约 3 000 万人）；同时，关西圈和名古屋圈则停止了过密化的演进态势，甚至出现了郊区化和都市过疏化现象（佐藤俊一，2012）。

此外，乡村的“过疏化”则是发生了从 20 世纪 70 年代的“年轻人流出型”向“年轻人流出型＋少子型过疏”的转变。乡村地区人口凋敝进一步加剧，就业机会也空前匮乏。过疏地域上的总人口约为全国的 1%，地域面积则超过一半国土面积（田毅鹏，2012）。过疏现象的背后，以前主要原因是大量年轻人告别乡村流入城市；现在则既是年轻人流出乡村，亦是少子化、无子化所导致的（山本努，1996）。

第三次町村大合并即“平成大合并”就是在这样的背景下展开的。鉴于“少子高龄化”现象日益严重，为了确保服务水准及保证税收，地方自治体需要一定的人口密集度和人口规模来满足运作需求。平成大合并始于 1999 年，执行至 2010 年 3 月底，市町村的数量从 3 229 个降至 1 727 个。前两次大合并均具有明确的规模设定，分别为小学教育的覆盖范围 300～

500户和初中教育的覆盖范围8 000人左右，但平成大合并并没有设定明确的人口目标。平成大合并进一步扩大了地方的权限，强化了地方财源及行政能力，人事与公共设施的支出负担趋于合理，并与居民生活圈的扩大相适应。

但新近的考察发现，日本的乡村衰落趋势似很难逆转。一直到当下，日本乡村面临的主要问题仍然是老龄化和过疏化，以及由之而生的乡村社区衰败问题（张立，2016）。

7.1.2 地方行政及治理结构

日本能保持城乡平等的物质文明和社会福利水平，一是由于有高度发达的国民经济作为保障，二是有赖于地方行政和乡村治理结构。其中与地方行政结构相匹配的财政平衡制度和事权划分，以及明晰的地区间、城乡间的财权和事权关系，在日本城乡发展治理中有着重要意义。

1. 地方行政结构

（1）日本的地方自治制度

日本政府体系分为中央、都道府县、市町村三个层级，都道府县是包括市町村的广域地方行政机构，负责广域行政事务；市町村是与居民直接相关的基层地方行政机构，负责与居民生活密切相关的事务。日本共有47个都道府县；市町村总量达1 718个，其中有790个市（包括指定市）、745个町、183个村（截至2015年1月1日）。

1947年日本宪法和地方自治法规定，各地方公共团体具有管理财产、处理事务及执行行政权力的职能，彼此是“并列和平等的关系”（孔祥利，2008）。也就是说，各层级政府在法律上是平等的。市町村是最基础的地方行政单位，有处理自治事务、制定条例或规则等自治立法等权限。市町村之间并无本质区别。大体上，设“市”的要求是人口在5万人以上并须满足其他条件，设“町”则需要具备都道府县条例所规定的条件。此外，还有为特定目的设置的特别区（东京都23个区），以及组合、广域组合等特别地方行政机构。

东京都除设23个特别区，还设有39个普通地方行政机构，即市町村（26个市、5个町、8个村）。东京都与域内市町村的行政和财政制度与一般道府县相同，即东京都政府负责广域性事务，市町村政府负责与居民生活密切相关的事务。

（2）市町村的行政机构

市町村的行政机构，包括作为决议机构的市町村议会、作为执行机构的市町村长，以及各种行政委员会（图7-3）。首长（市长、町长和村长）和议会议员皆由居民选举产生。基础的行政科室包括会计科、企划财政科、总务科、住民科、产业环境科、都市计划科、福祉保健科、观光产业科等，可根据各町村的具体情况进行设置。例如，位于东京都多摩地区的桧原村以林业为主，即设置了森林管理事务科；而奥多摩町为吸引年轻人定居和发展观光旅游，则设置了年轻人定居对策室和观光产业科（图7-4）。行政委员会包括教育委员会、监察委员会、固定资产评估审查委员会、农业委员会、选举管理委员会等。除教育委员会，其他委员会一般由其他科室兼任。

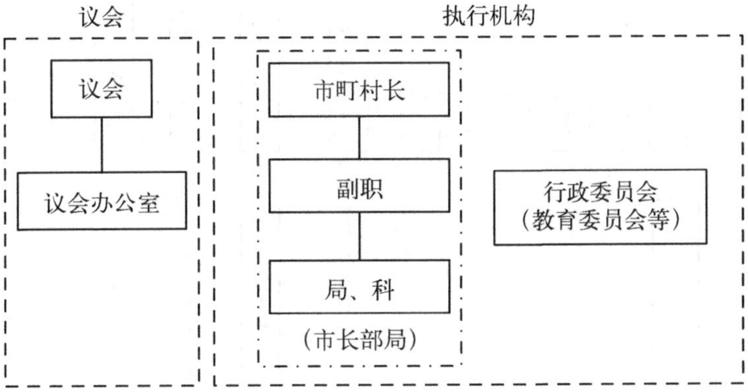

图7－3　一般市町村的行政组织

资料来源：参考文献（西原纯、夏韵、杜国庆，2007）。

（3）町村会

町村会是东京市政府下辖的常设机构之一。东京都共有三个町村会，分别为东京都町村会、西多摩郡町村会和东京都岛屿町村会，管辖范围覆盖了整个东京都的町村。町村会定期召集町村代表讨论地方事务，然后向上呈报，事务范围包括收税、地方建设规划等。具体涉及以下方面：第一，町村之间的协调，上下级的交流；第二，当町村当地的税收满足不了地方建设需求时，其作为向上联系的窗口，向东京都和国家提出财政援助申请；第三，为了振兴地方产业，开展不同的调查活动，负责町村之间的信息交流；第四，防灾设施建设、福利设施建设、老人照顾等具体事务；第五，与全国其他地区的町村会相互联系，或联合起来向中央提出要求。

（4）农业协同组合

日本农业协同组合，简称农协。目前的农协是依据《农业协同组合法》于1948—1949年在全国范围内建立的组织，该组织目前有3 574个基层农协、47个县经济联合会和1个中央联合会。下级农协组成了完备的流通服务网络，覆盖了整个日本农村（韩秀兰、阚先学，2011）。农协的作用在于将农民组织起来，以“小规模所有、大规模经营”的方式促进效率提高，增加农业收入。农协提供的服务涉及农户生产生活的各方面，包括提供技术支持、制定农业规划、集中销售农产品、统一购买生产生活资料、提供信贷资金支持、开展养老保险和医疗保险业务等，其甚至在一些地方取代政府承担了提供公共服务的职能，为带动农业发展、提高农民生活质量发挥了积极作用（赵红，2010；朱厚伦，2013）。但日本农协也面临着一些困难和问题。例如，政府的惠农政策逐步减少，对农协的扶持和支持政策也在减少。此外，近年来农协组织的行政化和营利化倾向也引起农民和政府的不满，从而加剧了农民、农协和政府之间以及农民、农协和其他社会群体之间的矛盾。

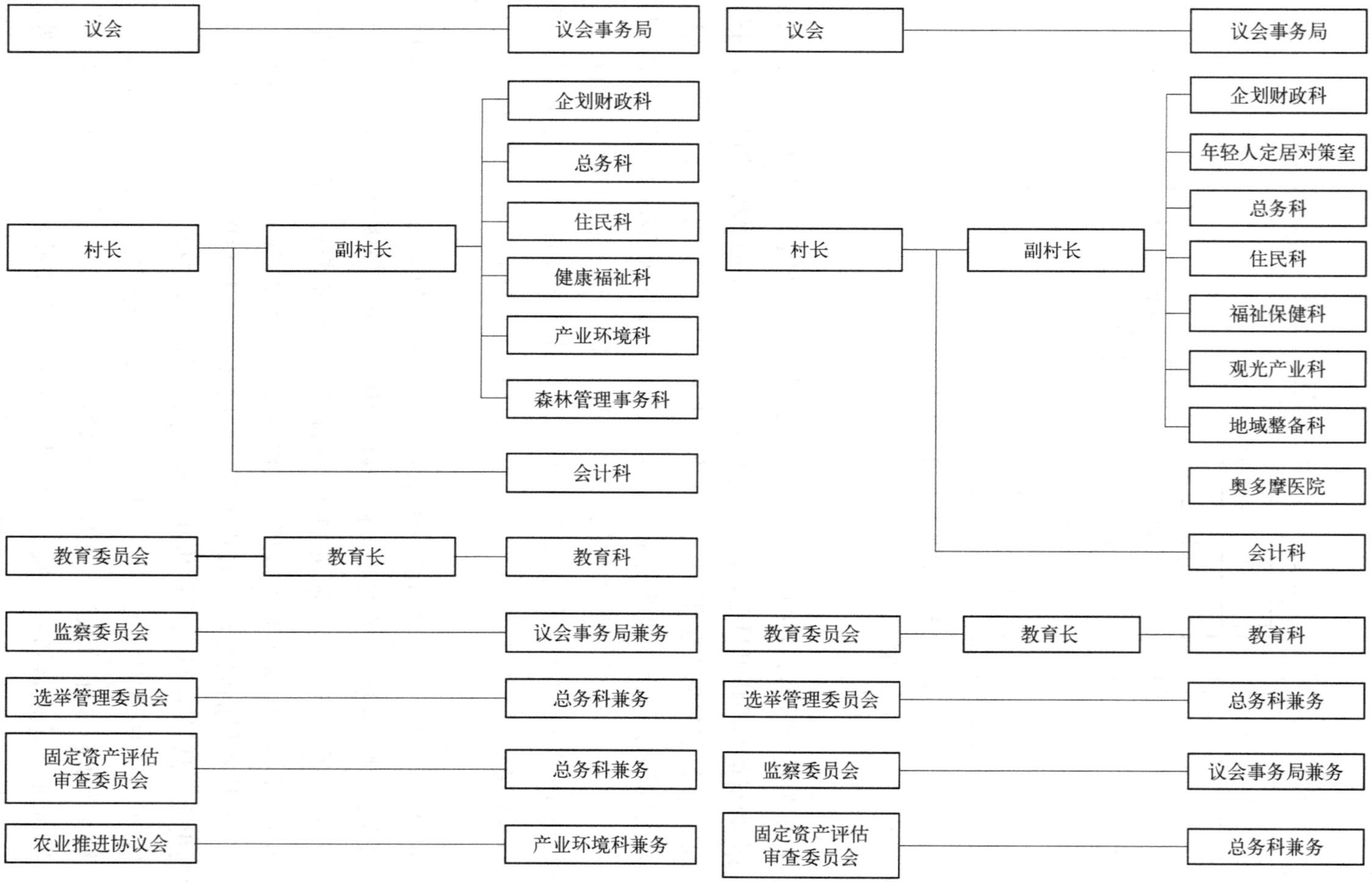

图 7-4 东京都桧原村役场①(左)、奥多摩町役场(右)组织图

资料来源:《东京都町村会印刷手册》,2016 年版。

① 役场相当于公所、办事处。

2. 以地方交付税和国库(都道府县)支出金为核心的财政平衡制度

日本市町村政府的财政来源可分为两类：一类是由地方自主征收和筹集的地方税、地方债等；另一类则是通过财政转移支付获得的地方财政收入，诸如地方交付税、地方让与税、国库支出金、都道府县支出金等。各自治体的地方自主收入由于经济基础的不同而差距很大，通过财政平衡制度可弥补地方自主财源的不足，保证城乡居民、不同地区居民都能享受到同样的行政服务，是其能够提供城乡平等的服务水平的制度基础。财政平衡制度主要包括地方交付税制度和国库(都道府县)支出金制度，前者以平衡地区间财力为目的，后者以实施国策为目的(陈桂生，2012)。以东京都的奥多摩町和桧原村为例，由于经济萎缩，人口大幅减少，地方财政难以自我平衡，所以前者第一类和第二类财源占比分别为 13.5% 和 74.8%，后者则分别为 7.7% 和 83.9%(图 7-5)。日本农村的町村财政主要靠转移支付可见一斑。

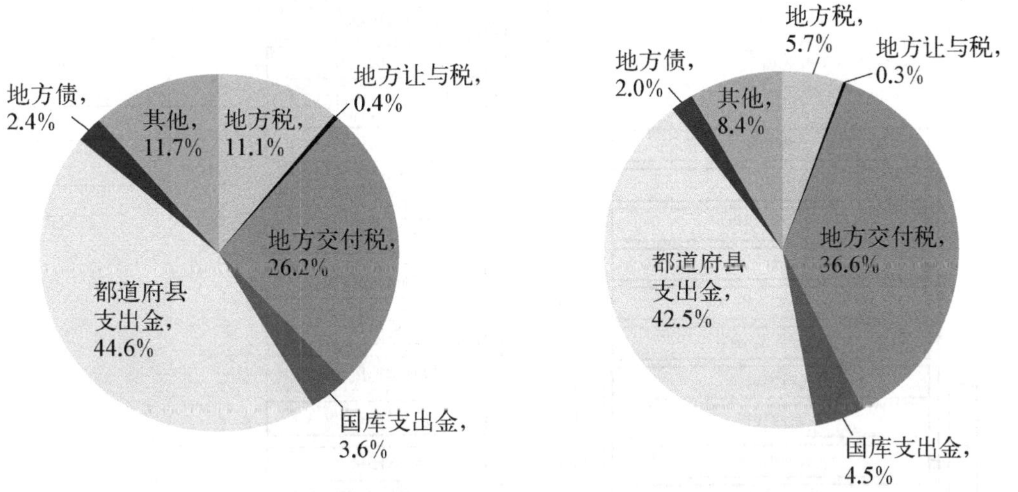

图 7-5　奥多摩町(左)和桧原村(右)2015 年财政收入构成

资料来源：东京都总务行政部，http://www.soumu.metro.tokyo.jp/05gyousei/okutama.html。

中央政府与所有地方政府的税源分配比例为 3∶2(具体税源参考图 7-6)，但是，因为中央政府有大规模的财政转移至地方政府，所以在实际支出上，中央政府与整个地方政府的比例约为 2∶3(图 7-7)(财团法人自治化协会，2003)。从各级政府的财政支出结构来看，中央财政的支出重点是社会保障相关经费、国债费和对地方财政的转移经费；都道府县的支出重点是教育、基础设施建设和农林水利事业经费；市町村的支出重点是基础设施建设、义务教育和社会福利经费；位于中间层次的都道府县和位于基层的市町村共同担负着基础教育发展和基础设施建设的职能。总体而言，都道府县较侧重于地方经济服务，市町村则侧重于居民生活服务(王朝才，2005)。

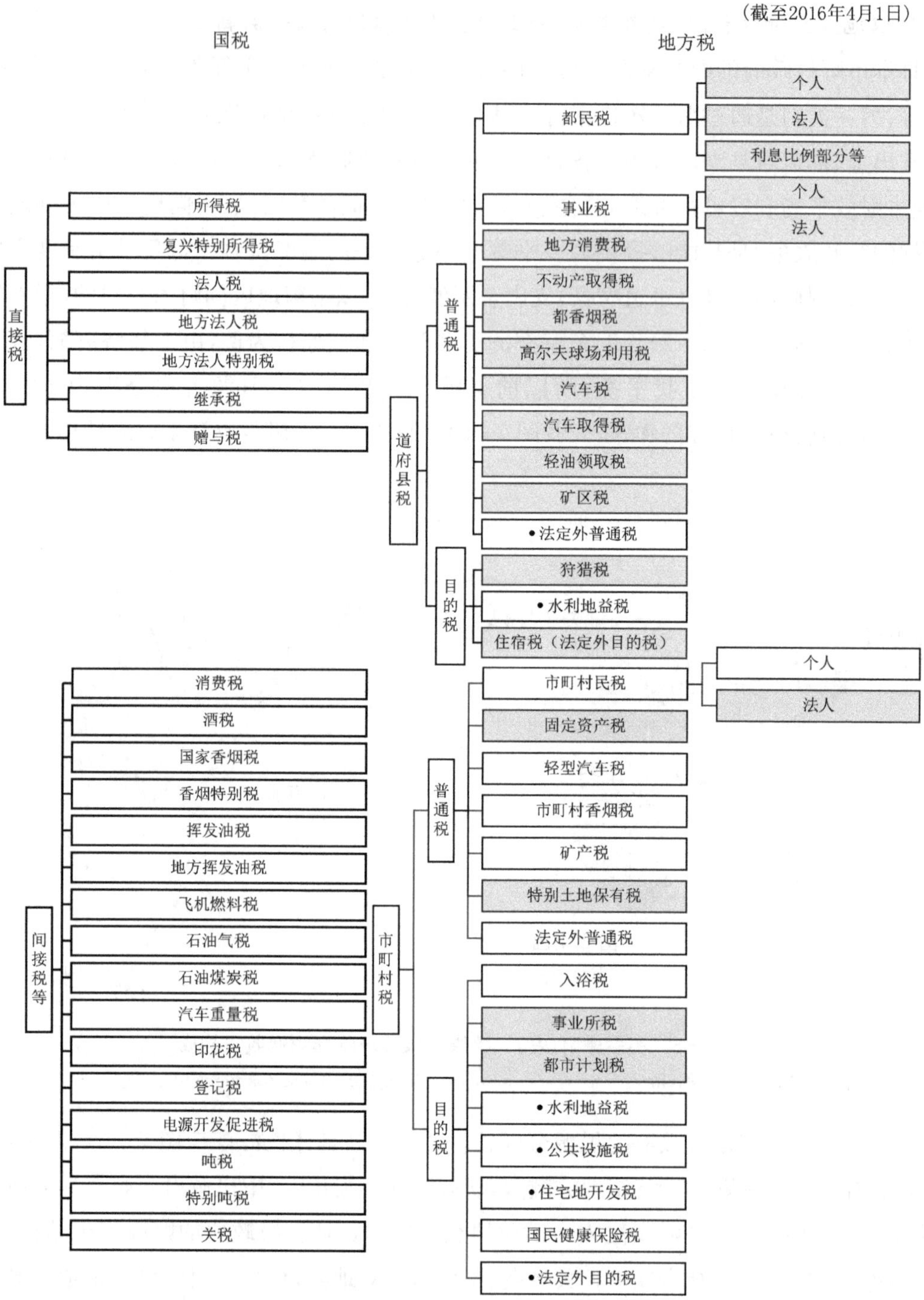

图 7-6　东京都税收体系

资料来源：《都税指南 2016》，东京都主税局，2016 年 9 月。

注：(1) 市町村税中的▭色的项目在 23 区内为都税。

• 为都内不课税的项目。

(2) 住宿税由东京都独自课税，是法定外目的税。

(3) 特别土地保有税自 2003 年以后，已经停止新课税。

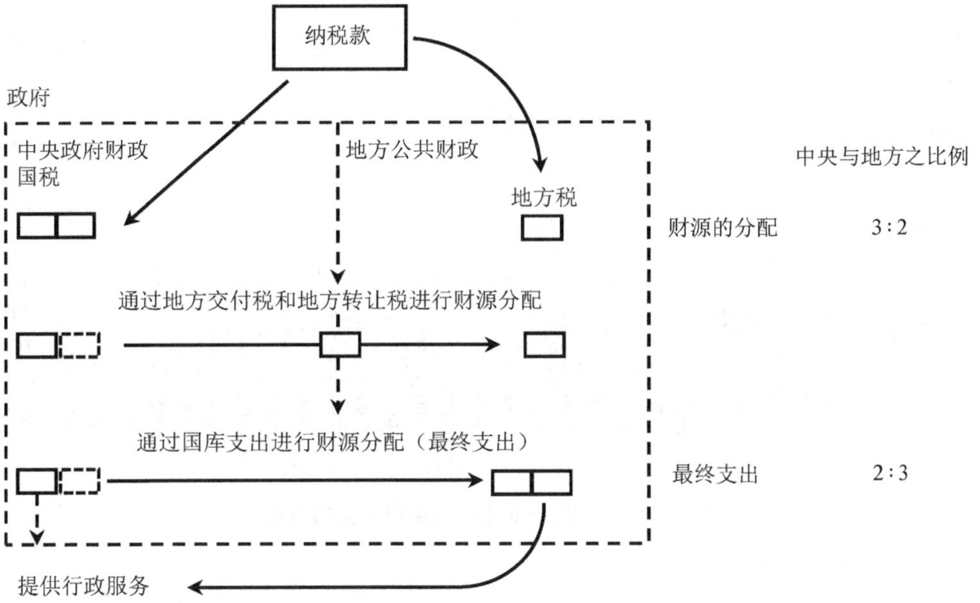

图 7－7　中央政府与地方政府的财政关系

资料来源：参考文献（财团法人自治化协会，2003）。

3. 各层级政府的明晰事权划分

以清晰的财政支出为保障，在安全、基础设施建设、基本公共服务和产业发展等方面，日本各级政府有明确的事权划分。除了外交、国防、司法和社会保障等中央政府所承担的事务，与居民日常生活紧密相关的教育、福利、卫生保健、土木建设、产业振兴、消防、警察等工作实际上都是由中央政府与地方政府（都道府县和市町村）共同承担，并且这些事务的具体实施工作大部分是由都道府县或市町村等地方公共团体负责（魏加宁、李桂林，2007）。上文提到的财政平衡制度，为事权与财权的对应提供了有效保障。

7.1.3　乡村发展与治理的现实状况：以东京多摩地区为例

1. 发展背景

2000 年以后，日本进入高度城市化时期，城市经济进入低速增长期，农业产出也维持低速增长甚至停滞。2015 年日本城市化率为 93.5%，总人口为 1.27 亿人，其中农民为 825.5 万人，并且从 2000 年开始人数在持续快速下降（图 7－8）。20 世纪 90 年代以来的东京圈“一极集中化”现象仍在继续，人口呈净流入状态，甚至存在大量来自周边府县的通勤人口。在此态势下，东京都的农村也面临着老龄化和少子化带来的过疏化问题，乡村社会在持续衰败，伴随而来的乡村复兴问题在官、学、自治体之间被广泛提起（章浩，2010）。下面以笔者所在课题组考察过的东京多摩地区的町村为例，介绍其乡村发展和管理状况，以从一个侧面反映日本农村发展与治理的现实情形。

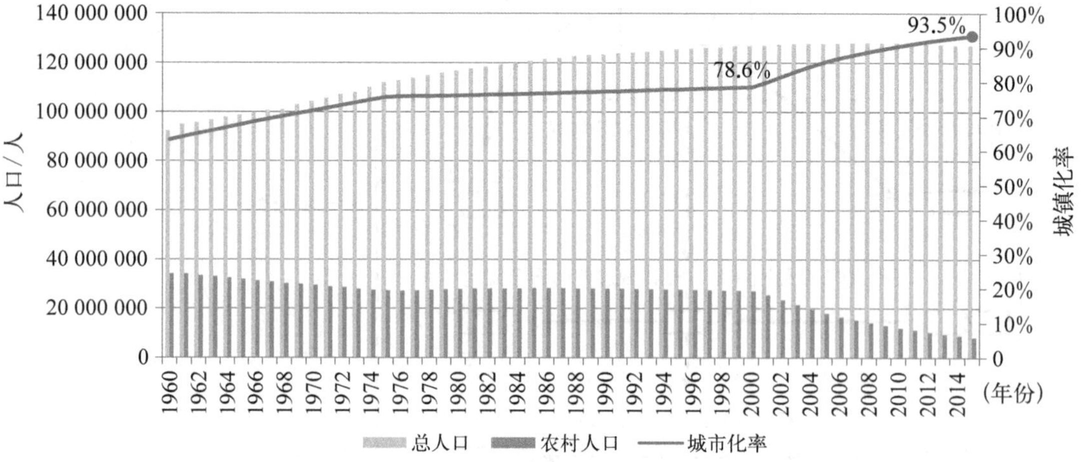

图 7-8 20 世纪 60 年代以来日本人口变化

资料来源：世界银行。

东京都是日本的政治、经济中心，也是全球城市网络中最重要的中心城市之一，分为东京区部(23 个区)、多摩都市部(26 个市)、多摩山村部及岛屿地区(13 个町村)。至 2015 年年底，东京都总人口为 1 349.1 万人，占全国总人口的 11%，其中 23 个区为 924.1 万人；市町村地区为 425 万人，其中岛屿村为 2.6 万人。辖区内，多摩山村部是典型的乡村地区，多摩都市部则从东向西呈现高密度都市区—低密度都市区—山村地区的过渡景观，东京区部是典型的高密度大都市区。为促进经济增长，东京都及都市圈一贯推行以发展第二、第三产业为中心的经济政策，使得农村地区主要资源和劳动力大量流向非农产业。在东京近郊和远郊地区，大量青壮年劳动力被核心城市吸收，远郊地区的农业劳动力不足，乡村普遍存在农地不断缩小和退耕农地增加的现象(章浩，2010)。根据 2010 年的国情调查，三次产业的就业结构为 0.4∶15.2∶70.8，从事农林渔相关职业的仅为 2.3 万人。

2. 乡村的物质文明和社会福利维系

即使乡村社区在衰败，但农村地区的基础设施和公共服务设施配置仍较为完善，农村与城市的物质文明和社会福利水平相当。以桧原村为例，其拥有合乎标准的教育、文化、卫生、福利等设施；拥有小学 1 所、中学 1 所、图书馆 1 座、体育馆 2 座。即便是居民点布局非常松散，其污水收集处理率依然达到 92%以上。

在教育方面，日本于 1947 年出台《基本教育法和学校教育法》，将义务教育年限从 6 年提高到了 9 年，以实现全民基础教育。20 世纪 80 年代，日本普及了高中教育，40%的农村适龄学生能够进入大学深造。此外，日本政府非常重视农村的职业技术教育。政府和私营企业同时参与，形成了分层次、有重点的农村职业技术教育体系(郭建军，2007)。

社会保障体系则在 20 世纪 60 年代初实现了城乡全覆盖。1946 年出台《生活保护法》之后，日本建立起了覆盖全体国民的最低生活保障体系（于培伟，2007；俞云峰，2010）。1959年颁布的《国民健康保险法》，要求1961年4月开始全国的农户、个体经营者等无固定职业和收入者必须强制参保，至此实现了全民医疗保险；同年颁布的《国民年金法》，将原来未纳入养老保险的农户、个体经营者强制纳入社会养老保险体系（肖绮芳、张换兆，2008）。也就是说，日本在20世纪60年代即形成了城乡一体化的国民最低生活保障体系、公共医疗和养老保险体系。

3. 多摩地区乡村发展的一个缩影：桧原村

桧原村位于东京多摩地区西部，是东京都地区唯一的陆域村（其余7个村均为海岛村），与东京中心新宿距离50公里。全域面积为105.41平方公里，在东京都内排名第三，其中93%为林地。其人口密度为20.9人/平方公里，人口最多时曾达6 000多人，现在全村共有居民近3 000人。桧原村沿北川溪和南川溪形成26个居民点，在村役场周边形成一处较为集中的居住区域，设有超市、2个可容纳220人的养老院、地域交流中心等公共服务设施。

桧原地区山林条件较好，人类的活动减少导致野生动物数量大增，每年吸引观光者达35万人次。其目前农林生产规模极为有限。本地居民中的就业人口九成在外工作，本地从业人员主要集中在林业加工业和因旅游而兴起的第三产业领域，仅有54人从事第一产业（主要为林业）。

桧原村或许可称为目前日本农村的一个缩影，面临人口减少、农村社会衰败的新过疏化过程。桧原村的老龄化现象极为严重，65岁以上人口占总人口的比例达到46%以上；按照目前趋势，预计20年后全村仅为1 000人。政府为了留住和吸引年轻人、复苏农村社会经济发展，在财政扶持、提供公共服务和基础设施、创造就业岗位等方面不断作出努力，如增加公共交通频次、新建超市、提供租房及各种补贴等，但仍然无法逆转人口减少的趋势。

7.1.4　小结

从日本的城乡发展过程中可以得到诸多启示。首先，城乡关系是在城乡互动过程中演进的。日本从一个较为落后的农业国家发展成为先进的工业化国家，其工农、城乡关系曾经历了从"以农补工、以乡育城""工农平等""工农协调""以工补农""以工促农"到"以城养乡"的历时性演进。在每个阶段的发展中都遇到过挑战，在城市化过程中曾面临严重的农业和农村衰退问题，但始终没有放弃农村。日本在不同时期采取了不同的经济、社会、空间等调控措施，通过持续性的关注和投入以应对城乡发展的各种失衡；不同阶段的政策和立法针对不同的重点领域，取得过一定的成效。在城镇化率达50%～70%之时，政府曾致力于基本公共服务的城乡全覆盖；在城镇化率达70%之后，针对工农差距和地域差异的问题，曾出台了一系列政策，以提升城乡基础设施和环境质量、发展多元化的乡村经济，以及发展农业、平衡地区发展、缩小城乡差距，从而实现城乡可持续发展。

其次，当今的日本能保持城乡平等的物质文明和社会福利水平，一是由于有高度发达的国民经济作为保障，二是有赖于适时调整的地方行政体制和乡村治理结构。其中与地方行政结构相匹配的财政平衡制度及事权划分，以及明晰的地区间、城乡间的财权和事权关系，对城乡发展治理有着重要意义。

最后，在日本整个社会老龄化、少子化的背景下，乡村的衰落趋势仍在延续；即使是人口不断涌入的东京圈，其农村也面临着老龄化和少子化带来的过疏化问题。城乡协调发展和可持续发展的课题仍将继续下去。

7.2 韩国："新村运动"的启示和新的趋势

就历史而言，韩国的城乡关系与我国相类似，曾经历了城乡低水平均衡时期、城市导向时期和城乡统筹发展时期（表 7－4、表 7－5、图 7－9）。虽然经济和社会体制不同，但同样产生了城市导向时期的贫富差距、区域差距和城乡差距扩大等问题。韩国在城镇化率达 50% 的时候曾实现低水平的城乡收入均衡，但在经济崛起时期，由于发展资本密集型产业和国家干预经济，造成了资源分配的不公和城乡差距的扩大，客观上，需要通过较强的价格保护和补贴计划才能缩小城乡收入差距。到目前为止，韩国的乡村衰退和城乡发展差距问题没有得到根本解决（吴梦迪、陈晨、赵民，2017）。不可否认的是，在韩国现代发展历史上，"新村运动"在解决农村发展落后问题上曾发挥了重要的作用。"新村运动"既与物质性建设相关，更是一场国民精神提振和社会复兴运动，使国民（特别是农民）能适应现代社会和工业化时代的需求。本节重点探讨韩国的"新村运动"及其启示。

表 7－4 中国城乡关系和要素流动特征小结

时间	城乡关系	要素流动特征
1949—1953 年	低水平均衡	自由流动
1953—1978 年	城乡隔离，城市导向	严格限制，尤其是限制劳动力的城乡流动
1978—2002 年	城乡二元，城市导向	城乡隔绝状态有所松动，劳动力大规模向城镇流动，但仍然是城市偏向
2002—2012 年	城乡统筹	要素相对自由流动，一些基本公共服务设施和投资向农村倾斜
2012 年至今	城乡一体	要素相对自由流动，大量投资投向农村，城乡公共服务和生活水平差距缩小

注：为了与韩国进行更好的对比，中国的阶段划分与本书第 3 章的划分略有差别。

表 7－5　韩国城乡关系和要素流动特征小结

时间	城乡关系	要素流动特征
1948—1960 年	低水平均衡，城乡都处于不发达状态	自由流动
1960—1970 年	城市/工业化导向，大企业和政府主导	自由流动，人口向城市流动
1970—2000 年	城乡统筹，市场导向，农业现代化/乡村现代化	自由流动，越来越多的投资被用于农村和农业
2000 年至今	城乡状态较为稳定，但乡村仍然在衰退	自由流动，年轻人向城市集聚

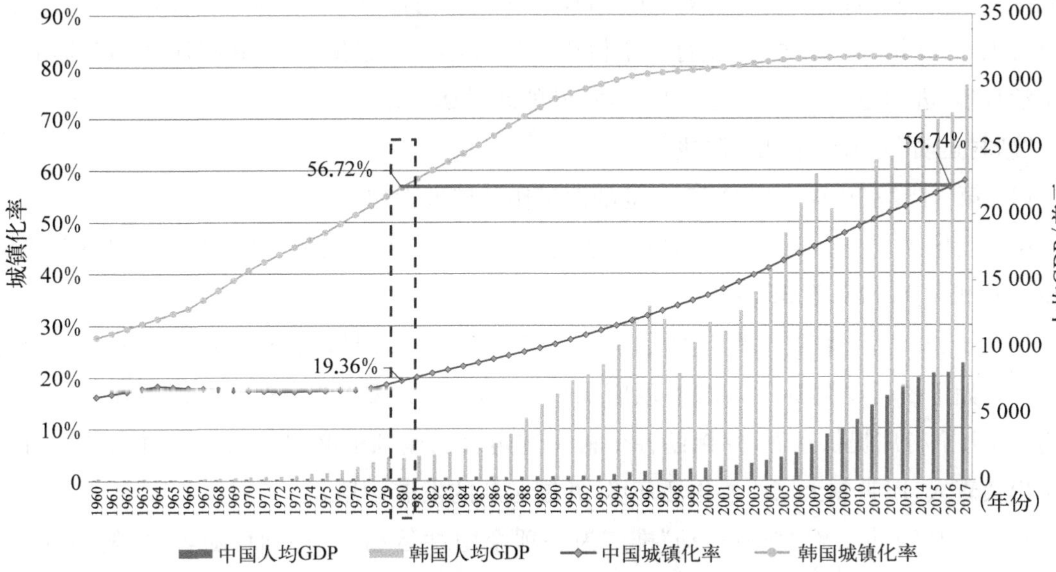

图 7－9　1960—2017 年中国和韩国城镇化率和人均 GDP 变化趋势

资料来源：世界银行。

7.2.1　工业化、城市化背景下的“新村运动”及启示

从 20 世纪 70 年代开始，韩国在大力推进工业化、城市化、国际化的同时，针对当时农村比较落后的状况，注重城乡统筹发展，开展了声势浩大的“新村运动”，及时扭转了城乡差距、贫富差距扩大的趋势（张薇，2014）。

经历了 20 世纪 50 年代的战争和萧条，韩国从 20 世纪 60 年代开始崛起，很快成了新兴工业化国家。第二次世界大战后初期，韩国实行进口替代战略，经济发展高度依赖美国援助；之后转变进口替代战略为出口导向战略，积极引进外资、扩大投资，尤其注重纺织业等劳动密集型轻工业和出口加工业。

20世纪70年代，随着世界经济环境变化，韩国劳动密集型产业外需下降，传统产品出口市场空间缩小。1973年韩国政府发布“重化工业化宣言”，确定钢铁、有色金属、机械、造船、汽车、电子等十大产业为韩国国家战略投资重点，发展重化工业等资本密集型产业。然而，政府对经济的强势干预也影响了市场对资源的有效配置，并导致分配不公。韩国经济非均衡化发展过程中社会民生问题逐渐暴露出来，收入分配差距、区域差距、城乡差距等结构性问题日益凸显（潘志，2015）。在此背景下，韩国开展了“新村运动”，以改善城乡物质条件，并振奋国民精神。

“新村运动”的启动具有一定的偶然性。1969年8月，朴正熙总统在视察庆尚北道灾情及恢复生产情况时，路过清道郡 Sindo 村，对该村的河渠、道路整修等工作的成效非常惊讶，由此深受启发，认为这是让灾民恢复生产自救、建设农村的样本。随后他发出号召，要求国民以自助、自立精神为动力，美化每一个村庄。“新村运动”起步于“美化村庄运动”，提倡改善生活环境，进而总结出了“勤勉、自助、协同”的新村运动精神。

“新村运动”分为以下几个阶段①。

(1) 第一阶段(1970—1980年)：基础性工作及扩大影响

第一阶段工作重点经历了早期强调“改善生活环境”，中期强调“增加收入”，到后期注重普及经验和提倡“改革意识”的转变。

1970—1974年：着重于改善生活环境。1970年4月22日，“新村运动”被提出，在全国范围内开始了乡村建设项目。最初，政府发布了实施“十大类工程”的指导方针，在全国范围内为3.5万个村庄提供水泥，并帮助各个村庄选定自己亟须的必要项目。同时在各个村庄挑选出负责人，以带领大家改善生活环境，并制定新的发展计划。

1974—1977年：将“新村运动”推广为一项全国性运动。一方面，随着“新村运动”从农村向城市和工作场所推广，项目的领域和主体逐步扩大。在这段时期，农村专注于整治田间路，实施农业合作，以及寻找农业以外的其他收入来源；同时，改善农村生活环境的项目也没有停止，屋顶改造、供水设施安装等也有了新的进展。另一方面，“新村运动”作为一项全国性事业，政府力图改造国民意识，使人们树立起良好的精神风貌。总之，在国家的现代化发展进程中，既要使人民增加收入，也要提升国民意识，在享受物质财富的同时精神也要健康。

1977—1980年：“新村运动”的影响深化。在这一时期，“新村运动”在经济上也变得更加可行了，因为它从小村庄的“单项事业”延伸到了更大的地区，并强调城市和农村的衔接，形成一个系统工程。在农村，鼓励发展畜牧业和种植特色作物；在城市，则着重推进和维持良好秩序，并在工作场所和工厂专注于提高生产力和节约资源。由于这些努力，社会的整体

---

① 资料源自韩国清道郡新村运动展览馆。

生产力和收入大大提高，韩国的人均国内生产总值从1976年的765美元增长到1979年的1 394美元。

(2) 第二阶段(1980—1990年)：针对前一阶段的反思和调整

1980—1990年为“新村运动”的系统调整时期。在这一时期，“新村运动”继续向全国扩散，可谓“全国各地的每一个人都参加了这项运动”。在运作体制上也发生了深刻变化。1980年12月，当“新村运动总部”成立时，“新村运动”已经从政府领导变成了民间运动(Private Campaign System)。其间，由于领导和组织不善，“新村运动”遭遇了一些困难，受到人们的批评，但其仍然在推进，包括继续在乡村修建道路、改善作物品质，以及在全国各地建立公园等。在1988年奥运会期间，“新村运动”为完成国家的“秩序、善良、清洁”三大任务做出了贡献，确保了国际体育盛事的成功。

(3) 第三阶段(1990—2000年)：寻求新的变革

20世纪90年代，面临当时国际和国内双重新形势，“新村运动”开始寻求新的变革。当时“新村运动”已经向海外输出，但同时仍需要更好地应对国内社会发展的诉求。为了恢复和提升国民的道德和社会意识，韩国发起了各种新的运动，包括经济复苏运动、健康生活运动、道德复兴运动、继承和发扬传统文化运动等。总之在这一时期，“新村运动”主要集中于改变国民意识，以克服当时的国际金融危机带来的不利影响，并致力于创造健康的社会。

(4) 第四阶段(2000年至今)：全球化时期的新发展

“新村运动”以激发潜能和潜移默化的方式改变了韩国，因而“新村运动”被国际社会认为是一种成功的区域发展模式，引起了国际社会的极大关注。许多发展中国家对“新村运动”表现出了很大的兴趣，认为其是解决诸如贫困和饥饿等全球性问题的一种方式。为响应发展中国家的需求和推进人类社会共同进步，韩国发起了“新村运动”的海外实践，包括在亚洲和非洲建立了若干“新村运动”先导村，派遣“新村运动”的领导者参与工作，以及实施一些培训项目等。

韩国在工业化、城市化加速时期比较好地处理了城乡关系，在较短的时期内实现了由传统农业国家向新兴工业化国家的转变(张薇，2014)，在这个过程中，“新村运动”功不可没。“新村运动”既与物质性建设相关，更是一场精神层面的改造和复兴运动。在经济高速增长的冲击下，国民客观上有着摆脱贫困的欲求和参与自助事业的意愿，“新村运动”的精神是“勤勉、自助、协同”，这逐步转化成为一种民族精神和文化，激发了国民(特别是农民)的潜力，使他们很快适应工业化社会发展的需求(詹德斌，2006)。

7.2.2 乡村振兴案例：新的趋势和困境

为了解韩国乡村的基本情况，笔者在韩国进行了乡村调研。选取了“老”“新”两类能反映韩国农村地区变化的村庄，进行了实地走访和调研。

(1) 案例一：清道郡的一个开发了新功能的村庄

该村庄位于距离清道邑中心车程大概为 10 分钟的地方。村庄配套设施有公交站、村庄中心(承担村委会、养老院、文化活动等功能)等。全村约有 150 户人家。村庄建筑风格多样，从具有浓郁的韩国传统风格的新老民居，到现代简易"美式风格"的小别墅都可见到。近年来村庄进行了一些功能置换，在原居民区的西北部兴起了一片新的居住区，房屋产权人只在周末和其他一些节假日回来短暂居住。

(2) 案例二：地产开发驱动下的村庄"振兴"

该村庄是一个著名的由房地产开发驱动的"村庄"。由于靠近直辖市大邱(车程约为 40 分钟)，具有优美的生态环境，这里成了房地产开发的热点区域，也是韩国著名建筑师的实践场地。

可以看出，韩国农村的发展发生了一些新的发展趋势，表现为乡村居住功能的更新、升级，房地产开发下的乡村"振兴"，以及随之带来的乡村居住人员的更替。

(3) 韩国农村与中国农村的若干比较分析

通过访谈，笔者了解到韩国农村和中国农村所面临的问题具有共性。例如，都面临着农村地区的老龄化问题，年轻人大量外出。农村在教育水平、工作机会、商业氛围等方面无法和城市匹敌，难以吸引年轻人回流和定居。虽然政府正在大力推进农业的规模化、机械化，但由于农村留守的大部分是老人，对年轻人的吸引力有限，因而农业规模化和机械化的推进并不顺利。

同时，中国与韩国的农村差异也很大。中国幅员辽阔、人口众多，面临的问题会更加复杂，城乡差异和区域差异也更大。中国城乡居民收入差距比为 2.7∶1，而韩国仅为 1.1∶1。由于城乡二元制度，中国农民的户籍依附了土地和集体经济收益等红利，未来可能有部分农民工会返回乡村，而韩国似乎不存在较大规模的回流趋势和可能性。尽管韩国一些地方出现了年轻人回农村居住和体验农村生活的试点，但仅仅表现为极少数的个人行为。另外，韩国一些区位较好的村庄可以用来搞房地产开发，而中国在农村地区直接实行市场导向的房地产开发的可能性不大。

中国和韩国在村庄的基础设施建设和公共服务方面也有很大不同。韩国国土面积比较小，国民经济发达，政府有财力为每个村子提供均等化的公共服务；在中国，二元经济和社会结构还没有被完全打破，加之有些农村非常偏远，受制于财力和效率，政府尚不能在城乡提供均等化的基础设施和公共服务。在村落景观方面，中国一些村庄因为集中化、城镇化而失去了特色；韩国由于完全市场化和私人开发，村庄的景观较为混合。

然而，由于整个国家的老龄化及出生率下降，加之农村在教育水平、工作机会、商业氛围等方面仍无法与城市匹敌，新的农村实践并未扭转农村人口流失和衰退的困境。

7.2.3　小结

在韩国的发展历史上，“新村运动”在解决农村发展落后问题上发挥了重要的作用。从一开始的“物质修补”到“意识提升”，再到后来的“精神文明”目标，“新村运动”经历了从“输血”到“造血”的转型，以“勤勉、自助、协同”为内涵的“新村运动”精神转化成为一种民族精神和文化，激发了国民（特别是农民）的潜能。

“新村运动”从“物质”到“精神”的层次提升，对我国新农村建设具有重要的借鉴意义。初期，在国民经济十分困难的情况下，城镇化水平不高，农村和农业比重较大，政府和社会投入难以充分，物质上只能侧重于一些农业生产基础设施的改善，但非常注重国民精神的提升。中后期，“新村运动”改变了运作方式，实行“高层次统筹、小单位运作”；不再分散支援，而是在全国统筹的基础上，以市、郡、村为单位进行小规模运作。2005 年以后，“新村运动”以自下而上的申请和自上而下的经济、技术支援相结合的方式来施行援助，注重资金、理念和运作技术的结合，并在农村支援上形成了健全的体制和机制（赵民、李仁熙，2018）。

在道德和社会意识层面上，“新村运动”经历了从经济困难时期强调“勤勉、自助、协同”的“新村运动”精神，到经济复苏时期提倡健康生活方式运动、道德复兴运动、继承和发扬传统文化运动的转变，以营造健康的社会环境，并进一步在全球化时代背景下向海外输出“新村运动”，为亚洲、非洲的村庄建设和城乡可持续发展提供了一种基于居民参与的区域发展模式。

与日本相类似，当今韩国的乡村衰败并没有因多年的“新村运动”而被真正逆转。韩国乡村的人口流失及经济社会衰退仍在延续，乡村振兴政策仍在不断出台，新的实践也持续在推进。

7.3　国际经验的启示

本章所研究的东亚国家的农耕文化及城乡关系的起点与我国具有相似性，如今日本和韩国都已经进入城乡发展一体化时期，城乡基本公共服务（义务教育、养老、医疗）实现了均等化，城乡居民收入也大致持平（尽管有过波动）。梳理和辨析相关的国际经验，尤其是城乡互动进程、农村发展中采取的政策措施和取得的政策绩效，对正确认识我国城乡关系和实施城乡统筹及乡村振兴战略，进而实现城乡一体融合发展的目标，具有重要的启示意义。

首先，日本和韩国的历史进程表明，城乡关系是在城乡互动过程中发展的，从一个较为落后的农业国家发展成先进的工业化国家，工农、城乡关系基本会经历从“以农补工、以乡育城”“工农平等”“工农协调”“以工补农”“以工促农”到“以城养乡”的演变。每个阶段都会面临特定的发展问题或矛盾，东亚国家在城市化过程中都曾面临农业和农村的衰退问题，但在现代化和城市发展过程中始终没有放弃农村和农业，在不同时期均采取了不同的经济、社会和空间等扶持政策，通过持续性的政策引导和财政投入以应对城乡发展的各种失衡，并在不同阶段把工作重点放在不同的领域。

其次，城乡一体化的实现，即城乡平等的主体地位及同等的物质文明和社会福利水平，一是依赖高度发达的国民经济作为保障，二是有赖于地方行政和乡村治理结构的合理和高效，三是依赖国民精神的改善和激发民众积极参与的热情。

再次，体制机制建设上要强调自下而上和自上而下相结合，注重理念、资金和运作技术等的结合。既要引导全民参与乡村振兴事业，还要适当放开并鼓励资本下乡。城乡一体融合发展，归根结底离不开城乡之间劳动力、资本、技术等要素的畅通流动。

最后，从日本和韩国一些地区的现实状况看，即使在社会福祉等方面实现了城乡一体化，乡村仍有继续衰退的趋向，因而乡村振兴是一个持续性的课题。为了国家的经济、社会和环境可持续发展，在各个时期，都要对农业和农村的发展保持关注和公共投入，并积极推动相关配套制度的及时调整。一定程度上，日本和韩国等东亚发达经济体所经历过的发展矛盾和城乡关系演变，我们也正在或将要经历。基于这个角度，其经验值得认真研究和借鉴。

第 8 章 新时代我国城乡一体融合发展的思路和策略探讨

上述章节的历史演进分析、案例研究及国际和地区经验均表明，城市和乡村是一个整体系统，就城市论城市、就乡村论乡村的思路无论是在理论上还是在实践中都是行不通的。在以往的城镇化进程中，有些城市和地区，以提高城镇化率和搞土地财政的思路去发展城市，而不是统筹考虑农村和农民的实际需要，形成了对城镇化和土地财政的路径依赖。实践已经表明，既有的发展路径已经难以为继，因而国家出台了新型城镇化战略，并提出了城乡发展一体化的目标和理念。本章在前文研究的基础上，对新时代我国城乡一体融合发展的思路和策略作进一步探讨。

8.1 基本理念

无论是城市还是乡村的发展，都需要放在城乡系统中去统筹谋划，尤其是城乡资源的配置和流动。需要认识到，城乡关系的发展有其客观规律，不同国家、不同地区以及在不同的时期，均会面临不同的内外部环境，因而发展条件各异，政策导向也应有其时代性和地域性。前文在总结我国城乡关系历史演进的基础上，提出了我国城乡发展在要素流动和资源配置方面的新趋势，主要包括：在土地要素红利趋紧的情况下，通过城乡土地价格剪刀差实现的城乡统筹模式将不再奏效；随着农村资本市场的完善和乡村振兴战略的实施，城乡融合发展面临着新的机遇；异地城镇化的劳动红利减少，享受异地城镇化劳动红利的地区承担的相应服务职能加重；此外，历史上的公共资源配置的城乡差异和区域差异的累积效应短期内难以消除，中央和省级层面的调控和转移支付力度亟待加大。

因而，未来的发展，既要有全国性的视野和总体思路，又要契合地区层面的条件和制定差异化的发展策略。亦即，在全国层面，既要考虑到城乡关系发展的客观规律，又要关注新时代面临的内外部环境；在地方城市-区域层面，要在充分了解和契合自身特征的基础上，结合要素流动和资源配置的新趋势，以因地制宜和扬长避短为原则，科学制定城乡一体融合发展的策略。

8.2 国家层面

8.2.1 城乡一体化发展路径及政策干预的切入时间

城市和乡村发展是一个综合系统,城乡关系有其阶段性特征和分领域特征,需要在不同的阶段确立不同的工作重点。《乡村振兴战略规划(2018—2022年)》对未来数年的城乡发展态势作出了一个基本判断:“我国城镇化进入快速发展与质量提升的新阶段,城市辐射带动农村的能力进一步增强,但大量农民仍然生活在农村的国情不会改变,迫切需要重塑城乡关系。我国乡村差异显著,多样性分化的趋势仍将延续,乡村的独特价值和多元功能将进一步得到发掘和拓展,同时应对好村庄空心化和农村老龄化、延续乡村文化血脉、完善乡村治理体系的任务艰巨。”总之,城乡关系的调整和现实矛盾的解决,既具有紧迫性,又是一项长期任务,并有其自身发展规律。

日本和韩国一些地区的城乡关系经历了由“以农补工、以乡育城”到“以工促农”“以城养乡”的过程。在一定程度上,中国也正在经历类似的发展过程,遭遇了相似的问题,如城乡发展差距过大、乡村的空心化和衰败,以及乡村需要城市反哺等。就城乡关系的本质而言,日本的城乡发展已进入一体化阶段,这也正是我国现阶段城乡政策的基本指向。日本在其城乡关系演进历程中的制度建设及治理模式,对我国当前的城乡发展实践及制度建设尤其具有借鉴意义。

多数国家都曾采取城乡有别的政策措施,并在经济发展到一定阶段后逐渐重视农村的发展和农村地区的公共物品供给,最终希望实现城乡无差距的基本公共服务水平和社会福祉,即实现“城乡发展一体化”。日本早在20世纪60—70年代就基本消除了城乡基本公共服务水平和城乡居民收入的差距;此后,为了应对不断涌现的新矛盾,城乡发展的政策调整和乡村振兴计划的实施一直没有停止过。

有研究根据我国城乡关系演进的阶段特征与发展诉求,将1949年以来我国的城乡发展分为五个阶段,即初始阶段、起步阶段、不平衡发展阶段、城乡统筹发展阶段和城乡一体化发展阶段(赵民、陈晨、方辰昊,2016)。回顾日本的城乡发展历程,可以发现,中国和日本的城乡发展经历了极其相似的演化路径(图8-1)。总的来说,都经历过从传统农业国家向工业化国家转变阶段,工业化带动城市化阶段,城乡差距拉大的不平衡发展阶段和以农村复兴、缩小城乡发展差距为目标的时期。不同的是,我国1949年后一段时期的工业化、城市化是在对农村和农产品的价格剪刀差基础上发展起来的;计划经济时期农村资本持续外流,农村劳动力却被禁锢在农村尤其是第一产业中;在城乡二元分治下,农民不能通过对土地的再配置来提高资源使用效率,显著影响了社会财富的创造和分配格局。改革开放之后的农村土地承包释放了农村剩余劳动力，劳动力持续外流，但户籍制度等因素造成“半城镇化”现象，在一定程度上“延缓”了城镇化进程。以上两个因素造成的不平衡发展带来了城乡冲突的“提前”，即在城镇化率达到 30％之后，一系列由于城乡差距过大带来的矛盾即已经“凸显”（日本则是在城镇化率达到 63.3％时才进入这一时期）。

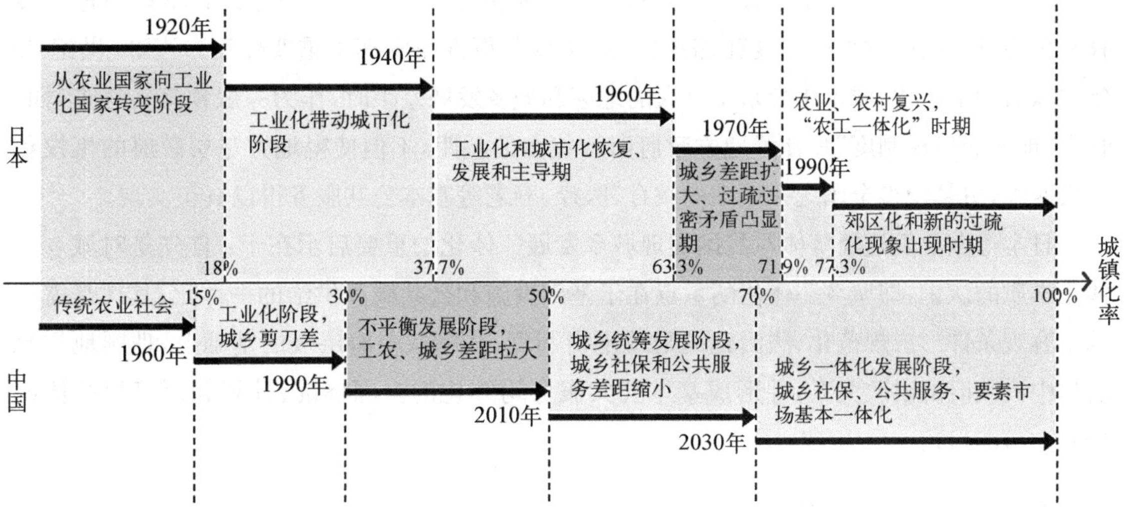

图 8－1　中国和日本城乡发展阶段比较

对比之下，第二次世界大战后的日本在造就了城市化和工业化奇迹的同时，也实现了农业和农村的现代化。1970 年日本进入农业、农村复兴，“农工一体化”时期，这时日本的城市化率约为 72％，即七成居民生活在城市，只有三成居民生活在农村，并已经过两次较大的町村合并，政府有财力大量投资农村地区基础设施和公共服务设施建设，大幅提高建设标准，并通过工业积累的大量资金对农业进行价格补贴，对农民进行收入补贴（包括实行统一的城乡养老金制度）。

因此，我国在城镇化率为 50％的时候提出城乡统筹发展，并以城乡发展一体化为目标，是实现社会经济健康可持续发展的需要。但相比日本等国家，现阶段我国城市带动农村、工业反哺农业的压力仍然较大，以“城乡均等”为标准的城乡发展一体化尚有很大难度。因此要把握好政策的力度和实施的时机，尤其是当前我国的农村聚落建设不能一哄而上，而是要承认农村人口减少的长期趋势和实现乡村人居空间的“精明收缩”（赵民，2014；赵民、游猎、陈晨，2015）。本研究认为，大致上，当我国城镇化率达到 70％左右、经济发展跃上新的台阶的时候，“城乡均等”的城乡发展一体化战略才有可能较为全面地展开。在这之前，应在城乡统筹的基础上，率先在城乡基本公共服务领域取得突破，进而逐步扩大城乡一体化的领域并提升发展水平。

8.2.2 完善对乡村的财政转移制度，理顺事权和财权的匹配问题

无论是处在城乡统筹阶段还是以城乡发展一体化为目标，对乡村的财政转移非常重要，需要有制度化的保障。在这方面，我国仍处于较为初级的阶段，尽管中央政府有政策导向，但主要是地方在探索。可借鉴相关的国际和地区经验，尤其是日本，在国民经济发达的背景下，在制度设计上保证了全国各区域及城乡公平地分享经济增长的成果。日本以向地方转移支付为核心的财政平衡制度在缩小区域、城乡差距方面发挥了重要作用。当20世纪60年代以后的工业化、城市化带来了巨大的地区和城乡发展差距时，作为一般预算转移支付的日本“地方交付税制度”弥补了地方政府财政能力的差距，不但使得地方基层政府的事权和财权匹配，更是使得全国统一标准的教育、医疗、养老等基本公共服务得以真正实现。

日本等东亚发达经济体对我国实现城乡发展一体化的重要启示在于：首先是对城乡一体化本质的认识，即城乡一体化的重点在于基础设施和公共服务供给的一体化；其次是需要基于客观条件形成规范化、法治化的财政平衡制度，在缩减政府层级的基础上，理顺地方政府与中央政府的财政关系，并形成基本公共服务均等化的全国标准、计划和监管执行体系（刘志广，2011）。

8.2.3 参与主体的多样性

1. 完善农村合作经济组织的多重功能

2019年，中央一号文件《中共中央 国务院关于坚持农业农村优先发展做好“三农”工作的若干意见》发布，提出要鼓励多种经营主体在组织、提高、富裕农民方面发挥作用。到2018年年底，我国农村家庭农场达到54.9万家，合作社达到216万家，各种各样的产业化经营组织达到8.7万家①。但总体而言，我国的专业合作社大都限于村乡范围，明显缺失上层结构，缺乏横向的信息采集和市场分析功能（管珊，2014），更没有承担部分公共服务职能的能力。因而在调动微观主体积极性的同时，亦需要自上而下的机构设置和设计。

同样以日本为例，从1950年到1975年的短短25年时间里，日本完成了农业现代化过程。日本农协在发展过程中积累了许多成功的经验，为我国农村专业合作经济组织的发展提供了很多启示。日本1952年的《农地法》规定了农户拥有的土地面积的上限，并对土地的出租和买卖进行严格的限制，因而在小农经营下，日本的农村居民收入难以进一步提高。1961年的《农业基本法》就是为了应对当时日本农业所面临的问题和促进农业发展而制定的，政府希望通过调整农业结构来培育“自立经营体”，从而使农业成为一个能自主发展的产业。其方式主要是通过转移农村劳动力和促进农地集中，从而提高人均耕地面积，以达到大

① 数据来自 http://politics.people.com.cn/n1/2019/0220/c1001-30808369.html。

规模经营农户在农业生产中占主导的目标。该政策实施的结果是农户的数量有所下降，但仍有大量的兼业农户滞留在农村，他们不愿放弃对土地的继续持有，因而户均耕地规模并没有得到大幅提升。这与我国农村发展现状是极其相似的(图 8－2)。

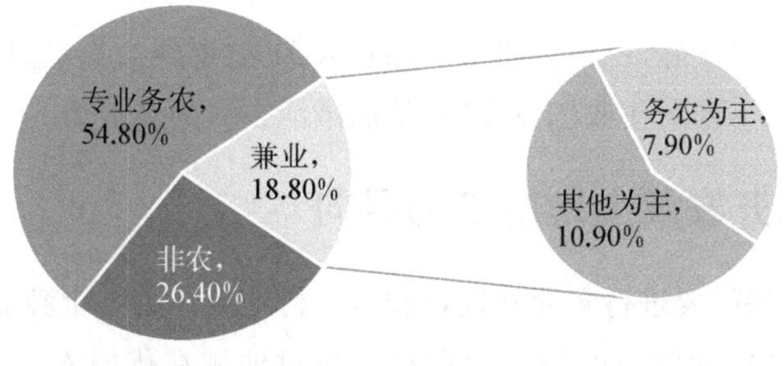

图 8－2　中国农户从事专业务农、兼业、非农工作的比重(2015 年)

数据来源：2015 年中国社会状况综合调查。

在大量农户小规模经营、长期存在大量农户兼业(图 8－3)的现实条件下，日本政府逐渐加强了对农协的支持力度，形成了基层、中层和全国三个层级的网络组织系统，最大限度地调动了组织资源，保护了农民的利益，形成了农协的集团性生产力，并承担经济、社会、政治等多重功能。农协组织农民，以"小规模所有、大规模经营"的方式来提高务农效率和增加收入。农协提供的服务涉及农户生产生活的各个方面，包括提供技术支持、制定农业规划、集中销售农产品、统一购买生产生活资料、提供信贷资金支持、开展养老保险和医疗保险业务等，甚至一些地方取代政府承担了提供部分公共服务的职能，为带动农业发展、提高农民生活质量发挥了积极作用(赵红，2010；朱厚伦，2013)。诚然，日本农协发展到今天，也面临着一些困难和问题。例如，政府的惠农政策逐步减少，对农协的扶持和支持政策也在减少；此外，近年来农协组织的行政化和营利化倾向也引起了农民及政府的不满，甚至加剧了农民、农协和政府以及农民、农协和其他社会群体的矛盾。但其在日本农业发展历史上承担的服务和组织作用值得我国借鉴。

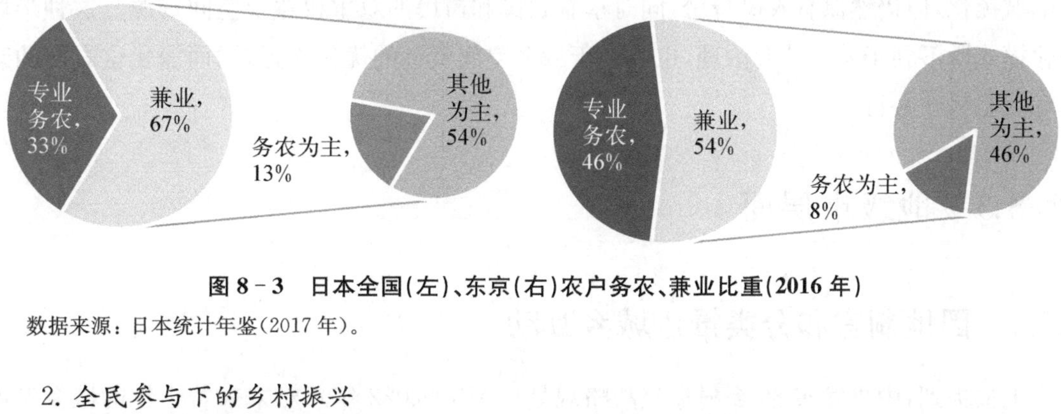

图 8－3　日本全国(左)、东京(右)农户务农、兼业比重(2016 年)

数据来源：日本统计年鉴(2017 年)。

2. 全民参与下的乡村振兴

《乡村振兴战略规划(2018—2022 年)》鼓励全民参与到乡村振兴中，积极引导"社会人才投身乡村建设”,“引导和支持企业家、党政干部、专家学者、医生教师、规划师、建筑师、律师、技能人才等,通过下乡担任志愿者、投资兴业、行医办学、捐资捐物、法律服务等方式服务乡村振兴事业”。这既是自上而下的顶层设计,也契合了现实中城市居民回归乡村、回归乡土的情感需要。通过全民参与,纠正全社会对乡村文化价值认识的偏差;在发挥乡村的生态、旅游功能的同时,“以乡愁、乡情为纽带”,感召大学生、退休人员、农民工等,携带资金、技术和市场等资源返乡、下乡居住或创业发展,从而激活乡村的新活力。

8.2.4 乡村多元开发及土地政策的导向

新时代的乡村振兴需要进行多元开发,同时,乡村地域作为一个独立主体的地位也必须得到保障,即乡村不是作为城市的附属而存在。乡村地域在优质农产品提供、生态环境保育、中华文化保存等方面具有重要意义,需要作为一个独立功能单元与城市功能融合及互补。因此,应以城乡发展一体化为目标,建立“乡城互补、乡城互动”关系,乡村地区的农业用地和建设用地的规划要守住底线;与此同时,城市建设和拓展也要有刚性的边界控制。

为此,需要从避免城市建设用地的低效蔓延、提升建设用地使用绩效入手,减少对农业和生态用地的侵占。以提升城镇化率为目标而无节制地增加建设用地的做法实为本末倒置,城镇化本应是经济和社会发展的自然结果(徐素、朱金,2015)。在经历了多年的城市空间拓展后,当前应首先提升存量城市建设用地的使用绩效,通过规划、建设和管理手段提高建成区的承载力和城镇化质量,从而主要以内涵方式推进城镇化发展,而不是追求空间资源的更多投入。

面对农村人口的不断流出和村庄空心化现象,要以社会资源配置的整体优化为出发点,谋划城市空间的“精明增长”和乡村人居空间的“精明收缩”;发达地区要率先探索农村人居资源的合理退出机制。城乡土地及不同人群分享土地利益的平等,将会是未来政策改革的主要方向(刘守英,2015)。例如,苏南大城市近郊区农户,其实已经实现了生产和生活方式上的城镇化,但仍然保有农民身份,同时享有农民和市民的双重权益及空间资源。这种半城镇化模式既不利于城乡社会治理,也不利于城乡空间资源的优化配置,因而深化这方面的改革和攻坚势在必行。

8.3 地级市层面

8.3.1 因地制宜和分类推进城乡互动

上文提到,中央发布的《乡村振兴战略规划(2018—2022年)》对未来若干年的城乡发展态势作出了一个基本判断:“我国城镇化进入快速发展与质量提升的新阶段,城市辐射带动农村的能力进一步增强，但大量农民仍然生活在农村的国情不会改变，迫切需要重塑城乡关系。”这是对全国层面的总体认识，但对我国不同地区、不同地级市的城乡发展基本态势仍需要从实际出发作具体判断。该战略要求以“因地制宜、循序渐进”为原则，“科学把握乡村的差异性和发展走势分化特征，做好顶层设计，注重规划先行、因势利导，分类施策、突出重点，体现特色、丰富多彩。既尽力而为，又量力而行，不搞层层加码，不搞一刀切，不搞形式主义和形象工程，久久为功，扎实推进”。

乡村振兴战略与新型城镇化战略相辅相成。在本书所研究的地级市层面，需要把乡村和城市的发展作为一个整体的两面来看，综合考虑地级市的城乡关系、城市发展情况，以优化地方的城镇化和乡村发展模式。

2016 年年底，我国共有 293 个地级市、4 个直辖市，其中，城镇化率低于 30%的有 3 个，城镇化率为 30%～50%的有 109 个，城镇化率为 50%～70%的有 135 个，城镇化率为 70%～100%的有 50 个(图 8－4)。

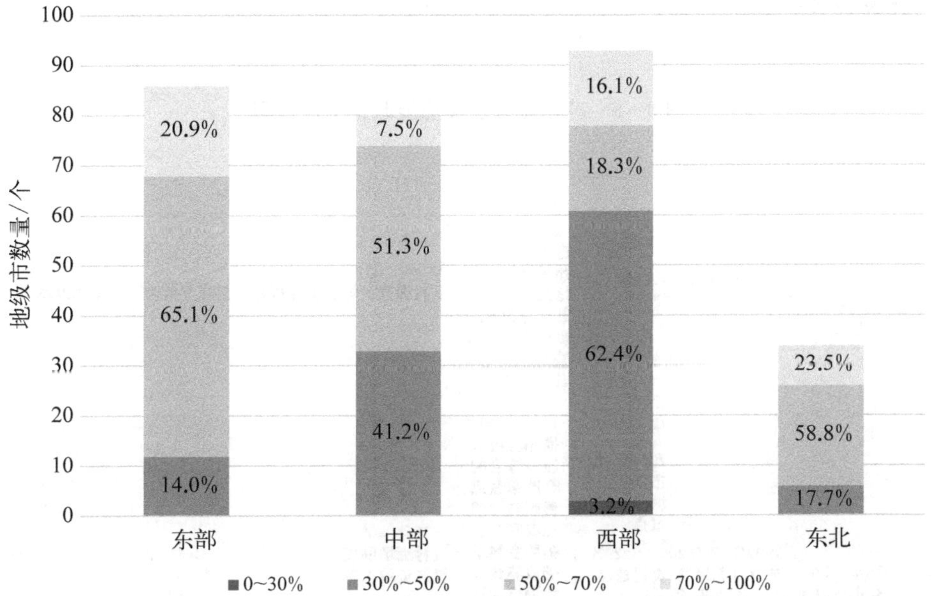

图 8－4　我国分地域的地级市城镇化率分组数和比重

资料来源：各省份统计年鉴 2017、各地市国民经济与社会发展统计公报 2016、各地市政府工作报告 2017，部分城市采用 2015 年或 2017 年数据，极少数城市采用户籍人口城镇化率。

注：柱体高度表示地级市数量，标注为比重。

按照图 8－1 的发展阶段划分，我国 37.7%的地级市尚处于较低水平的发展阶段，45.5%的地级市处于城乡统筹发展阶段，16.8%的地级市已经步入城乡发展一体化阶段。通过案例城市的政策梳理(图 8－5、图 8－6、图 8－7、图 8－8)可以发现，较为成功的地级市城乡互动模式，往往是基于与国家号召的城乡关系理念相契合的情况下，在较高的城镇化发展阶段，处理好农业现代化、农业农村相关制度初步改革之后，再强化施行城市对农村、工业对农业的反哺（如苏州模式）。另一种情况则是处于特定的政策区，可以积极争取外部的财政投入和政策扶持，因而有可能实现城乡互动阶段的“跨越”（如遵义模式）。

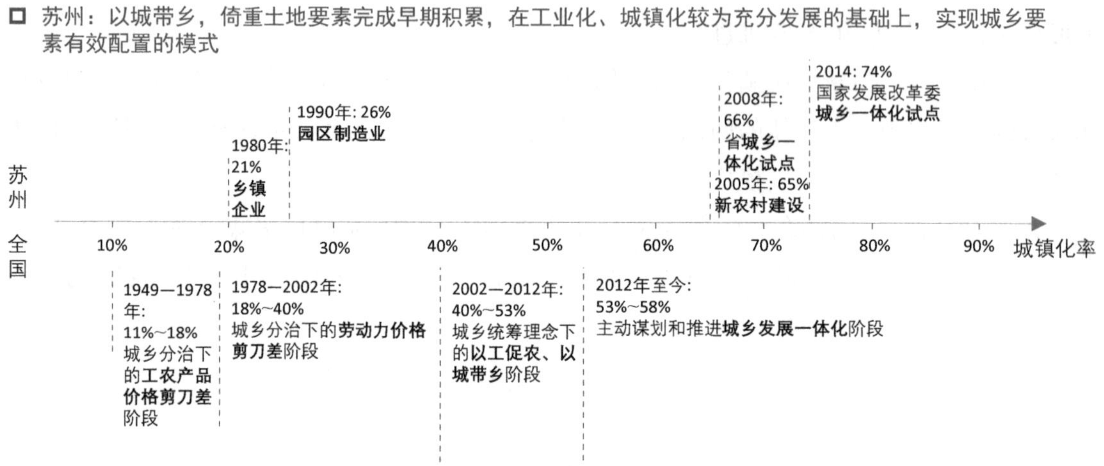

图 8-5 苏州城乡发展重要政策节点梳理

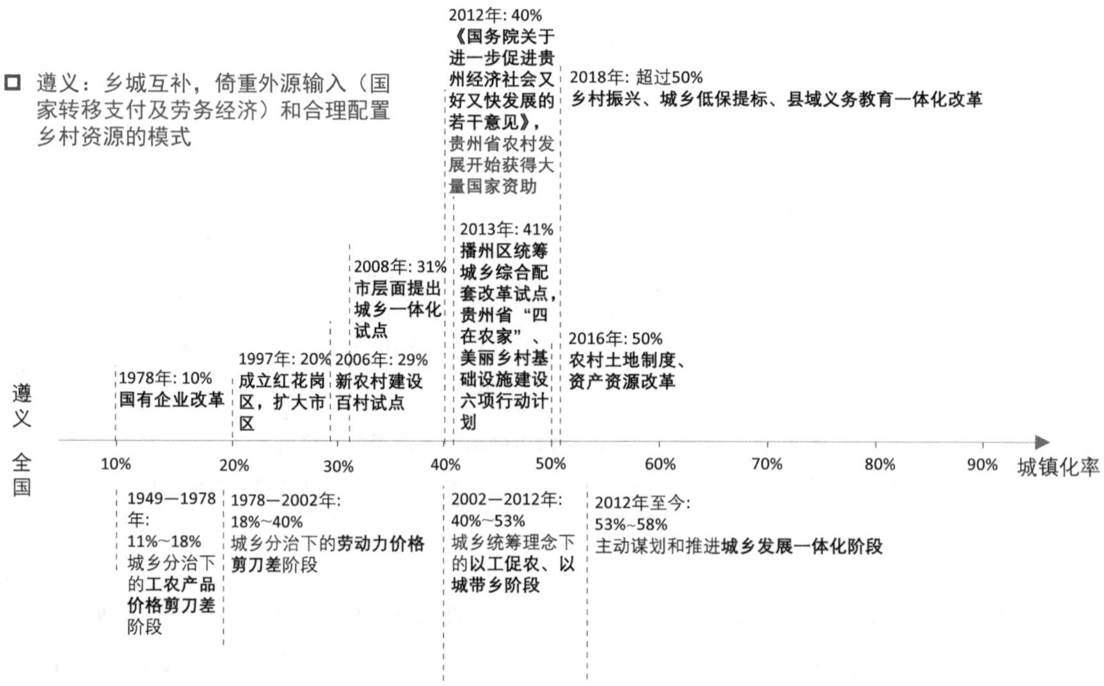

图 8-6 遵义城乡发展重要政策节点梳理

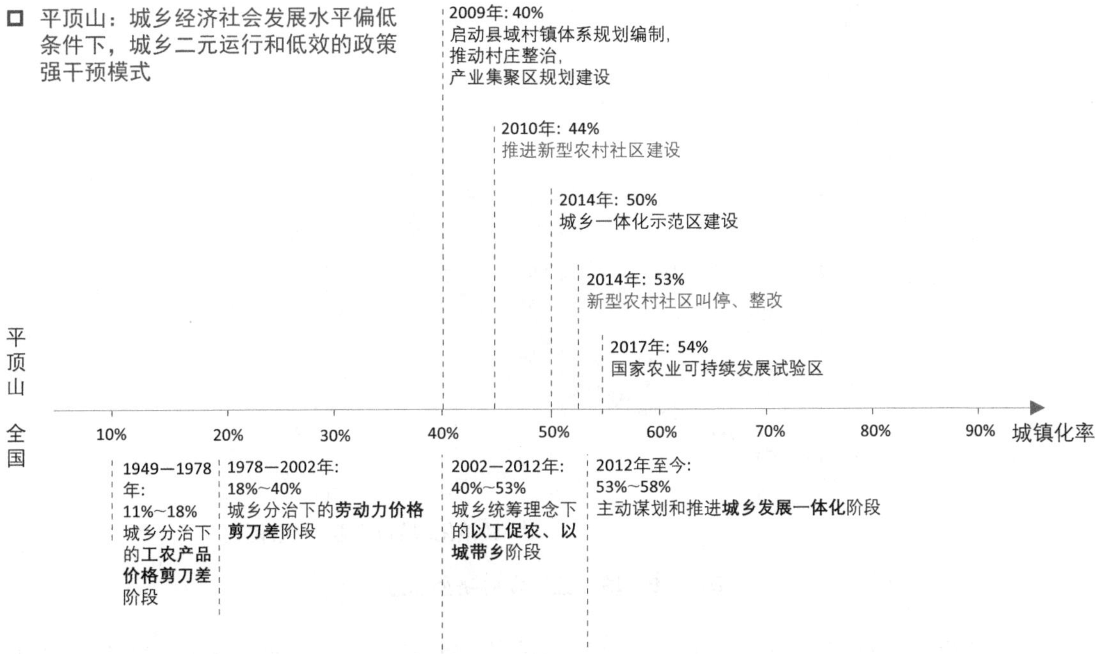

图 8－7　平顶山城乡发展重要政策节点梳理

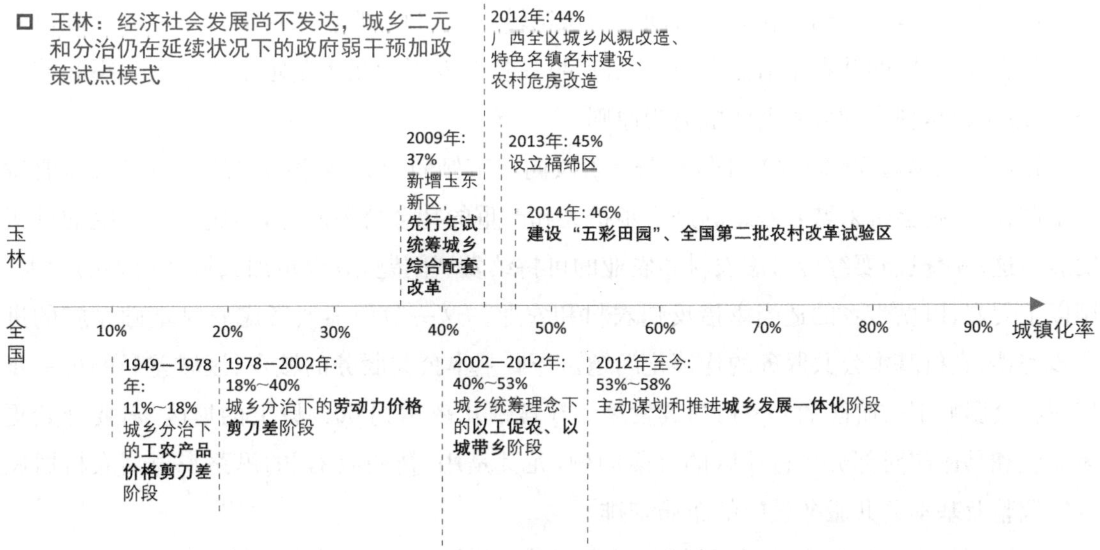

图 8－8　玉林城乡发展重要政策节点梳理

8.3.2　城乡互动的路径归纳

基于上述分析讨论，可将各发展阶段的城乡互动发展路径归纳如下(图 8－9)所示。

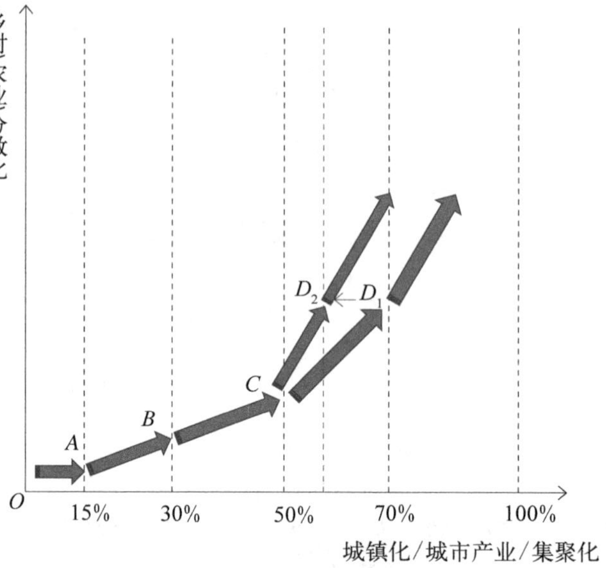

图 8-9 城乡互动发展路径示意

在城镇化率较低(低于50%)时,应以"城乡统筹"为原则,以推进城市发展和城镇化提升为重点,适度控制城乡产品、劳动力和土地价格的剪刀差,尽快壮大城市型经济和产业,推动人口向城市集聚,发挥城市的规模效益。农村、农业的发展要因地制宜,稳步推进农业现代化和规模化发展,并鼓励农村剩余劳动力向城镇转移。同时,要在农村配备基本的基础设施和公共服务,农民的基本生活需求应得到满足;在社会发展的政策制定中要注重效率和兼顾公平,以不超越现实的公共财政能力为原则。

在城镇化率为50%~70%时,对前一阶段向城市倾斜及以效率为主的发展模式需要做一定调整,否则会带来城乡差距的进一步扩大和严重的社会公平问题,影响城乡系统的健康发展。这一阶段需要综合考虑农村和农业的可持续发展问题,应逐步加大城乡统筹的力度,用以工促农、以城带乡的适当举措反哺农村和农业。这一阶段需要考虑农村基础设施的进一步完善、农村基本公共服务的均等化问题,否则,基本公共服务的城乡、区域差异的进一步累积将会影响下一阶段的城乡可持续发展。在城镇化率达到60%以上的地区,需要开始更为关注和具体应对部分乡村地区的衰落问题,尤其是用"精明收缩"的思路来谋划农村居民点的调整及基本公共服务设施的布局安排。

在城镇化率达到70%之后,城镇化进程将明显放缓,人口在城乡之间的流动趋向于动态平衡。这一阶段应推动城乡社保、公共服务和要素市场的一体化发展,注重发掘乡村的独特价值和多元功能;同时,为了应对村庄空心化和农村老龄化等问题,需要在农业生产方式转型的基础上,调整农村人居空间的结构,并相应重构农村社区组织,以落实新时代的乡村治理任务。在近年的实践中,要根据国家《乡村振兴战略规划(2018—2022年)》的要求,顺应村庄发展规律和演变趋势，根据不同村庄的发展现状、区位条件、资源禀赋等，按照“集聚提升、融入城镇、特色保护、搬迁撤并”的思路，分类推进乡村振兴，不搞一刀切。

此外还要指出，在城镇化水平很高(70%以上)且城乡发展一体化已经基本实现的状况下，“城镇化率”作为地区总体发展水平的指标意义已经极为有限。发展到这个阶段，人们在城镇还是在乡村工作或居住，已主要是基于个人偏好和自主选择，而不是因为城乡二元的制度隔离。有关研究已经证明，这个阶段的经济发展水平与城镇化率的相关性会变得很弱(赵民、张颖，2008)。

以上是城乡互动发展阶段的一般路径。一些地理或政策区位较特殊的地级市，例如，处在某些国家战略发展区，或具有较大的生态环境价值，或具有较独特的农业和人文资源禀赋，往往会有来自外部的较大政策支持和资金投入，因而这些地级市的城乡一体化阶段或将较原本提前(图8-9，从 D_1 提前至 D_2)。此外，其他一些特定原因也可能会影响“转折点”的到来时机，诸如国家重大基础设施建设及重大资源开发，或农村“能人效应”等，因而需要针对具体地区、机遇及时机作具体判断。

8.3.3　“后发”地区的路径讨论

在普遍性路径的基础上，各地级市在不同的发展阶段所面临的时代背景和具体条件也可能会有所不同。第4章指出了要素流动和资源配置四个方面的重要趋势。目前城镇化率已经达到70%以上的发达地区的地级市，基本曾享受过城乡要素剪刀差的红利，其中心城市的发展已占据先机；由于经济发展水平已经很高，具备财力和物力去反哺农村，可以设定较高水平的城乡发展一体化目标。但对于城镇化还处于中级阶段的大部分城市来说，过去的发展远逊色于发达地区，还未能充分获取劳动力、土地价格剪刀差的红利，因而在城乡发展一体化目标和水平的设定上绝不可以冒进。对于这些城市，如何进一步集聚优质资源和提高城市经济的发展水平，并寻找乡村振兴的支撑点，是其面临的重大挑战。

现阶段，继续依赖城乡要素剪刀差的红利来发展城市已经不再可行。在新型城镇化、新常态和生态文明的发展背景下，不可能再沿用以前东部发达地区曾经的发展路径——靠大量土地资源和廉价劳动力来发展城市，靠牺牲环境和社会福祉来优先满足经济增长。在追求生态文明、追求高质量发展的总要求下，经济和城镇化发展速度必然会降下来，后发地区要达到东部经济发达地区目前的水平需要更长的时间和新的发展契机及动力。

新型城镇化战略、乡村振兴战略的提出，为后发地区的城镇化、经济发展转型指明了新的方向。新型城镇化相较于以前追求数量、速度的城镇化，具有追求城镇化质量和内涵的提升、注重多元发展等新的内涵。新型城镇化政策框架的制定，“必定是着力于城乡统筹发展”(赵民，2014)，通过解决农村问题补齐以往的短板；通过城乡系统的优化，来实现城乡整体发展效率的提升。乡村不仅具有农业、生态、旅游等功能，乡愁、乡情的纽带以及传统文化的传承和感召，都将吸引更多的社会主体参与到乡村的功能激活和建设中去。因此，要契合供给侧结构性改革的需求，以发展绿色农业和乡村旅游、激活文化等功能来建构新的城乡经济增长点。

公共服务供给方面，一方面，后发地区有望获得更大力度的国家财政转移支付，逐步改善留守儿童和留守老人的社会保障和公共服务水平；另一方面，农村户口在现行制度下的“红利”也日益凸显，部分农民工已有越来越强烈的返乡意愿。地方政府可结合社会保障体制的制度创新，如设立劳务人员的社保“人头账户”，账户随人流转，以平衡劳动力输出和输入地区的社会负担，最终形成城乡统一的社保体系。

在乡村经济发展方面，2019 年中央一号文件继续聚焦“三农”问题，在乡村振兴方面提出“扶持发展吸纳就业能力强的乡村企业，支持企业在乡村兴办生产车间、就业基地，增加农民就地就近就业岗位”。文件释放出了振兴乡村企业的信号，要鼓励有条件、有基础的乡村，在不影响生态环境的基础上，大力发展乡村特色产业。在有效监管的前提下，应开放和鼓励资本下乡，形成城乡融合的产业体系。

与此同时，农村集体经营性建设用地入市等试点改革，也将改变城乡土地要素流动的制度环境，为后发地区的乡村发展提供新的发展机遇。沿海发达地区如苏州等城市的城镇化率已经很高，农村人居空间也逐渐趋于稳定，相对而言，后发地区的乡村反而具有更多可能的发展方向和更高的发展潜能。乡村人居空间的“精明收缩”和建设用地的集约使用，可使部分乡村建设用地有序退出农村和进入城镇建设用地市场，进而产生国家（保护耕地）、城镇（新增建设用地）、农村（筹集发展资金）的多赢结果。

8.3.4 将地级市作为一个政策平台，推进城乡一体融合发展

2000 年以来，我国的人口流动具有“两端集聚”的特征，人口向超大特大城市和县域集聚态势明显，就地就近城镇化趋势加强（李晓江、郑德高，2017）。对于大量的中间层级的地级市来说，应考虑在市域范围内统筹各区县的城镇化和城乡发展模式。

地级市在制定城乡规划等公共政策时，应在市域范围内综合评估城乡发展水平及发展差异等地域性特征，并结合财政资源等配置工具，重点解决市域发展失衡和公共服务不平等等问题，从而推进市域范围的城乡健康可持续发展。

地级市下辖县市区之间往往是竞争关系，县市区主要考虑的是本级范围内的做大做强，往往会导致相邻政区之间的零和博弈；地级市则不仅应考虑辖区的整体经济社会发展，更应考虑县市区的平衡发展和优化发展，因而需要合理调控辖区内各县市区、城乡要素的配置和流动。

地级市相比下辖县市区，具有更高的政策制定和财政权限，更容易实现市域范围内的城镇体系、城市和乡村的协调发展，并推进基本公共服务的均衡配置。虽然有些省份已实行省

管县制度，但地级市仍然具有更高的行政和财政权限。尽管在省管县的条件下，市县财政是并列的，但由于地方党委统一领导，以及设区城市具有一定的立法权，地级市的实际事权仍然较强，关于公共服务和基础设施建设方面的重大政策仍由市里制定，并承担相应的补助。总之，无论是就立法权、行政权还是财政能力而言，地级市都要强于县市区，因而更有能力统筹市域范围的城乡发展以及适时推进城乡一体融合发展。

8.4　本章小结

本章在对我国城乡发展的现实情景及四个案例“城市-区域”的城乡互动模式进行研究的基础上，结合对东亚国家（地区）经验的借鉴，探讨了新时代我国城乡一体融合发展的思路和策略。

首先，本章提出基本理念，在新时代背景下无论是城市还是乡村的发展，都需要放在城乡系统中去统筹谋划；未来的发展，既要有全国性的视野和总体思路，又要契合地区层面的条件，并制定差异化的发展策略。

其次，在全国层面，本章提出了城乡一体化的发展路径及政策干预的切入时间问题，并对相关的体制机制和政策提出了建议。城乡一体化发展有其客观规律性，需要在合适的时机推出合适的政策措施；完善乡村发展和公共服务的财政转移制度，理顺事权和财权匹配问题是实现城乡一体融合发展的制度保障。实现乡村振兴，需要调动和吸引多样化的乡村振兴主体的积极参与，特别是要完善农村合作经济组织的多重功能，以发挥对分散的农村、农户和农业生产的组织作用。要进一步推进农村土地制度改革，确立合理的退出机制和实现农村人居资源的优化配置，在此基础上，更好地确立乡村地域的主体功能以及相对独立和平等的地位。

再次，在地级市层面，鉴于我国数百个地级市的经济社会发展水平和城镇化率差异极大，需要因地制宜地确定城乡互动的模式，在归纳城乡互动的一般路径的基础上，着重讨论“后发”地区的城乡发展路径。

最后，地级市相比下辖县市区，具有更高的政策制定和财政权限，更容易实现市域范围内的城镇体系、城市和乡村的协调发展，并推进基本公共服务的均衡配置。因而可将地级市作为一个政策平台，积极主动统筹城乡发展，并适时推进城乡一体融合发展。

第9章 结论

9.1 主要研究结论

本书以马克思主义城乡关系阶段论和吉登斯的结构化理论为理论基础，运用逻辑推演、宏观研究、个案比较研究和系统分析等方法，研究了我国的城乡关系演进及相应的要素流动和资源配置特征。研究目标是将城乡关系、城乡要素流动和城乡公共资源配置特征放在一个框架内，解释城乡关系的作用机制，系统解读城乡互动发展的内在机理、时空演变特征和规律，以及解释不同区域城乡互动发展的模式，进而探讨推进城乡一体融合发展的思路和策略。具体的研究问题包括：在时间维度上，研究从城乡二元分治到城乡一体融合发展的过程中，我国城乡关系的总体演进特征；在空间维度上，研究不同地区的城市-区域的城乡关系特征和具体模式。

本书主要的研究结论包括以下方面。

第一，我国城乡关系的演进总体上契合马克思主义理论中的城乡关系阶段论，大致可为四个阶段：① 城乡分治下的工农产品价格剪刀差阶段；② 城乡分治下的劳动力价格剪刀差阶段；③ 城乡统筹理念下的以工促农、以城带乡阶段；④ 主动谋划和推进城乡发展一体化阶段。对城乡关系的演进可用结构化理论来加以解释：不同时期的城乡发展政策和城乡资源配置策略，体现了既有“结构”中的“规则”和“资源”两个方面；同时，在既有框架下，人们的行动构成了要素和资源配置的实际社会结构，不同时期的人们的社会实践和实际需求反作用于既有结构，促使城乡政策和资源配置策略的调整，体现了“实践”对二元结构的“缓解”，从而实现了规则与资源的“再生产”，即“结构化”的过程。

从二元结构转换的角度看，我国曾经历了城乡二元分治、农村处于被动被汲取状态，到提出和推进城乡统筹和城乡发展一体化等历时性过程。从要素流动的角度看，我国曾长期实行工业化和城市发展优先政策，基于二元结构和运用计划等行政手段配置要素，先后对应于“工农产品价格剪刀差”“劳动力价格剪刀差”和“土地价格剪刀差”，使得要素更多地向城市流动。

第二，在城乡关系不断调整的背景下，我国城乡要素流动出现了若干新的特征和趋势，主要体现在以下方面。① 一级市场的土地红利要素趋紧。改革开放以来城镇化导向的发展，忽视了大量的生态和社会成本。近年来，国家倡导的城乡统筹、新农村建设及城乡发展一体化理念，则体现了新的政策导向及对以往发展失衡的矫正，城乡土地流转的"城市偏向"也得到了一定程度的扭转。② 资本流动的"卢卡斯悖论"减弱。2003 年以后，农村资本外流的情况有所改善，二元经济结构的不断被打破和转换促进了城乡资本配置效率的提高，城乡资本边际生产率差异缩小，农村资本回流明显。③ 异地城镇化的劳动红利减少。在以往的城乡发展模式下，人口流入城市享受了"劳动力价格剪刀差"，但随着劳动力供需平衡的变化，这种"先发红利"将越来越少，靠劳动力价格剪刀差和土地价格剪刀差来发展城市的阶段很可能一去不复返了，因而后发城市发展经济的路径转换势在必行。④ 公共服务设施的城乡差距和区域差距会产生积累效应，对具体区域和城市的城乡发展模式将产生较长期的影响。

第三，在城乡"一体化"和"融合发展"的政策目标下，各地形成了各自的城乡发展模式。本书解析了四个案例"城市-区域"的城乡互动关系和模式，旨在回答以下问题：在中国不同地区实现城乡发展一体化目标的过程中，其城乡互动关系和模式是什么？研究发现，苏州的城乡互动模式可描述为"以城带乡，倚重土地要素完成早期积累，在工业化、城镇化较为充分发展的基础上，实现城乡要素有效配置的模式"；遵义的城乡互动模式可归纳为"乡城互补，倚重外源输入（国家转移支付及劳务经济）和合理配置乡村资源的模式"；平顶山的城乡互动模式为"城乡经济社会发展水平偏低条件下，城乡二元运行和低效的政策强干预模式"，玉林的城乡互动模式为"经济社会发展尚不发达，城乡二元和分治仍在延续状况下的政府弱干预加政策试点模式"。

第四，建立了城乡发展一体化绩效评价体系，并进一步从"城市发展阶段和效率""城乡发展差距""乡村地域主体功能"三个方面来考察四个案例城市的城乡发展一体化绩效。总体而言，苏州的城乡发展一体化绩效较大，所形成的一体化发展模式是符合苏州实际条件的；遵义的城乡发展一体化也取得了较好成效，这背后虽有政策机遇，但同时也证明了遵义所选择的发展模式是较成功的；玉林和平顶山迄今在城乡发展一体化方面的效率尚不高，目前的状况虽有其客观成因，但在城乡发展一体化的模式选择方面也确有一定失误，需要加以反思。

随后本书从经济发展阶段、资源禀赋、政策区位以及地级市的控制能力等方面分别展开分析研究，着重论证了不同的城乡发展一体化绩效与城乡发展模式选择的关系，以及其背后是哪些因素造成了这种不同，从而得出以下几点结论。① 地级市城乡互动模式是否符合城乡一体化发展的需要，最重要的决定因素为城乡互动模式是否与城市本身的发展阶段相契合。② 城乡互动模式需要与乡村资源禀赋相适应。③ 除了自身的发展阶段和农村资源禀赋外，地级市的城乡互动模式还与其所处的政策区位及可获得的外源投入息息相关。④ 城乡互动发展的模式选择，必须考虑经济社会发展阶段以及地市与县市区的“强弱”关系。在政策制定中唯有综合考虑以上因素，才有可能实现城乡一体融合发展的目标，并走上可持续发展之路。

第五，本书所研究的东亚国家的农耕文化及城乡关系的起点与我国具有相似性，其城乡关系是在城乡互动过程中发展的，从较为落后的农业国家发展成为先进的工业化国家，工农、城乡关系基本会经历从“以农补工、以乡育城”“工农平等”“工农协调”“以工补农”“以工促农”到“以城养乡”的演变，每个阶段都会面临特定的发展问题或矛盾。东亚国家在城市化过程中都曾面临农业和农村的衰退问题，但始终没有放弃农村和农业，在不同时期均采取了不同的经济、社会和空间等扶持政策，通过持续性的政策引导和财政投入以应对城乡发展的各种失衡，并在不同阶段把工作重点放在不同的领域。在一定程度上，日本和韩国等东亚发达经济体所经历过的发展矛盾和城乡关系演变，我们也正在或将要经历。基于这个角度，东亚地区的经验值得认真研究和借鉴。

第六，在对我国城乡发展的现实情景及四个案例“城市-区域”的城乡互动模式进行研究的基础上，结合对东亚国家经验的借鉴，最后探讨了新时代我国城乡一体融合发展的思路和策略。首先，在新时代背景下无论是城市还是乡村的发展，都需要放在城乡系统中去统筹谋划，未来的发展，既要有全国性的视野和总体思路，又要契合地区层面的条件，并制定差异化的发展策略。其次，在全国层面，提出了城乡一体化的发展路径及政策干预的切入时间问题，并对相关的体制机制和政策提出了建议。在地级市层面，鉴于我国数百个地级市的经济社会发展水平和城镇化率差异极大，提出需要因地制宜地确定城乡互动的模式，进而归纳了城乡互动的一般路径，并着重讨论了“后发”地区的城乡发展路径。最后，地级市相比下辖县市区，具有更高的政策制定和财政权限，更容易实现市域范围内的城镇体系、城市和乡村的协调发展，并推进基本公共服务的均衡配置。因而可将地级市作为一个政策平台，积极主动统筹城乡发展，并适时推进城乡一体融合发展。

9.2 研究创新点和不足

1. 研究的主要创新点

首先，本研究的整体框架具有一定创新性。由于城乡关系内涵和外延的广度和复杂性，已有研究较少能在一个框架内讨论城乡关系、城乡要素流动和城乡公共资源配置特征，以及这三者的关系模式。此外，对城乡关系的作用机制还未完全解释清楚。本书将城乡关系、城乡要素流动和城乡公共资源配置特征放在一个框架内，更为关注对城乡互动发展的内在机理的系统解读和对时空演变机制和规律的研究。

其次，本书总结了四类不同类型区域城乡互动发展的模式，这也是本书的重要创新。

最后，在借鉴既有研究观点的基础上，本研究针对四个案例城市，具体选择了“城市发展阶段和效率”“城乡发展差距”“乡村地域主体功能”和“居民满意度”四个方面的基本目标，再按“目标层—准则层—指标层”演绎，建构了城乡发展一体化的评价指标体系。在此基础上，完成了对四个城市城乡发展一体化的绩效评价，并进而分析了城乡发展一体化的绩效与发展模式的关联性及主要影响因素。比较既有文献，本研究的城乡发展一体化绩效评价框架的具体建构，以及发展绩效与发展模式的关联性分析解释也有一定的创新性。

2. 研究不足

首先，由于“要素在城乡之间的流动”难以准确衡量，本书用两类数据表征这一流动趋势：一类是宏观数据，即用城镇化率反映人口向城市的流动；一类是 GIS 数据，即用不同的 POI 表征资本、公共服务设施在城乡之间的分配。严格意义上来说，这些分析并不能准确对应于要素的“流动”。在今后的研究中，将尝试运用各种类型的大数据来进行要素流动及时空特征的研究。此外，对四个案例城市的城乡关系的历史研究也有数据的局限性，今后还应做更为深入的分析研究。其次，尽管本书以解释性为主，以马克思主义城乡关系阶段论和当代的结构化理论为理论基础，但在写作中对理论框架的运用和呼应还可进一步深化。

参考文献

[1] Bank T W. China-Integration of national product and factor markets：economic benefits and policy recommendations：31973[R]. The World Bank，2005：1.

[2] Caffyn A，Dahlström M. Urban-rural interdependencies：joining up policy in practice[J]. Regional Studies，2005，39(3)：283－296.

[3] Friedmann J，Douglass M. Agropolitan development：towards a new strategy for regional planning in Asia[M]//Growth pole strategy and regional development policy. Amsterdam：Elsevier，1978：163－192.

[4] Okpala D C. Promoting the positive rural-urban linkages approach to sustainable development and employment creation：the role of UN-HABITAT[J]. Plenary Session，2003，1：2－5.

[5] Satterthwaite D，Tacoli C. The urban part of rural development：the role of small and intermediate urban centers in rural and regional development and poverty reduction[EB/OL].[2024－06－03].https://www.iied.org/sites/default/files/pdfs/migrate/9226IIED.pdf.

[6] Scarlett Epstein T，Jezeph D. Development—there is another way：a rural-urban partnership development paradigm[J]. World Development，2001，29(8)：1443－1454.

[7] Tacoli C. Rural-urban interactions：a guide to the literature[J]. Environment and Urbanization，1998，10(1)：147－166.

[8] Ye Y，Legates R，Qin B. Coordinated urban-rural development planning in China：the Chengdu model[J]. Journal of the American Planning Association，2013，79(2)：125－137.

[9] 安中轩.城乡一体化典型实践模式的比较分析及启示[J].重庆工商大学学报(西部论坛)，2007(6)：82－85.

[10] 白南生，何宇鹏.回乡，还是外出？——安徽四川二省农村外出劳动力回流研究[J].社

会学研究，2002(3)：64－78.

[11] 白南生，李靖.城市化与中国农村劳动力流动问题研究[J].中国人口科学，2008(4)：2－10，95.

[12] 白永秀，王颂吉.马克思主义城乡关系理论与中国城乡发展一体化探索[J].当代经济研究，2014(2)：22－27.

[13] 白永秀.城乡二元结构的中国视角：形成、拓展、路径[J].学术月刊，2012(5)：67－76.

[14] 毕先萍.劳动力流动对中国地区经济增长的影响研究[J].经济评论，2009(1)：48－53.

[15] 蔡昉，都阳.经济转型过程中的劳动力流动——长期性、效应和政策[J].学术研究，2004(6)：16－22.

[16] 蔡昉，王德文，都阳.劳动力市场扭曲对区域差距的影响[J].中国社会科学，2001(2)：4－14，204.

[17] 蔡昉，王美艳，曲玥.中国工业重新配置与劳动力流动趋势[J].中国工业经济，2009(8)：5－16.

[18] 蔡昉，王美艳.农村劳动力剩余及其相关事实的重新考察——一个反设事实法的应用[J].中国农村经济，2007(10)：4－12.

[19] 蔡昉.二元劳动力市场条件下的就业体制转换[J].中国社会科学，1998(2)：4－14.

[20] 蔡昉.劳动力流动、择业与自组织过程中的经济理性[J].中国社会科学，1997(4)：126－137.

[21] 蔡昉.劳动力迁移的两个过程及其制度障碍[J].社会学研究，2001(4)：44－51.

[22] 蔡昉.刘易斯转折点与公共政策方向的转变——关于中国社会保护的若干特征性事实[J].中国社会科学，2010(6)：125－137，223.

[23] 蔡昉.农村剩余劳动力流动的制度性障碍分析——解释流动与差距同时扩大的悖论[J].经济学动态，2005(1)：35－39，112.

[24] 蔡昉.破解农村剩余劳动力之谜[J].中国人口科学，2007(2)：2－7，95.

[25] 蔡昉.为什么劳动力流动没有缩小城乡收入差距？[J].理论前沿，2005(20)：20－22.

[26] 蔡昉.以农民工市民化推进城镇化[J].经济研究，2013(3)：6－8.

[27] 蔡昉.中国劳动力市场发育与就业变化[J].经济研究，2007(7)：4－14，22.

[28] 蔡禾，王进."农民工"永久迁移意愿研究[J].社会学研究，2007(6)：86－113，243.

[29] 蔡玉胜，王安庆.城乡一体化进程中土地利用存在的问题与对策——以"宅基地换房"模式为例[J].经济纵横，2010(1)：79－81.

[30] 曹利平.农村劳动力流动、土地流转与农业规模化经营研究——以河南省固始县为例[J].经济经纬，2009(4)：84－87.

[31] 曹伟，周生路，吴绍华，等.城乡统筹中的土地利用研究进展[J].中国农业资源与区划，

2013(5)：8－15.

[32] 曹亚鹏."指标漂移"的社会过程——一个基于重庆"地票"制度的实证研究[J].社会发展研究，2014(2)：55－91，243－244.

[33] 曾国安，胡晶晶.城乡居民收入差距的国际比较[J].山东社会科学，2008(10)：47－53.

[34] 常修泽.中国现阶段基本公共服务均等化研究[J].中共天津市委党校学报，2007(2)：66－71.

[35] 陈斌开，张鹏飞，杨汝岱.政府教育投入、人力资本投资与中国城乡收入差距[J].管理世界，2010(1)：36－43.

[36] 陈定洋.中国农村公共产品供给制度变迁研究[D].咸阳：西北农林科技大学，2009.

[37] 陈桂生.基于区域协调发展的政府财政转移支付制度研究[J].行政事业资产与财务，2012(8)：68－71.

[38] 陈吉元，胡必亮.中国的三元经济结构与农业剩余劳动力转移[J].经济研究，1994(4)：14－22.

[39] 陈家泽.土地资本化的制度障碍与改革路径[J].财经科学，2008(3)：99－107.

[40] 陈梅.新型城镇化背景下城乡土地市场统筹构建[J].中国管理信息化，2017(15)：118－119.

[41] 陈美球，刘桃菊.城乡发展一体化目标下的农村土地制度创新思考[J].中国土地科学，2013(4)：3－7.

[42] 陈书卿，刁承泰，常丹青.统筹城乡发展视角下的重庆市土地资源承载力及农民市民化研究[J].农业现代化研究，2009(5)：547－551.

[43] 陈伟东，张大维.社区公共服务设施分类及其配置：城乡比较[J].华中师范大学学报(人文社会科学版)，2008(1)：19－26.

[44] 陈晓华，张小林，梁丹.国外城市化进程中乡村发展与建设实践及其启示[J].世界地理研究，2005(3)：13－18，49.

[45] 陈旭，赵民.发达地区小城镇基础设施规划建设与投融资机制研究——以苏南地区沙溪镇为例[C]//第三届全国村镇规划理论与实践研讨会暨第二届田园建筑研讨会论文集.北京：中国建筑工业出版社，2016：207－217.

[46] 陈英鸿.劳动力流动规律及其社会实现形式[J].安徽师大学报(哲学社会科学版)，1987(2)：57－61.

[47] 陈佑启.北京城乡交错带土地利用问题与对策研究[J].经济地理，1996(4)：46－50，40.

[48] 陈佑启.城乡交错带土地利用模式探讨[J].中国土地科学，1997(4)：32－36.

[49] 陈佑启.试论城乡交错带土地利用的形成演变机制[J].中国农业资源与区划，2000

(5)：25－28.
[50] 陈昭玖，胡雯.人力资本、地缘特征与农民工市民化意愿——基于结构方程模型的实证分析[J].农业技术经济，2016(1)：37－47.
[51] 陈振华.城乡统筹与乡村公共服务设施规划研究[J].北京规划建设，2010(1)：43－46.
[52] 城镇化进程中农村劳动力转移问题研究课题组，张红宇.城镇化进程中农村劳动力转移：战略抉择和政策思路[J].中国农村经济，2011(6)：4－14，25.
[53] 程名望，史清华，徐剑侠.中国农村劳动力转移动因与障碍的一种解释[J].经济研究，2006(4)：68－78.
[54] 程名望，史清华.经济增长、产业结构与农村劳动力转移——基于中国1978—2004年数据的实证分析[J].经济学家，2007(5)：49－54.
[55] 程又中.论国家在农村公共服务中的作用及其实现[J].江汉论坛，2005(12)：45－49.
[56] 仇保兴.第三次城市化浪潮中的中国范例——中国快速城市化的特点、问题与对策[J].城市规划，2007(6)：9－15.
[57] 崔传义.28个县(市)农村劳动力跨区域流动的调查研究[J].中国农村经济，1995(4)：19－28.
[58] 崔敏，蒋伟.均等化视角下的农村基本公共服务设施布局研究——以河南省镇平县农村为例[J].规划师，2011(11)：18－23.
[59] 崔西伟.城乡一体化的理论探索与实证研究——以成都市为例[D].成都：西南财经大学，2007.
[60] 戴园晨，黎汉明.双重体制下的劳动力流动与工资分配[J].中国社会科学，1991(5)：93－108.
[61] 丁守海.农民工工资与农村劳动力转移：一项实证分析[J].中国农村经济，2006(4)：56－62.
[62] 丁霄泉.农村剩余劳动力转移对我国经济增长的贡献[J].中国农村观察，2001(2)：18－24，80.
[63] 杜明义.城乡统筹发展中农地资本化途径与保障制度探析[J].现代经济探讨，2014(9)：30－34.
[64] 段成荣.试论劳动力流动的作用和地位[J].科技导报，1992(8)：37－40.
[65] 樊宝洪.基于乡镇财政视角的农村公共产品供给研究[D].南京：南京农业大学，2007.
[66] 樊恭嵩.对劳动力流动的经济合理性的判断[J].经济问题，1986(11)：28－30.
[67] 樊恭嵩.关于劳动力流动问题探析[J].经济问题探索，1984(10)：29－34.
[68] 樊继达.统筹城乡发展中的基本公共服务均等化[M].北京：中国财政经济出版社，2008.

[69] 樊丽明,郭健.城乡基本公共服务均等化的国际比较：进程与经验[J].中央财经大学学报,2012(7)：1-8.
[70] 范剑平.农村劳动力流动问题初探[J].中国农村经济,1985(6)：28-32.
[71] 冯宪.劳动力流动与特区发展[J].特区经济,1989(4)：25-26.
[72] 付光辉,刘友兆,吴冠岑.论城乡统筹发展背景下城乡统一土地市场构建[J].中国土地科学,2008(2)：36-41.
[73] 傅鸿源,陈煜红,叶贵.中国农村劳动力流动对产业梯度转移的影响探析[J].经济经纬,2008(5)：104-107.
[74] 傅康生.也谈劳动力流动经济合理性的判断——兼与樊恭嵩同志商榷[J].经济问题,1987(3)：23-24.
[75] 甘春雨.户籍制度改革过程中遇到的阻碍——从新制度经济学视角分析[J].中国集体经济,2018(22)：71-72.
[76] 高帆,李童.中国城乡资本流动存在"卢卡斯之谜"吗[J].经济学家,2016(3)：75-86.
[77] 高帆.论二元经济结构的转化趋向[J].经济研究,2005(9)：91-102.
[78] 高国力.区域经济发展与劳动力迁移[J].南开经济研究,1995(2)：27-32.
[79] 高圣平.承包土地的经营权抵押规则之构建——兼评重庆城乡统筹综合配套改革试点模式[J].法商研究,2016(1)：3-12.
[80] 高文凯.城乡土地管理存在的问题及改进方法探析[J].科技创新与应用,2016(12)：167.
[81] 龚丽辉.广东城乡资本回报率与资本流动研究[D].广州：华南农业大学,2016.
[82] 龚敏.人力资本对我国城乡居民收入差距的影响研究[D].蚌埠：安徽财经大学,2014.
[83] 龚维斌.从历史维度看乡村振兴过程中的户籍制度改革[J].国家行政学院学报,2018(3)：19-25,152-153.
[84] 龚晓红,庞新军.土地要素、土地资本化与经济增长——基于重庆统筹城乡视角的实证研究[J].农村金融研究,2011(2)：38-43.
[85] 龚晓莺,王朝科."三农"问题形成原因探讨——基于劳动力流动的分析视角[J].经济问题,2007(12)：81-83.
[86] 顾汉龙,冯淑怡,张志林,等.我国城乡建设用地增减挂钩政策与美国土地发展权转移政策的比较研究[J].经济地理,2015(6)：143-148,183.
[87] 顾孟潮.城乡融合系统设计——荐岸根卓郎先生的第十本书[J].建筑学报,1991(12)：56-57.
[88] 管珊.日本农协的发展及其对中国的经验启示[J].当代经济管理,2014(6)：27-31.
[89] 郭建军.日本城乡统筹发展的背景和经验教训[J].农业展望,2007(2)：27-30.

[90] 国凡,孙毅.山东省城乡人力资本投资差异对城乡收入差距的影响[J].青岛大学学报(自然科学版),2016(1):96-102.
[91] 韩俊.中国城乡关系演变60年:回顾与展望[J].改革,2009(11):5-14.
[92] 韩明希,王荣.结构调整中的劳动力流动[C]//"社会主义经济理论与实践研讨会"学术组.治理整顿与深化改革.成都:四川人民出版社,1991:144-157.
[93] 韩启民,丁琳琳.资本下乡:城乡统筹背景下的实践逻辑——以四川省成都市青白江区为例[J].福建论坛(人文社会科学版),2016(12):123-130.
[94] 韩松.新农村建设中土地流转的现实问题及其对策[J].中国法学,2012(1):19-32.
[95] 韩秀兰,阚先学.日本的农村发展运动及其对中国的启示[J].经济师,2011(7):78-79.
[96] 郝寿义,王家庭,张换兆.工业化、城市化与农村土地制度演进的国际考察——以日本为例[J].上海经济研究,2007(1):40-50.
[97] 郝寿义,王家庭,张换兆.日本工业化、城市化与农地制度演进的历史考察[J].日本学刊,2007(1):80-91,159.
[98] 何德旭.中国城乡资本流动及资本市场研究(上)[J].浙江金融,1998(6):15-18.
[99] 何平均.日本工业化、城市化与农业现代化的互动发展与启示[J].农业经济,2012(6):9-11.
[100] 贺世红.我国城乡资本流动探析[J].中外企业家,2015(5):49,53.
[101] 胡斌.农村劳动力流动动机及其决策行为——兼析外出与不外出打工劳动力收入逆差的形成[J].经济研究,1996(9):62-69.
[102] 胡俊生.由隔离走向融合——中国城乡关系的历史演变及发展趋势[J].延安大学学报(社会科学版),1997(3):37-42.
[103] 胡永泰.中国全要素生产率:来自农业部门劳动力再配置的首要作用[J].经济研究,1998(3):33-41.
[104] 黄波.广义人力资本积累及其外溢与城乡收入差距的关系研究[D].济南:山东大学,2014.
[105] 黄春,邓良基.城乡土地协同调控的SWOT分析及应对策略——以四川省成都市为例[J].农村经济,2012(5):37-39.
[106] 黄国胜.西咸大都市地区城乡一体化发展研究[D].西安:西北大学,2010.
[107] 黄贤金,尼克·哈瑞柯,鲁尔特·卢本,等.中国农村土地市场运行机理分析[J].江海学刊,2011(2):9-15.
[108] 霍晓英.地方政府公共服务能力研究[D].北京:中央民族大学,2007.
[109] 纪淑德.马克思主义视域下的中国城乡关系研究[D].长春:吉林大学,2016.

[110] 季学明.上海城乡一体化发展研究[J].上海农村经济,2016(7):22-26.
[111] 贾丽丽.农村人力资本积累与城乡收入差距的实证分析[J].现代营销(学苑版),2013(3):88-90.
[112] 贾绍凤,张军岩.日本城市化中的耕地变动与经验[J].中国人口·资源与环境,2003(1):33-36.
[113] 江明融.公共服务均等化问题研究[D].厦门:厦门大学,2007.
[114] 蒋亚平.当前农村劳动力流动及回流的问题与对策——梧州地区农村劳动力调查报告[J].桂海论丛,1991(6):21-24.
[115] 解书森,马利生.中国农村人口:现状、挑战与劳动力流动[J].农村经济与社会,1992(1):11-20.
[116] 靳步.劳动力流动探索[J].经济问题探索,1984(5):23-27.
[117] 孔祥利.战后日本城乡一体化治理的演进历程及启示[J].新视野,2008(6):94-96.
[118] 赖德胜.论劳动力市场的制度性分割[J].经济科学,1996(6):19-23.
[119] 赖小琼,余玉平.成本收益视线下的农村劳动力转移——托达罗模型的反思与拓展[J].当代经济研究,2004(2):22-26.
[120] 黎苑楚,徐东,赵一鸣.统筹城乡发展的新内涵[J].科技进步与对策,2010(10):23-25.
[121] 李阿萌,张京祥.城乡基本公共服务设施均等化研究评述及展望[J].规划师,2011(11):5-11.
[122] 李德华.城市规划原理[M].3版.北京:中国建筑工业出版社,2001.
[123] 李刚.城乡正规金融资本错配与城乡一体化[J].当代经济管理,2014(12):89-92.
[124] 李建民.中国劳动力市场多重分隔及其对劳动力供求的影响[J].中国人口科学,2002(2):1-7.
[125] 李进.城乡土地市场在新型城镇化背景下的统筹构建[J].山西农经,2016(12):7.
[126] 李璐颖.城市化率50%的拐点迷局——典型国家快速城市化阶段发展特征的比较研究[J].城市规划学刊,2013(3):43-49.
[127] 李平,李秀彬,刘学军.我国现阶段土地利用变化驱动力的宏观分析[J].地理研究,2001,20(2):129-138.
[128] 李实.中国农村劳动力流动与收入增长和分配[J].中国社会科学,1999(2):16-33.
[129] 李世峰,白人朴.城乡结合部土地利用问题的战略性思考[J].农业现代化研究,2003(4):248-251.
[130] 李勋来,李国平.农村劳动力转移模型及实证分析[J].财经研究,2005(6):78-85.
[131] 廖显浪.我国农村劳动力流动与城乡收入差距研究[J].人口与经济,2012(6):

46 - 52.

[132] 林坚,汤晓旭,黄斐玫,等.城乡结合部的地域识别与土地利用研究——以北京中心城地区为例[J].城市规划,2007(8):36 - 44.

[133] 林闽钢.基本公共服务均等化下的农村社会保障[J].中国社会保障,2009(2):30 - 32.

[134] 刘晨阳,周彤及,傅鸿源.重庆都市区城乡一体化发展模式分析[J].长江流域资源与环境,2005(6):12 - 16.

[135] 刘成奎,王朝才.城乡基本公共服务均等化指标体系研究[J].财政研究,2011(8):25 - 29.

[136] 刘成玉,任大廷,万龙.内驱式城乡统筹:概念与机制构建[J].经济理论与经济管理,2010(10):27 - 33.

[137] 刘纯彬.走出二元——根本改变我国不合理城乡关系的唯一途径[J].农业经济问题,1988(4):22 - 26,1.

[138] 刘存阳.人力资本对我国城乡收入差距影响研究[D].天津:天津财经大学,2016.

[139] 刘凤良,易信.资本偏向技术进步是否影响了中国城乡收入差距[J].福建论坛(人文社会科学版),2013(7):10 - 16.

[140] 刘家强,唐代盛,蒋华.城乡一体化战略模式实证研究[J].经济学家,2003(5):56 - 60,104.

[141] 刘俊.江西省农村劳动力流动就业规律实证研究[J].中国农村经济,2001(7):66 - 69.

[142] 刘社建,潘慧.农村劳动力流动的影响因素与对策建议[J].生产力研究,2003(3):13 - 14,25.

[143] 刘守英.适应新常态的中国土地政策与城市化[J].小城镇建设,2015(10):18 - 19.

[144] 刘淑虎,任云英,马冬梅,等.1949 年以来中国城乡关系的演进·困境·框架[J].干旱区资源与环境,2015(1):6 - 12.

[145] 刘文.1997 年以来我国农村劳动力流动趋势分析 1[J].南开学报(哲学社会科学版),2004(3):36 - 43.

[146] 刘小翠.劳动力流动与城乡收入差距的协整分析[J].温州大学学报(社会科学版),2007(4):70 - 74.

[147] 刘小玲.建立我国城乡一体的土地市场体系探索[J].南方经济,2005(8):37 - 40.

[148] 刘洋.日本城市化过程中农地保障政策及对中国的启示[J].社会科学辑刊,2016(1):109 - 116.

[149] 刘应杰.中国城乡关系演变的历史分析[J].当代中国史研究,1996(2):1 - 10.

[150] 刘志广.日本地方交付税制度及其对中国实现基本公共服务均等化的启示[J].现代日本经济,2011(1): 31-37.
[151] 柳建平.影响贫困地区农村劳动力流动决策因素的特征分析[J].人口与经济,2010(5): 8-14.
[152] 龙启蒙,傅鸿源,廖艳.城乡一体化的资本困境与突破路径——基于西方马克思主义资本三循环理论的思考[J].中国农村经济,2016(9): 2-15.
[153] 龙游宇.论区域公共品的适度提供[D].湘潭: 湘潭大学,2002.
[154] 陆春萍,邓伟志.社会实践: 能动与结构的中介——吉登斯结构化理论阐释[J].学习与实践,2006(2): 76-83.
[155] 陆铭.玻璃幕墙下的劳动力流动——制度约束、社会互动与滞后的城市化[J].南方经济,2011(6): 23-37.
[156] 陆远权,马垒信.城乡基本公共服务均等化评价体系的构建和实证分析——以重庆市为例[J].安徽农业科学,2010(24): 13026-13028,13033.
[157] 罗晋辉.当前农村劳动力流动若干特点及对策[J].探索与争鸣,1986(2): 29-32.
[158] 罗玉锋.中国城乡资本调整成本及其影响因素研究[D].广州: 华南农业大学,2016.
[159] 罗震东,韦江绿,张京祥.城乡基本公共服务设施均等化发展的界定、特征与途径[J].现代城市研究,2011(7): 7-13.
[160] 罗震东,韦江绿,张京祥.城乡基本公共服务设施均等化发展特征分析——基于常州市的调查[J].城市发展研究,2010(12): 36-42.
[161] 骆永民.城乡基础设施均等化供给研究[D].济南: 山东大学,2009.
[162] 吕萍,姜东升.城乡结合部土地价格及变动机制探析——以北京市城乡结合部为例[J].中国土地科学,2003(1): 34-39.
[163] 吕萍.城乡经济一体化中集体土地流转问题研究[J].中国农业资源与区划,2003(2): 56-60.
[164] 马九杰,孟凡友.农民工迁移非持久性的影响因素分析——基于深圳市的实证研究[J].改革,2003(4): 77-86.
[165] 马晓河.马晓河: 全面科学理解统筹城乡发展[J].中国合作经济,2010(6): 10-11.
[166] 马英才.我国农地资本化的动因、绩效及政策建议——基于城乡统筹的视角[J].湖北社会科学,2013(10): 88-91.
[167] 米谷.农村集体土地城市化的制度研究——以城乡土地利用体制一体化为视角[D].上海: 华东政法大学,2014.
[168] 莫扶民.我国劳动力流动的两大阶段及其特点[J].改革与战略,1987(1): 63-65.
[169] 莫扶民.我国劳动力流动问题初探[J].北京大学学报(哲学社会科学版),1985(6):

39 - 45.

[170] 倪建伟,张伟.新型城镇化进程中城乡土地系统性整理的现实问题与政策优化——基于浙江“三改一拆”的539份问卷调查[J].现代经济探讨,2014(12): 47 - 51.

[171] 欧名豪.土地利用总量规划控制中的城乡建设用地规模问题[J].华中农业大学学报(社会科学版),2000(4): 51 - 54.

[172] 潘文卿.中国农业剩余劳动力转移效益测评[J].统计研究,1999(4): 31 - 34.

[173] 潘越,杜小敏.劳动力流动、工业化进程与区域经济增长——基于非参数可加模型的实证研究[J].数量经济技术经济研究,2010(5): 34 - 48.

[174] 潘志.韩国经济转型发展历程的阶段性分析[J].科技视界,2015(12): 41,162.

[175] 庞力.促进城乡基本公共服务均等化的公共财政制度研究[D].长沙: 湖南农业大学,2010.

[176] 彭定赟,陈志平.劳动力流动对我国城乡收入差距影响分析[J].武汉理工大学学报,2009(19): 164 - 167.

[177] 彭小辉,史清华.“卢卡斯之谜”与中国城乡资本流动[J].经济与管理研究,2012(3): 65 - 72.

[178] 彭新万.我国“三农”制度变迁中的政府作用研究: 1949—2007年[M].北京: 中国财政经济出版社,2009.

[179] 钱忠好.土地征用: 均衡与非均衡——对现行中国土地征用制度的经济分析[J].管理世界,2004(12): 50 - 59.

[180] 邱国盛.苏联经验与中国经历: 20世纪50年代中国城乡关系的演变[J].史学集刊,2012(2): 66 - 73.

[181] 曲福田,冯淑怡,俞红.土地价格及分配关系与农地非农化经济机制研究: 以经济发达地区为例[J].中国农村经济,2001(12): 54 - 60.

[182] 曲福田,田光明.城乡统筹与农村集体土地产权制度改革[J].管理世界,2011(6): 34 - 46,187.

[183] 任晓红,张宗益.交通基础设施、要素流动与城乡收入差距[J].管理评论,2013(2): 51 - 59.

[184] 邵明昭,张念明.城乡一体化与基本公共服务均等化[J].中共山西省委党校学报,2010(4): 71 - 74.

[185] 邵挺.二元土地市场、城乡收入差距与城市结构体系的研究[D].上海: 复旦大学,2010.

[186] 邵宇军,米建伟.中国土地财政的成因、影响及前景[J].发展研究,2013(8): 65 - 67.

[187] 施本植.也谈劳动力流动问题[J].经济问题探索,1987(10): 31 - 32.

[188] 施虹.日本在工业化进程中对农业的支持与保护[J].世界农业,1997(7):8-10.
[189] 石玉顶.马克思恩格斯关于城乡统筹发展的思想及其启示[J].经济学家,2005(6):26-32.
[190] 司艳丽.论集体建设用地使用权流转的法律规制[D].北京:中国政法大学,2006.
[191] 宋戈,吴次芳,魏东辉.哈尔滨市城乡结合部土地利用结构成因及优化对策[J].经济地理,2006(2):313-317.
[192] 宋晓丽,刘民培.城乡土地权益的对比与实现[J].中国国土资源经济,2015(11):27-30,35.
[193] 孙成军.中共城乡统筹发展战略的形成及背景分析[C]//当代中国研究所,张星星.当代中国成功发展的历史经验——第五届国史学术年会论文集.北京:当代中国出版社,2007:414-421.
[194] 孙道伦.调节劳动力流动的三层动因[J].经济问题,1987(3):25-28.
[195] 孙德芳,沈山.国内外公共服务设施配置研究进展[J].城市问题,2012(9):27-33.
[196] 樊士德,姜德波.劳动力流动与地区经济增长差距研究[J].中国人口科学,2011(2):27-38,111.
[197] 谭永生.农村劳动力流动与中国经济增长——基于人力资本角度的实证研究[J].经济问题探索,2007(4):80-84.
[198] 汤后松,王昌义,戴国华.当前农业剩余劳力逆向转移的现状与对策——常德市农村劳动力流动考察[J].生产力研究,1989(5):31-33.
[199] 唐颖.上海城乡一体化发展路径探析[J].上海党史与党建,2017(4):33-34.
[200] 陶陶,刁承泰,黄京鸿,等.特大城市城乡结合部土地利用总体规划探讨——以重庆市南岸区为例[J].经济地理,1999(5):63-66,94.
[201] 陶学荣,史玲.统筹城乡发展中的农村公共产品供给研究[J].财贸研究,2005(3):16-21.
[202] 田光明.城乡统筹视角下农村土地制度改革研究——以宅基地为例[D].南京:南京农业大学,2011.
[203] 田家官.中国劳动力流动的经济学分析[J].经济学家,2003(4):80-84.
[204] 田莉.城乡统筹规划实施的二元土地困境:基于产权创新的破解之道[J].城市规划学刊,2013(1):18-22.
[205] 田毅鹏.地域社会学:何以可能?何以可为?——以战后日本城乡"过密—过疏"问题研究为中心[J].社会学研究,2012(5):184-203,245.
[206] 田中角荣.日本列岛改造论[M].秦新,译.北京:商务印书馆,1972.
[207] 万文杰.浅析农村土地产权制度改革中的地方政府角色定位——以成都市农村土地产权制度改革为例[D].成都:西南财经大学,2010.

[208] 汪光焘.认真研究社会主义新农村建设问题[J].城市规划学刊,2005(4):1-3.
[209] 汪晖.城乡结合部的土地征用:征用权与征地补偿[J].中国农村经济,2002(2):40-46.
[210] 汪险生,郭忠兴.土地承包经营权抵押贷款:两权分离及运行机理——基于对江苏新沂市与宁夏同心县的考察[J].经济学家,2014(4):49-60.
[211] 王朝才.日本中央和地方财政分配关系及其借鉴意义[J].广东商学院学报,2005(5):27-35.
[212] 王德文,蔡昉.中国农村劳动力流动与消除贫困[J].中国劳动经济学,2006(3):46-70.
[213] 王国强,王令超,李春发,等.城乡结合部土地利用研究——以郑州市为例[J].地域研究与开发,2000(2):32-35.
[214] 王洪超.中国城乡关系的政治经济学分析[D].南昌:江西农业大学,2012.
[215] 王虎,范从来.金融发展与农民收入影响机制的研究——来自中国1980—2004年的经验证据[J].经济科学,2006(6):11-21.
[216] 王华,陈烈.西方城乡发展理论研究进展[J].经济地理,2006(3):463-468.
[217] 王金金,刘昭.资本逻辑下的西方城乡一体化历程[J].华中建筑,2016(5):40-42.
[218] 王静爱,何春阳,董艳春,等.北京城乡过渡区土地利用变化驱动力分析[J].地球科学进展,2002(2):201-208,304.
[219] 王克强,赵露,刘红梅.城乡一体化的土地市场运行特征及利益保障制度[J].中国土地科学,2010(12):52-57.
[220] 王敏.我国农村劳动力流动的六大制约因素[J].学术研究,1991(2):50-53.
[221] 王谦.城乡公共服务均等化问题研究[D].济南:山东大学,2008.
[222] 王胜利,张敏.美日城乡资源配置制度经验与启示[J].人民论坛,2014(32):232-234.
[223] 王胜章,陈玉.加强农村公共服务:缩小我国城乡差距的重要途径[J].学术探索,2005(4):15-18.
[224] 王树良,李爽,刘建华,等.试论城乡结合部的土地用途管制[J].测绘信息与工程,2000(4):15-19.
[225] 王万茂,王群,李俊梅.城乡土地资源利用的合理规划研究[J].资源科学,2002(1):30-34.
[226] 王西玉,崔传义,赵阳,等.中国二元结构下的农村劳动力流动及其政策选择[J].管理世界,2000(5):61-69.
[227] 王秀芝,尹继东.中国收入差距与劳动力流动关系研究综述[J].当代财经,2007(4):

16 - 21.

[228] 王永钦，张晏，章元，等.十字路口的中国经济：基于经济学文献的分析[J].世界经济，2006(10)：3 - 20，95.

[229] 王悦雯.我国城乡二元经济结构与资本配置效率研究[D].南京：南京农业大学，2015.

[230] 王竹林.城市化进程中农民工市民化研究[D].咸阳：西北农林科技大学，2008.

[231] 韦江绿.正义视角下的城乡基本公共服务设施均等化[J].城市规划，2011(1)：92 - 96.

[232] 魏加宁，李桂林.日本政府间事权划分的考察报告[J].经济社会体制比较，2007(2)：41 - 46.

[233] 吴代红.金融资本集聚与城乡收入差距的关系演化研究[D].重庆：西南大学，2014.

[234] 吴丰华.中国近代以来城乡关系变迁轨迹与变迁机理(1840～2012)[D].西安：西北大学，2013.

[235] 吴越.地方政府在农村土地流转中的角色、问题及法律规制——成都、重庆统筹城乡综合配套改革试验区实证研究[J].甘肃社会科学，2009(2)：65 - 70.

[236] 西原纯，夏韵，杜国庆.平成市町村大合并的行政现状及区域内系统重组——3种行政机构空间布局模式[J].国际城市规划，2007(1)：40 - 47.

[237] 项继权.我国基本公共服务均等化的战略选择[J].社会主义研究，2009(1)：54 - 60.

[238] 肖六亿.劳动力流动与地区经济差距[J].经济体制改革，2007(3)：113 - 117.

[239] 肖绮芳，张换兆.日本城市化、农地制度与农民社会保障制度关联分析[J].亚太经济，2008(3)：64 - 68.

[240] 肖毅敏.我国城乡土地资源配置的二元方式及其改革研究[J].湖南社会科学，2015(6)：144 - 147.

[241] 肖智，张杰，郑征征.劳动力流动与第三产业的内生性研究——基于新经济地理的实证分析[J].人口研究，2012(2)：97 - 105.

[242] 谢天，濮励杰，张晶，等.基于PSR模型的城乡交错带土地集约利用评价研究——以南京市栖霞区为例[J].长江流域资源与环境，2013(3)：279 - 284.

[243] 谢晓凌.劳动力流动：应该打破劳动者三种身份界限[J].学习与研究，1993(6)：14 - 15.

[244] 辛祥晶，武翠芳.我国城乡资本边际生产率差异实证分析[J].求索，2007(7)：22 - 25.

[245] 辛逸，高洁.从“以农补工”到“以工补农”——新中国城乡二元体制述论[J].中共党史研究，2009(9)：15 - 24.

[246] 徐芹.列宁早期城乡关系思想探析——关于俄国资本主义发展过程中的城乡对立问

题[J].江汉论坛,2009(12):17-20.

[247] 徐素,朱金.基于人口流动的区域城镇化特征及差异化策略探讨——苏浙皖地区的讨论[J].城市发展研究,2015(8):46-54.

[248] 徐素.日本的城乡发展演进、乡村治理状况及借鉴意义[J].上海城市规划,2018(1):63-71.

[249] 许斌.当代中国城乡关系变革——由隔绝到开放的难度和向度分析[D].北京:中共中央党校,2002.

[250] 许传新.成都城乡一体化模式对西部大开发的借鉴意义[J].四川行政学院学报,2007(3):69-72.

[251] 许浩.日本三大都市圈规划及其对我国区域规划的借鉴意义[J].城市规划汇刊,2004(5):73-76,96.

[252] 许晓东,谢元态,郑晓燕.构建城乡资本正常流动机制的探讨[J].海南金融,2004(5):44-46.

[253] 许晓东,郑晓燕,谢元态.构建城乡资本正常流动机制,统筹城乡经济发展[J].中国农学通报,2004(5):281-283,347.

[254] 薛宇峰.中国农村劳动力流动空间分布特征的实证研究[J].经济经纬,2006(2):116-120.

[255] 严浩坤,徐朝晖.农村劳动力流动与地区经济差距[J].农业经济问题,2008(6):52-58,111.

[256] 严善平.城市劳动力市场中的人员流动及其决定机制——兼析大城市的新二元结构[J].管理世界,2006(8):8-17,171.

[257] 严善平.人力资本、制度与工资差别——对大城市二元劳动力市场的实证分析[J].管理世界,2007(6):4-13,171-172.

[258] 杨光复.实现劳动力流动的设想[J].农村经济,1985(6):13-15.

[259] 杨新海,洪亘伟,赵剑锋.城乡一体化背景下苏州村镇公共服务设施配置研究[J].城市规划学刊,2013(3):22-27.

[260] 杨志勇,张馨.公共经济学[M].北京:清华大学出版社,2005.

[261] 姚枝仲,周素芳.劳动力流动与地区差距[J].世界经济,2003(4):35-44.

[262] 叶超,陈明星.中国城乡关系的文化地理特质[J].人文地理,2012(6):31-35.

[263] 叶剑平,毕宇珠.德国城乡协调发展及其对中国的借鉴——以巴伐利亚州为例[J].中国土地科学,2010(5):76-81.

[264] 叶剑平.城乡统筹发展与土地利用[J].现代城市研究,2009(2):17-19.

[265] 叶裕民.中国统筹城乡发展的系统架构与实施路径[J].城市规划学刊,2013(1):

1－9.
[266] 应瑞瑶，马少晔.劳动力流动、经济增长与城乡收入差距——基于1993—2007年重新估算的面板数据[J].南京农业大学学报(社会科学版)，2011(2)：63－71.
[267] 游和远，吴次芳.农地流转、禀赋依赖与农村劳动力转移[J].管理世界，2010(3)：65－75.
[268] 游猎，陈晨，赵民.跨越我国城乡发展的刘易斯拐点——“机器换人”现象引发的理论研究及政策思考[J].城市规划，2017，41(6)：9－17.
[269] 于培伟.日本的城乡统筹共同发展[J].宏观经济管理，2007(9)：72－74.
[270] 于亚滨，潘玮.哈尔滨市城乡土地优化利用规划研究[J].城市规划，2006(S1)：108－111.
[271] 余秀兰.文化再生产：我国教育的城乡差距探析[J].华东师范大学学报(教育科学版)，2006(2)：18－26，33.
[272] 俞雅乖.基本公共服务城乡差距及均等化的财政机制[J].经济体制改革，2009(1)：120－123.
[273] 俞云峰.统筹城乡发展与城市化：日韩两国的经验及启示[J].生产力研究，2010(1)：184－186.
[274] 雨文.农村剩余劳动力流动的系统分析及其对策[J].南昌大学学报(人文社会科学版)，1987(4)：96－101.
[275] 袁志刚，解栋栋.统筹城乡发展：人力资本与土地资本的协调再配置[J].经济学家，2010(8)：77－83.
[276] 文军，沈东.当代中国城乡关系的演变逻辑与城市中心主义的兴起——基于国家、社会与个体的三维透视[J].探索与争鸣，2015(7)：71－77，2.
[277] 詹德斌.韩国新村运动的起因及作用再考察[J].江西财经大学学报，2006(6)：52－56.
[278] 詹国辉，张新文.教育资本对城乡收入差距的外部效应[J].财贸研究，2017(6)：37－46.
[279] 张富田.城乡居民的收入差距与医疗卫生投入的关联性——基于河南省2003—2014年面板数据的实证研究[J].商丘职业技术学院学报，2017(3)：1－6.
[280] 张合林，郝寿义.城乡统一土地市场制度创新及政策建议[J].中国软科学，2007(2)：28－40.
[281] 张建华，洪银兴.都市圈内的城乡一体化[J].经济学家，2007(5)：98－104.
[282] 张建明，许学强.从城乡边缘带的土地利用看城市可持续发展——以广州市为例[J].城市规划汇刊，1999(3)：15－19，11－79.

[283] 张京祥，葛志兵，罗震东，等.城乡基本公共服务设施布局均等化研究——以常州市教育设施为例[J].城市规划，2012(2)：9-15.
[284] 张婧，李诚固.中国转型期中心城市城乡关系演变[J].地理学报，2012(8)：1021-1030.
[285] 张立.乡村活化：东亚乡村规划与建设的经验引荐[J].国际城市规划，2016，31(6)：1-7.
[286] 张林秀，霍艾米，罗斯高，等.经济波动中农户劳动力供给行为研究[J].农业经济问题，2000(5)：7-15.
[287] 张鹏，刘春鑫.基于土地发展权与制度变迁视角的城乡土地地票交易探索——重庆模式分析[J].经济体制改革，2010(5)：103-107.
[288] 张千帆.城市化不需要征地——清除城乡土地二元结构的宪法误区[J].法学，2012(6)：19-24.
[289] 张世龙，马春燕，马尚平.城乡资源配置的评价与分析——基于中国省际数据的实证研究[J].经济学家，2010(9)：56-61.
[290] 张世伟，赵亮.农村劳动力流动的影响因素分析——基于生存分析的视角[J].中国人口·资源与环境，2009(4)：101-106.
[291] 张薇.韩国新村运动研究[D].长春：吉林大学，2014.
[292] 张伟，陶士贵.人力资本与城乡收入差距的实证分析与改善的路径选择[J].中国经济问题，2014(1)：70-80.
[293] 张永丽，黄祖辉.中国农村劳动力流动研究述评[J].中国农村观察，2008(1)：69-79.
[294] 张友安.土地发展权的配置与流转研究[D].武汉：华中科技大学，2006.
[295] 张佑林.二元经济结构下的农村剩余劳动力流动探析[J].农业经济问题，2004(12)：69-71.
[296] 张玉林."现代化"之后的东亚农业和农村社会——日本、韩国和台湾地区的案例及其历史意蕴[J].南京农业大学学报(社会科学版)，2011(3)：1-8.
[297] 张载明.劳动力流动模式的比较与选择[J].学术界，1988(4)：62-67，1.
[298] 张增峰，黄克龙.城乡结合部土地利用问题及对策探讨[J].南京师大学报(自然科学版)，2001(2)：110-113，118.
[299] 张长征，郇志坚，李怀祖.中国教育公平程度实证研究：1978—2004——基于教育基尼系数的测算与分析[J].清华大学教育研究，2006(2)：10-14，22.
[300] 张照新，宋洪远.中国农村劳动力流动国际研讨会主要观点综述[J].中国农村观察，2002(1)：75-79.
[301] 张志伟，栾敬东，沈洁.我国农村劳动力流动的现状及影响因素分析[J].乡镇经济，

2004(5)：5－6,21.

[302] 章浩.世界级城市都市圈内乡村的演变及作用——以东京为例[C]//北京市社会科学界联合会.世界城市：北京发展新目标——2010首都论坛论文集.北京：北京出版社,2011：297－301.

[303] 赵红.推进城乡一体化发展的国际经验[J].党政论坛,2010(15)：59－60.

[304] 赵建军.基于地租理论的土地价格形成机制与城乡土地协调利用[C]//刘彦随,熊康宁,但文红.中国农村土地整治与城乡协调发展研究.贵阳：贵州科技出版社,2013：536－543.

[305] 赵民,陈晨,周晔,等.论城乡关系的历史演进及我国先发地区的政策选择——对苏州城乡一体化实践的研究[J].城市规划学刊,2016(6)：22－30.

[306] 赵民,陈晨.我国城镇化的现实情景、理论诠释及政策思考[J].城市规划,2013,37(12)：9－21.

[307] 赵民,方辰昊,陈晨."城乡发展一体化"的内涵与评价指标体系建构——暨若干特大城市实证研究[J].城市规划学刊,2018(2)：11－18.

[308] 赵民,邵琳,黎威.我国农村基础教育设施配置模式比较及规划策略——基于中部和东部地区案例的研究[J].城市规划,2014(12)：28－33,42.

[309] 赵民,游猎,陈晨.论农村人居空间的"精明收缩"导向和规划策略[J].城市规划,2015(7)：9－18,24.

[310] 本刊编辑部.新型城镇化座谈会发言摘要[J].城市规划学刊,2014(1)：1－8.

[311] 赵强社.城乡基本公共服务均等化制度创新研究[D].咸阳：西北农林科技大学,2012.

[312] 赵婷婷.基于城乡一体化的农村土地资本化路径与机制研究[D].南京：南京财经大学,2015.

[313] 赵巍,承纪中.对社会主义条件下劳动力流动的一些看法[J].中国劳动科学,1987(5)：3－5,2.

[314] 赵伟,李芬.异质性劳动力流动与区域收入差距：新经济地理学模型的扩展分析[J].中国人口科学,2007(1)：27－35,95.

[315] 赵洋.当代中国城乡关系的变迁[J].科学社会主义,2011(6)：120－123.

[316] 赵自胜,陈金.城乡结合部土地利用研究——以开封市为例[J].河南大学学报(自然科学版),1996(1)：67－70.

[317] 甄峰.城乡一体化理论及其规划探讨[J].城市规划汇刊,1998(6)：28－31.

[318] 郑伟元.统筹城乡土地利用的初步研究[J].中国土地科学,2008(6)：4－10.

[319] 中国(海南)改革发展研究院.基本公共服务与中国人类发展[M].北京：中国经济出

版社，2008.
[320] 周飞舟，王绍琛.农民上楼与资本下乡：城镇化的社会学研究[J].中国社会科学，2015(1)：66－83，203.
[321] 周建，施国庆.城乡统筹发展的三种农村土地流转模式及其比较研究[J].农村经济，2011(8)：45－48.
[322] 周其仁.机会与能力——中国农村劳动力的就业和流动[J].管理世界，1997(5)：81－101.
[323] 周小刚，陈东有.中国人口城市化的理论阐释与政策选择：农民工市民化[J].江西社会科学，2009(12)：142－148.
[324] 周月书，王悦雯.二元经济结构转换与城乡资本配置效率关系实证分析[J].中国农村经济，2015(3)：44－55，83.
[325] 周月书，王悦雯.我国城乡资本流动研究：1981—2012——基于城乡资本边际生产率的分析[J].江淮论坛，2015(1)：41－47.
[326] 朱冬静.国外城乡关系研究动态及其启示[D].合肥：安徽大学，2013.
[327] 朱厚伦.世界视野下的中国特色城乡一体化道路[J].中国合作经济，2013(12)：21－21.
[328] 朱镜德.现阶段中国劳动力流动模式、就业政策与经济发展[J].中国人口科学，2001(4)：10－14.
[329] 朱镜德.中国三元劳动力市场格局下的两阶段乡—城迁移理论[J].中国人口科学，1999(1)：7－12.
[330] 朱长存，马敬芝.农村人力资本的广义外溢性与城乡收入差距[J].中国农村观察，2009(4)：37－46，96.
[331] 朱志萍.城乡二元结构的制度变迁与城乡一体化[J].软科学，2008(6)：104－108.
[332] 邹军，刘晓磊.城乡一体化理论研究框架[J].城市规划，1997(1)：14－15.
[333] 高帆，汪亚楠.劳动力市场扭曲与城乡消费差距：基于省际面板数据的实证研究[J].学术月刊，2016，48(12)：75－85.
[334] 邵琳.人口流动背景下的城乡基本公共服务供需研究[M].北京：中国建筑工业出版社，2021.